주기도 생활화

주기도 생활화
십자가를 붙잡은 채 드릴 수 있는 유일한 기도, 십자가를 붙잡아야만 드릴 수 있는 유일한 기도

초판 1쇄 발행 2024년 7월 1일

지은이 태승철
펴낸이 서미경
펴낸곳 도서출판 제로원
출판등록 제420-2022-000018호

교정 및 편집 지식과감성#
마케팅 김윤길, 정은혜

ISBN 979-11-981668-6-9(03230)
값 17,000원

• 이 책의 판권은 지은이에게 있습니다.
• 이 책 내용의 전부 또는 일부를 재사용하려면 반드시 지은이의 서면 동의를 받아야 합니다.
• 잘못된 책은 구입하신 곳에서 바꾸어 드립니다.

여기에 사용한 성경전서 개역개정의 저작권은 (재)대한성서공회에 있습니다.

주기도 생활화

십자가를 붙잡아야만 드릴 수 있는 유일한 기도
십자가를 붙잡은 채 드릴 수 있는 유일한 기도

태승철 지음

"주기도의 구절들은
창조주 하나님과 소통할 수 있는 언어 체계의 알파벳이다"

01 books

이 책을,
'창세전에 하나님께서 기쁘신 뜻을 따라 예정하사
그리스도 예수 안에서 택하신 모든 하나님의
아들들'(엡 1:4-5)에게
바칩니다.

목 차

머리말
신과 소통할 수 있는 언어 체계 ····················· 10

제1부 너희는 이렇게 기도하지 마라

I. 주기도란?
십자가 생활화와 주기도의 생활화 ····················· 20
주의 기도는 주님의 공생애 때 기도의 내용을 담고 있다 ····· 24

II. 잘못된 기도의 이유
기도의 자리, 예수님에 의해 허락된 새로운 영적 환경 ········ 36
삼위 하나님이 조성하시는 영적 환경 ····················· 44
새로운 영적 환경에 적응하지 못한 채 하는 기도 ··········· 52
십자가로 기도의 함정과 덫을 제거한다 ····················· 59

III. 위선자의 기도
왜 기도가 위선적이 되는가? ····················· 67
은밀한 상도 과연 상인가? ····················· 72
도대체 기도의 상이 은밀하다는 것은 어떤 의미인가? ········ 76
왜 기도의 상은 은밀한 것이어야만 하나? ····················· 81

IV. 이방인의 기도
이방인의 마음 상태와 믿는 자의 마음 상태 ····················· 89
이방인의 심리 상태로 하는 기도의 '책임' 문제 ················ 91
위선자 기도와 이방인 기도를 제거함이 기도의 시작이다 ····· 103

| 제2부 | **너희는 이렇게 기도하라**

V. 하늘에 계시는 우리 아버지
하늘에 계신 아버지를 만날 장소는 오직 하늘이다 ········· 112
삶의 문제는 끌어안는 대신
    등진 채 하늘에 계시는 아버지께 도망쳐라 ············ 118
주의 기도 시작 부분의 예 ······································ 126

VI. 아버지의 이름이 거룩히 여김을 받으시옵소서
아버지의 이름은 내 안에서 거룩히 여김을 받아야 한다 ···· 128
이름과 존재와 내 마음의 상관관계 ··························· 131
아버지의 이름이 내 마음 안에서
    거룩히 여김을 받는 실제 상황 ························· 134
십자가를 붙잡고 벌이는 치열한 싸움 ························ 141
하나님 대신 다른 대상의 이름이 거룩히 여김을 받는 기도 ··· 145
하나님의 이름이 거룩히 여김을 받게 될 때 일어나는 파장 ·· 148
주의 기도는 순전히 하나님과 나를 위한 기도이다 ········· 153

VII. 아버지의 나라가 임하시옵소서
나의 나라와 아버지의 나라 ···································· 158
아버지의 나라와 창조주의 주권적인 섭리의 차이 ·········· 163
교정적 주권과 창조적 주권 ···································· 166
내 몸이 땅에 임하는 아버지 나라의 구심점이라는 의미 ···· 168
내 몸으로 사는 이 세상 삶은 내 책임이 전혀 아니다 ········ 172
아버지의 나라가 임하려면 십자가가 열쇠다 ················ 176
날마다 모든 생활 현장에서 하는 유언 기도 ················· 181

VIII. 아버지의 뜻이 하늘에서 이루어진 것같이 땅에서도 이루어지이다

삶에서 해야 할 나의 모든 말과 행동은
   이미 하늘에서 정해져 있다 ····································· 187
하늘에서 이루어진 뜻이 내 안에서는 소원이 되어야 한다 ··· 196
하늘과 땅 사이의 낙차가 생기면
   하늘의 뜻이 명확해진다 ·· 201
하늘에서 이루어진 뜻은 그 바탕이 사랑이다 ················ 210
세상에서 배운 모든 행동 원칙을 다 버려라 ·················· 213
기억하는 행동 원칙 대신
   땅으로 외출 나온 하나님의 주체성이신 성령님 ·········· 221
행위하는 몸을 거룩한 산 제물로 드려라 ······················ 224

IX. 오늘날 우리에게 일용할 양식을 주옵소서

일용할 양식을 먹고 내 몸이 살아야 하는 이유 ················ 231
오직 하늘 아버지의 이름과 나라와 뜻을 위하여 ············· 234
일용할 양식을 먹어야 하는 내 몸은 불사신이다 ············· 239
많은 이 세상 가치 중에서
   오직 일용할 양식만을 구하는 이유 ··························· 244
내게 주신 것과 두신 것 ·· 247
하나님의 이름과 나라와 뜻을 위해 몸으로 사는 공생애 ···· 251
주기도 내에서 이 간구가 갖는 구조적 의미 ···················· 255

X. 우리가 우리에게 죄지은 자를 사하여 준 것같이 우리의 죄를 사하여 주옵소서

내가 먼저 사람을 용서해야 하나님도 나를 용서하시나? ···· 259
하나님의 아들들이 이 땅에서 저지르는 잘못이란? ········ 263
생활 현장에서 내 죄를 즉각적으로 포착하기 ················ 267
진정한 회개의 증거, '손해의식, 피해의식 불감증' ·········· 271

XI. 우리를 시험에 들게 하지 마옵소서

시험은 영적인 의식 체계가 흔들림이다 ························ 279
믿음의 실감과 오감의 실감 ··· 286
시험에 들기는 나라가 임하기를 방해하는 상태 ············· 292
내 삶을 향하시는 하나님의 주권 인정이 어려운 이유 ······· 294

XII. 다만 악에서 구하옵소서

생각과 말과 행동을 위한 한 가지 간구 ·························· 302
죄와 악 ··· 304
예수님 십자가에서 날마다 일천 번씩 죽자 ···················· 308

XIII. 나라와 권세와 영광이 아버지께 영원히 있사옵나이다

나라가 영원히 아버지의 것이다 ····································· 314
권세가 영원히 아버지의 것이다 ····································· 316
영광이 영원히 아버지의 것이다 ····································· 319

머리말

신과 소통할 수 있는 언어 체계

우리의 기도는 처음부터 커다란 벽에 부딪힌다. 결국 기도는 양측 모두 인격체인 하나님과 사람의 언어적 소통이 아닌가. 그런데 일개 피조물인 인간으로서 더구나 죄와 저주에 찌든 자신의 한계를 넘어서 신이신 창조주 하나님과 일상적인 소통을 이루어 내야 하는 일이 애초에 불가능하기 때문이다.

이때 문제가 되는 것은, 하나님은 사람의 생각을 모르실 리 없지만 사람이 하나님의 생각을 이해하고 받아들임으로써 소통이 이루어져야 한다는 점이다. 이렇게 소통이 이루어져야 하는 것이기에 기도는 제대로 하면 할수록 창조주 하나님과 피조물 인간이 서로 친분이 두터워지는 기적 같은 사귐이 효과로 나타난다. 실제로 소통이 이루어지는 기도는 한 만큼 하나님 있음에 대한 존재감이 커지고 하나님 좋음에 대한 실감이 짙어진다. 우리는 소통이 이루어지는 기도를 통해 할 때마다 하나님을 벌고 하나님 부자가 될 수 있다.

그러나 실천적으로 보자면 기도는 언급했듯이 기본적으로 죄와 저주에 찌든 인간과 거룩하신 하나님과 사이에 실제로 소통이 일어나야 한다는 점에서 처음부터 단절의 난관에 의해서 가로막힌다. 언어적 인격의 특성을 가지는 사람과 하나님이 제각각 사용하는 '언어 체계' 혹은 '의미 체계'의 차이를 극복해야 한다는 문제를 안고 있다는 뜻이다.

왜냐면 언어란 그 언어를 사용하는 인격이 가장 좋은 것이라고 여기는 궁극적인 가치를 중심으로 의미 체계를 이루는 것이기 때문이다. 그런데 죄와 저주에 찌들어 이 땅을 전전하는 인간이 침을 흘리며 갖고 싶어 하는 좋음과 지극히 높은 천국 보좌에 앉으신 거룩하신 하나님이 생각하시는 좋음은 애당초 같을 수가 없기 때문이다. 그러므로 각각 하늘과 땅에 뿌리를 두고 있는 가치관의 차이만큼이나 인간의 언어와 하나님의 언어는 그 의미 체계가 서로 다르다. 그러므로 이 두 언어가 각각 갖는 의미 체계 간의 이질적인 간격이 해소될 수 없다면 기도는 그저 불통의 사건이요 일방적인 공염불이 되고 만다.

이러한 불통의 상황에서 문제는 하나님 편에 있지 않다. 하나님은 내 생각이 악하든 선하든 옳든 그르든 다 꿰뚫어 보신다. 문제는 내가 하나님께서 뜻하시는 바를 전혀 이해할 수가 없는 상태에 갇힌 채로 전혀 다른 의미 체계의 언어를 사용하고 있다는 사실이다. 그러니 내가 하는 생각을 아시더라도 하나님으로서는 전혀 내가 뜻하는 바를 용납하고 받아들이실 수 없게 된다. 쉽게 말하자면 내가 삶에서 무릎 꿇고 기도할 수밖에 없게 하는 모든 강력한 문제가 하나님의 언어 체계 안에는 어떤 면으로 봐도 전혀 문제로 여겨지지 않을 수 있다는 것이다. 그런데 이렇게 서로 다른 두 의미 체계의 간격을 그대로 둔 채로 아무리 열정적으로 기도한다 한들 어떻게 소통이 이루어질 수 있겠는가?

사도 바울의 예를 들어 보자. 사도 바울은 "육체에 가시 곧 사탄의 사자"(고후 12:7)라고 스스로 별명을 붙일 정도로 고통을 주는 질병을 안고 있었다. 그래서 이 질병이 떠나가게 하려고 무려 세 번이나 주께 간구하였다. 정말 간절한 간구였다는 뜻이다. 그러니까 이 질병은 사도 바울이 자기의 언어 체계로 이해할 때 반드시 제거해야 할 '방해'였고 '부족함'이었고 '결핍'이었다. 그러나 그 기도를 들으신 하나님께서 주신 답변은 다음과 같다.

"내 은혜가 네게 족하도다 이는 내 능력이 약한 데서 온전하여짐이라"(고후 12:9)

즉 하나님이 사도 바울에게 주시는 은혜는 그 질병을 포함할 때여야만 완전해질 수 있다는 뜻이다. 왜냐면 하나님은 능력으로 사도 바울과 함께하고 싶은데 사도 바울의 마음이 조금이라도 높아지면 안 되기 때문이었다. 이러한 하나님의 의중을 알게 된 사도 바울은 이제 "도리어 크게 기뻐함으로 나의 여러 약한 것들에 대하여 자랑하리니"(고후 12:9)라고 한다.

약한 것들에 대하여 자랑한다는 것이 무엇을 의미하는가? 이 세상에 어떤 사람도 자기의 약한 것에 대해 자랑하는 사람은 없다. 그러나 사도 바울은 자기의 약한 것이 강한 것보다 훨씬 더 좋다는 의미이다. 이 말씀의 의미는 사도 바울이 사용하는 언어의 의미 체계가 모든 사람이 죄와 저주에 찌들어 사용하는 언어 체계와는 완전히 다르게 바뀌었음을 뜻하는 것이다. 즉 자기의 강한 것이 아니라 약한 것을 진심으로 자랑할 마음이 생기는 가치관의 언어 체계여야 하나님의 생각과 소통이 이루어질 수 있다는 말씀이다.

또 다른 예를 들어 보자.

사도 바울은 서신들에서 같은 뜻의 말씀을 반복하여 말씀하신다.

"우리가 담대하여 원하는 바는 차라리 몸을 떠나 주와 함께 있는 그것이라"(고후 5:8)

"차라리 세상을 떠나서 그리스도와 함께 있는 것이 훨씬 더 좋은 일이라 그렇게 하고 싶으나"(빌 1:23)

세상천지에 그 어떤 사람도 건강하여 이 세상에서 장수하기를 싫어하는 예는 없다. 건강 장수는 재물의 부요함과 함께 죄와 저주에 찌들어 있는 모든 인간의 언어 체계를 규정하는 핵심적인 좋음이다. 그런데 사도 바울의 언어 체계 안에서는 지금 당장이라도 세상을 떠나고 몸을 떠나 하늘 보좌 우편에 계신 주님과 함께 거하는 일이 이 세상에서 어떤 좋은 일이 일어나는 것보다 훨씬 더 좋다는 것이다. 언어의 체계를 이루는 중심에 놓인 좋음이 이 세상의 언어 체계와는 완전히 다르다. 주님 계시는 천국으로 가기 위해서 지금 당장 죽는 것이 이 세상에서 일어날 수 있는 일 중에서 최고로 좋은 일이라는 가치관을 바탕으로 이루어진 언어 체계이다. 이러한 언어 체계가 있어야만 우리도 사도 바울처럼 하나님과 소통할 수 있다는 뜻이다.

죄와 저주에 찌들어 있는 지구 위의 모든 사람에게서처럼 예를 들어 건강한 것이 무조건 좋음이고 오래 사는 일이 절대적인 좋음으로 여겨지는 언어 체계를 유지하는 한, 우리는 하나님과 절대로 일상적인 소통을 원활하게 이루어 갈 수가 없다. 사정이 이렇다면 우리는 사도 바울의 언어 체계 안에서 기록된 서신들 역시 그 모든 구절의 의미들을 제대로 이해할 수가 없다는 결론이 나온다.

주님이 천국에 계시기에 지금 당장 죽어 몸을 벗어던지고 이 세상을 떠나는 일이 최고로 좋음이라는 가치관 위에 세워진 언어 체계 안에서 기록한 서신들이다. 그런데 그런 서신들을 우리가 이전에 사용하던, 건강 장수가 최고의 좋음으로 그 중심에 놓인 언어 체계를 그대로 유지하면서 어떻게 바로 이해할 수가 있겠는가 말이다. 이렇게 보면 실제 상황은 너무 우려스럽다. 죄와 저주에 찌들어 있는 인류에게 공통적인 가치관에 기반한 언어가 바뀌지 않은 채로 평생을 예배당 교인으로 사는 바람에 하나님과 단 한 번도 진정한 소통의 만남을 이루어 본 적 없이 생애를 마치는 일이 얼마나 많을까?

그렇다. 예수님은 나를 나보다 더 잘 아시고 또한 아버지 하나님을 유일하게 정확히 아신다. 그러므로 예수님이 제자들에게 주기도를 가르치실 때는 당연히 이러한 언어 체계의 간격 문제를 염두에 두실 수밖에 없으셨을 것이다. 왜냐면 어쨌든 기도는 두 인격 간의 소통이고 소통은 의미가 서로 통하는 언어 체계 안에서만 가능하기 때문이다. 그러므로 주기도의 구절들은 우리가 아버지 하나님의 생각과 소통할 수 있기 위해서 반드시 우리 것으로 받아들여야만 하는 하나님의 언어 체계를 가장 간략한 형태로 갖추어 드러내고 있다. 즉 주기도의 구절들은 비유컨대 하나님의 생각을 이루고 있는 언어 체계를 이해할 수 있는 일종의 알파벳과 같은 것들이다.

거듭 기억해야 할 핵심 포인트는, 어쨌든 기도는 하나님의 생각 속에 담긴 의미를 이해하여야 이루어질 수 있는 소통의 행위라는 사실이다. 그렇기에 이런 소통을 위하여 가르쳐 주신 주기도의 구절들은 단순히 기도라는 행위를 위하는 것뿐 아니라 더 넓은 의미에서 창조주이시고 아버지이신 하나님의 생각을 이루는 언어 체계 자체를 이해할 수 있는 마스터키인 셈이다.

그러므로 주의 기도를 화제로 삼을 때 중요한 일이 무엇인가? 물론 우리는 주기도를 이루는 구절들의 문자 자체의 의미를 가능한 한 정확히 알아야 한다. 그러나 한적한 곳을 찾아서 밤이 맞도록 기도하시고 새벽 미명에 기도하시는 등 예수님처럼 하늘 아버지와 실제로 소통하는 기도를 하고 싶은가? 그렇다면 주기도의 구절들을 문자적으로 외우면서 하는 기도의 수준에 그쳐서는 안 된다.

구절들을 문자적으로 기억하며 기도하되 이에서 그치면 안 된다. 그 구절들이 담고 있는 풍부한 영적인 의미들의 세계 안으로 들어가야 한다. 그래서 우리의 언어적인 인격 전체가 마치 생명수의 강물에 몸을 담그고 물놀이하듯 그 의미에 잠겨 흠뻑 젖어야만 한다. 이렇게 하여 나의 언어적인 인격 전체가 주기도의 구절들이 담고 있는 영적인 의미의 강물에 온전히 잠길 수 있어야만 한다.

그렇게 해야 하는 이유가 무엇인가? 그래야 비로소 내 안에 예수님처럼 실제로 하늘 아버지와 소통하며 기도할 수 있기 위해 필요한, 이제까지와는 전혀 다른 새로운 언어 체계가 형성될 수 있기 때문이다. 그렇다. 세상에 대한 죽음을 생활화하여야 할 십자가 중심의 언어 체계이며 다른 측면으로 말하자면 유일하고 궁극적인 좋으심이 되시는 하늘에 계시는 하나님 중심의 언어 체계이다.

이러한 언어 체계가 없이 이제까지 사용하던 언어 체계 안에서 기도하게 되면 그 누구도 예외 없이 잘못된 기도의 함정에 빠진다. 즉 예수님이 주기도를 가르치시기 전에 주의하라고 경고하신 것처럼 그 누구도 바리새인들의 위선적인 기도나 이방들처럼 중언부언하는 기도를 드리는 함정을 피할 수 없게 된다.

이렇게 되면 기도가 살아 계신 하나님과의 실제 만남과 교제의 시간이 될 수가 없다. 기도하면 할수록 하나님과의 친분이 실제로 점점 더 두터워지는 일은 꿈도 꿀 수 없다. 하나님의 생각을 이해하고 받아들일 수 있는 언어 체계가 내 안에 없는데 어떻게 하나님과의 진정한 만남과 친분이 깊어지는 교제가 이루어질 수 있겠는가? 어떻게 소통이 이루어지지 않는 기도를 통해서 하나님 있음의 존재감이 날로 커지고 하나님 좋음의 실감이 날로 짙어지겠는가? 같은 의미 체계를 가진 언어를 통하여 소통함이 없는데 제아무리 기도를 많이 한다고 해서 어떻게 이 하나님 있음의 존재감이 세상 모든 있음의 존재감을 압도하고 어떻게 이 하나님 좋음의 실감이 세상 모든 좋음의 실감을 능가하겠는가?

   우리는 흔히들 생각한다. 발등에 떨어진 불같은 중대사가 있을 때면 세상 사람들과 똑같이 죄와 저주에 정복된 언어 체계에 갇혀 있음은 전혀 문제시하지 않은 채로 하나님께 그 뜻을 묻는 기도를 드리고 응답하여 주시는 대로 행동하면 된다고 말이다. 그러나 이런 행태는 인간이 만들어 낸 가짜 신을 믿는 종교에서나 벌어지는 일이다. 이런 식의 기도는 내가 행하는 일에서 벌어질 수 있는 실패나 부정적인 결과를 피하려고 마치 보험을 들듯이 인간에 의해서 임의로 만들어진 가짜 하나님이나 신들을 동원하는 일이다.

   이처럼 이제까지 우리 안에는 살아 계시며 인격적이신 하나님의 생각을 받아들일 수 있는 언어 체계가 사실 없는 경우가 태반이다. 그 대신에 세상 사람들과 똑같이 아직도 죄와 저주에 찌든 입맛에 따라서 좋게 여겨지는 이 세상의 가치들을 중심으로 형성된 의미 체계의 언어 안에 갇혀서 삶을 이어 가고 있는 상태임을 우리는 인정해야 한다. 십자가에서 죽은 예수님 중심의 언어 체계, 유일한 좋으심이신 하나님 아버지 중심의 언어 체계와는 거리가 너무나 먼 언어 체계 안에 갇혀 있다.

실제 사정이 이런데 사람들은 어떻게 언어 체계가 전혀 다른 인격체이신 하나님께 묻기만 하면 하나님의 생각을 전달받아 올바로 이해할 수 있다고 믿을 수 있는 것일까?

위에서 사도 바울의 "육체의 가시"를 위한 간구의 예를 들어 언급한 대로, 이렇게 완전히 다른 언어 체계 안에서는 처음부터 우리가 삶에서 문제라고 느끼는 것 자체가 하나님에게는 전혀 문제가 아닌 것으로 여겨질 수 있다는 말씀이다. 나는 반드시 없애야만 할 부족함이요 결핍이라고 보는 점을 하나님은 내게 충분한 은혜가 임하기 위해서는 절대로 필요한 것이라고 보시는 것이다. 이처럼 삶을 바라보는 우리의 관점 자체가 하늘에서 내 삶을 주권적으로 그리고 사랑으로 이끄시는 하나님 아버지의 관점과 너무 다르다면 우리 스스로가 느끼는 문제의식은 그 자체가 문제가 된다. 즉 문제가 문제가 아니라 그 문제를 문제로 여기는 내 언어 체계 자체가 문제가 된다는 뜻이다.

그러므로 혹시 하나님께서 내가 취하여야 할 행동을 위하여 당신의 뜻을 알려 주시더라도 우리는 그 의도를 제대로 알아듣고 그대로 따라갈 수가 없다. 그러므로 죄와 저주에 찌든 언어 체계 안에서 이런 식으로 멋대로 문제로 여기며 쫓기는 마음으로 기도하면서 내가 알고 싶고 듣고 싶은 답을 하나님께 묻는 일은 그야말로 불통의 기도이고 공염불이다.

그렇게 하기에 앞서 반드시 해결되어야 할 중요한 전제는 무엇인가? 하나님이 응답하셔서 알려 주시는 뜻을 올바로 전달받아 이해할 수 있는 지금까지와는 전혀 다른 언어 체계가 내 안에 있어야만 한다는 것이다. 그것이 바로 한쪽 면으로는 세상에 대한 죽음을 생활화하여야 할 십자가 중심의 언어 체계이며 그 이면으로서 하나님의 유일한 좋으심이 중심에 놓인 언어 체계이다.

그러므로 본 저서는 궁극적으로 주기도에 관한 일종의 해설서나 강해서 중의 하나로 머무르게 되기를 원치 않는다. 예수님을 믿어 하나님의 아들이 된 사람들은 반드시 예수님처럼 기도하는 중에 하나님의 생각을 실시간으로 호흡할 수 있어야 한다. 그러나 그러려면 반드시 하나님의 생각을 호흡할 수 있는 영적인 언어 체계를 습득하여야 한다. 바로 이 일에 도움을 드리는 일을 시도하고자 이 책은 세상에 태어났다.

그렇다고 해서 이 책이 무슨 언어학에 관한 주제를 다루는 것은 물론 아니다. 다만 예수님께서 우리에게 하나님과의 소통을 위하여 가르쳐 주신 주기도를 이해하는 과정을 통해서 하나님의 언어가 갖는 의미 체계를 가능한 한 온전히 드러내려고 할 뿐이다.

아무쪼록 본 저서를 읽는 모든 하나님의 아들들이 주의 기도를 생활화 때 그들 안에서 하나님의 생각을 원활히 호흡할 수 있을 만큼 새로운 영적인 언어 체계가 충분히 이루어지기를 바란다. 아니 그러한 하나님의 언어 체계가 인격 안에서 이루어지는 일이 시작이라도 되기를 바란다.

이러한 바람을 현실로 옮기기 위하여, 십자가와의 관계에서 주기도란 어떤 의미를 지니는 것인가를 살펴봄으로부터 우리의 이야기를 시작해 보자.

제1부

너희는 이렇게 기도하지 마라

I. 주기도란?

십자가 생활화와 주기도의 생활화

　주의 기도는 십자가 생활화를 하는 동안 할 수 있는 유일한 기도이다. 또한 주의 기도는 십자가 생활화를 해야만 할 수 있는 유일한 기도이기도 하다. 세상에 대한 죽음을 뜻하는 예수님의 십자가 하나로만 이 세상 삶을 살아야 한다는 역설은, 십자가에 못 박힌 독생자 예수님을 그리스도로 믿는 하나님의 아들들에게는 숙명적인 일이다. 날마다 모든 삶의 현장에서 세상에 대해 죽는 십자가 생활화를 피하거나 중단한다면 결국 예수님 믿음을 피하거나 중단하는 것이다. 이렇게 날마다 예수님과 함께 세상에 대해 죽는 십자가 생활화가 피할 수 없는 팔자(?)고 숙명이 된 가운데 할 수 있는 유일한 기도가 바로 주의 기도이다.

　생각해 보라. 이 세상에 대해서 십자가에서 예수님과 함께 죽었음을 날마다 모든 삶의 현장에서 인정하고 고백하는 자가, 도대체 이 세상 안에서 이루어지는 삶과 관련하여 무슨 간구를 기도로 드릴 수 있겠는가? 세상에 대해서 십자가에서 죽었으면 그것으로 끝난 것이지, 무슨 관심과 미련이 아직도 남아서 이런저런 삶의 현장을 사는 동안 판단과 생각이 돌아가며 무엇을 바랄 수 있다고 기도하겠는가 말이다. 사실 세상에 대해서 예수님과 함께 근본적으로 죽었음을 고백하는 자에게서, 세상을 사는 동안에 나올 수 있는 간구란 없다. 있다면 가짜로 죽은 것이거나 아예 죽을 생각 자체가 없는 셈이다.

그런데 이상한 것은 주의 기도는 십자가에서 죽었다는 인정과 고백을 하지 않는다면 절대로 드릴 수 없는 기도라는 사실이다. 형식적인 예배에서 의식용으로 줄줄이 외우는 주의 기도야 언제인들 어떤 상태인들 할 수 없겠는가? 그러나 그 구절구절에 담긴 진정한 의미를 알면, 주의 기도는 절대로 그렇게 앵무새처럼 주문 외우듯이 웅얼거리고 말 기도가 아니라는 사실을 알게 된다. 즉 십자가 생활화를 피할 수 없는 팔자요 숙명으로 받아들여야만 그 구절구절의 의미를 내 것으로 삼을 수 있고 그래서 그 의미를 따라서 할 수 있는 기도가 바로 주의 기도라는 말씀이기도 하다.

복음의 요체인 십자가를 생활화함을 일상적인 모든 삶의 현장에서 포기할 수 없는가? 당연하다. 그리고 기도 생활을 포기할 수도 없는가? 역시 당연하다. 그렇다면 할 수 있는 기도는 오직 주의 기도뿐이다. 만약 당신이 주기도를 놔두고도 기도 생활을 잘하고 있다면 이유는 십자가 생활화를 하고 있지 않기 때문일 것이다.

십자가 생활화는 동전처럼 양면을 가지고 있다. 세상에 대해선 죽음이고 하늘에 계시는 하나님에 대해선 삶이다. 즉 십자가에서 예수님과 함께 이 세상에 대해 죽은 자라는 자아의식이 그 한 면이다. 그리고 부활하시고 승천하시는 예수님을 따라 올라가 보좌 우편에 앉으신 예수님 안에서, 오직 하나님 아버지만을 향해서만 살아 있는 자라는 자아의식이 바로 다른 한 면이다. 이처럼 땅을 향하여 죽은 자가 되고 하늘을 향해서만 산 자로서, 동전의 양면처럼 두 측면의 자아의식을 유지한 채 모든 생활 현장에 임하는 일이 십자가 생활화의 삶이다.

주의 기도는 이처럼 십자가에서 세상에 대하여 죽은 자로서, 또 날마다 죽어야 하는 자로서, 그리고 오직 하늘에 계시는 하나님 한 분만을 향하여 살아 있는 자로서, 이 땅의 삶을 살아야만 하는 하나님의 아들들이 드릴 수 있는 유일한 기도이다.

그러므로 주의 기도를 생활화하지 않고 있다면 그 이유는 분명하다. 예수님의 십자가를 생활화하지 않고 있기 때문이다. 반드시 십자가 생활화는 주기도의 생활화를 수반한다. 우리는 절대로 십자가 생활화를 포기하거나 중단할 수 없다. 동시에 절대로 기도하기를 포기할 수도 없다. 그렇다면 길은 하나이다. 십자가 생활화를 하는 중에 주의 기도를 생활화하는 것이다.

주의 기도는 일상의 현장에서 따로 구분된 시간에 정례적으로 진행하는 형식적인 예배나 의식(儀式)을 위한 용도로 주어진 것은 절대로 아니라는 사실을 간과하지 말자. 예수님께서 주의 기도를 가르쳐 주실 때, 지금 같은 예배당이나 그 안에서 형식을 갖추어 드리는 의식 등은 전혀 없을 때이고 염두에도 두지 않으셨다. 어차피 당신을 따르는 제자들이 유대교의 회당에서 형식적인 예배를 주도하면 유대인들이 모두 주의 기도를 따라서 할 수 있으리라고 생각하시면서 가르쳐 주신 것도 아니다. 주의 기도를 가르치신 의도는 바로 그 앞서 해 주신 다음과 같은 예수님의 말씀 속에 잘 나와 있다.

"골방에 들어가 문을 닫고 은밀한 중에 계신 네 아버지께 기도하라 은밀한 중에 보시는 네 아버지께서 갚으시리라"(마 6:6)

이처럼 예수님이 주의 기도를 가르쳐 주신 의도는 훨씬 더 실제 생활 현장에 치중되어 있고 밀착되어 있다. 예수님의 의도를 따르자면 우리는 시간을 정하여 은밀하게 홀로 드리는 골방 기도를 삶에서 지속하여야 한다. 그러나 동시에 구체적인 모든 생활 현장 속에서, 의식이 깨어서 삶을 사는 동안 "쉬지 말고 기도"(살전 5:17)하기를 호흡하듯이 해야 한다. 주의 기도는 이처럼 이 세상을 사는 하나님 아들들에게 중단 없이 이어 가야 하는 은밀한 골방 기도와 모든 생활 현장에서 쉬지 않고 해야 하는 호흡과 같은 기도를 위하여 가르쳐 주신 것이다.

우리는 십자가 생활화를 하는 동안 골방에서 드리는 기도 생활을 이어 나가야 한다. 마찬가지로 삶의 현장에서 삶이 진행되는 동안에도 숨 쉬기를 멈추지 않는 한 기도를 쉬지 않아야 한다. 중단 없는 골방 기도와 쉬지 않는 생활 기도가 모두 주의 기도로 드려져야 한다. 그러기 위해선 주의 기도 구절구절에 담긴 의미를 깊이 이해하여야 하고 나가서는 그 의미의 언어 체계 자체를 우리 것으로 함이 중요하다. 왜냐면 주의 기도는 앵무새처럼 줄줄이 외우기만 하면 효과가 나타나는 무슨 마술의 주문 같은 것이 아니기 때문이다.

교인이라는 사람들에 의해서 주의 기도가 오용되고 있고 또한 소홀히 여겨 버려진 채 있다. 그렇다면 그런 교인들에게는 아예 기도 생활 자체가 없다고 보아도 무방하다. 왜냐면 믿음은 십자가를 생활화하는 것이고, 십자가를 생활화하면서 드릴 수 있는 기도는 주의 기도밖에 없는데, 그런 주의 기도를 오용하고 외면한다면 참다운 믿음의 기도 생활은 있을 수가 없기 때문이다. 아니면 주의 기도로 드러나는 하나님의 언어 체계 안에서 하는 기도라도 반드시 있어야 한다.

물론 믿음의 기도나 복음적인 기도 말고도 이 세상에서 모든 종교인이나 심지어 무종교인이라도 얼마든지 기도라는 행위 자체는 할 수 있다. 그러나 그 어떤 기도도 예수님의 십자가를 생활화하는 중에 드리는 주의 기도가 아니라면 하늘에 계신 하나님이 들으시는 일은 없다.

주의 기도는 주님의 공생애 때 기도의 내용을 담고 있다

'주의 기도'는 제자들의 요청에 따라 예수님이 가르쳐 주신 기도이다.
"예수께서 한 곳에서 기도하시고 마치시매 제자 중 하나가 여짜오되 주여 요한이 자기 제자들에게 기도를 가르친 것과 같이 우리에게도 가르쳐 주옵소서"(눅 11:1)

제자들은 도무지 궁금했다. 예수님은 새벽 미명에 한적한 곳으로 나가 기도하시고(막 1:35), 새벽이 꼭 아니라도 아무 때나 기회만 있으면 역시 한적한 곳에서 기도하셨다(눅 5:16). 그리고 밤이 새도록 하나님께 기도하셨고(눅 6:12), 산으로 가서 기도하셨다(눅 9:28). 그리고 오병이어의 현장에서 사람들이 임금 삼으려고 하는 대대적인 성공(?)을 거둔 사역의 순간에도, 자축하시는 대신에 당신의 열렬한 추종자가 된 그 모든 군중을 흩으시고 제자들조차 대동하지 않으신 채 당신 혼자 기도하시러 산으로 들어가셨다(요 6:15).

이렇게 예수님은 중단 없이 하나님 아버지께 드리는 기도 생활을 이어 가셨다. 도대체 날마다 드리시는 기도를 무슨 할 말이 그렇게 많아서 밤이 새도록 하시고 새벽 미명에 일어나 기도하시고 또한 굳이 억지로 기회를 만들어서까지 기도하셨을까? 왜 그렇게까지 무슨 한이라도 맺히셨던 것처럼 기도에 전념하셨을까? 기도하신 내용이 무엇이었을까?

추측해 보건대 공생애의 사역에서 아버지와 호흡을 맞추기 위해 그토록 줄기차게 기도하셨던 걸까? 아니면 하늘에 계시는 아버지 자신이 그립고 당신이 떠나오신 천국이 그리워서 기도하셨을까?

예수님이 하신 기도의 내용에 대해서 이런 추측이 얼마든지 가능하지 아니한가? 아버지가 계시는 영원한 나라 천국을 떠나서 인간의 몸을 입고 이 땅에 내려오신 상태에서, 떠나온 본향에 계시는 아버지가 그토록 그리우셨고 그나마 기도를 통하여 갖게 되는 아버지와의 교통이 그렇게 좋으셨기 때문에 기도하셨을 것이다. 그래서 그렇게 소통하심을 가능하게 하시는 성령과 더불어 하나 되심을 거듭 확인하시고 누리시고 기뻐하셨을 것이 틀림없다. 또한 그러한 소통 가운데 이 땅에서 이루실 구원을 위한 사역에 대해서도 늘 삼위 하나님께서 함께하심을 확인하는 시간이 되었을 것이다.

그러나 예수님께서 기도하심으로써 이런 영적인 신비의 세계 속을 들락거리셨음을 전혀 감지할 수 없었던 당시의 제자들로서는 참으로 궁금하기 그지없었을 것으로 여겨진다.

그래서 제자들은 예수님께 청한 것이다. '주여! 주께서는 도대체 무슨 기도를 그토록 많은 시간을 들여 하시는 것입니까? 주님께서 그토록 전념하여 드리시는 그 기도를 우리에게도 가르쳐 주옵소서'

이런 제자들의 요청에 대해 "너희는 이렇게 기도하라"(마 6:9), 혹은 "너희는 기도할 때에 이렇게 하라"(눅 11:2)라고 그 내용을 특정하셔서 가르쳐 주신 기도가 바로 '주의 기도'이다.

우리는 공생애 기간에 점철된 수많은 기도의 시간에 예수님이 하나님 아버지께 어떤 내용의 간구를 드렸는지 문자적으로 알 수는 없다. 그 점이 정말 궁금하고 아쉽다. 하지만 그나마 얼마나 감사한 일인가. 우리에게는 '주의 기도'가 있다.

제자들에게 가르쳐 주신 주의 기도는 공생애 기간에 예수님께서 그토록 줄기차게 드리시던 기도의 내용과 무관하지 않다. 왜냐면 그리스도로서 예수님이 이루신 구원 사역은 결국 당신을 믿는 모든 사람을 당신의 자리에 세워 주시는 것이기 때문이다. 즉 예수님의 자리 안으로 들어와서 예수님이 하시는 대로 우리도 하나님을 아버지로 관계하도록 길을 열어 주신 것이 바로 구원 사역의 핵심이다. 그래서 예수님은 공생애 사역을 마치시는 순간에 다음과 같이 기도하셨다.

"아버지여 내게 주신 자도 나 있는 곳에 나와 함께 있어 아버지께서 창세 전부터 나를 사랑하시므로 내게 주신 나의 영광을 그들로 보게 하시기를 원하옵나이다"(요 17:24)

예수님을 믿는 모든 사람이 십자가에서 예수님과 연합함으로써 예수님의 자리를 자기의 자리로 삼고 머물러, 예수님이 받으시는 영광을 고스란히 함께 받게 되기를 바라셔서 공생애 구원 사역을 완수하신 것이었다. 즉 예수님을 믿는 모든 사람이 당신의 독생자 되시는 신분과 지위 안으로 들어와서 마치 자기들이 독생자라도 된 듯이 하나님을 아버지로 관계하기를 바라시기에 그리스도로서 구원 사역을 이루신 것이었다.

이런 점은 기도에서도 마찬가지이다. 우리는 예수님 덕에 구원받은 사람으로서 독생자이신 예수님의 자리에서 하나님을 아버지로 부르며 기도드린다. '예수님의 이름으로' 기도를 드리는 이유 또한 여기에 있다. "예수님의 이름으로 기도드리옵나이다"라는 말은 예수님의 이름을 무슨 주문처럼 외운다는 뜻이 아니지 않은가? '예수님 안에서', '예수님의 자리에 들어와서', '예수님의 독생자 신분을 옷 입고서' 하나님을 아버지로 부르며 기도드린다는 고백이다.

그러므로 주의 기도는 우리가 독생자이신 당신의 자리에 들어서서 하늘에 계신 하나님을 아버지로 관계하며 기도드리게 될 것을 염두에 두시고 가르쳐 주신 내용이다. 그래서 주의 기도는 그 시작이 하나님을 향하여 "우리의 아버지"라는 부름으로 시작한다. 이 '우리'란 결국 죄인으로 취급되어 십자가에 못 박히신 예수님 자신과 그 십자가에서 예수님과 연합하여 독생자의 자리 안으로 들어와 기도하는 모든 사람을 가리킨다. 좀 구체적으로 범위를 좁히면, 예수님과 지금 여기서 십자가의 예수님과 자신을 동일시하면서 기도하는 당사자인 나 자신을 가리킨다. 그러므로 예수님이 공생애 기간에 혼자 한적한 곳에서 드리시던 기도들의 내용은, 당신의 자리에서 하나님을 아버지로 관계할 제자들에게 가르쳐 주신 주의 기도 안에 어떤 식으로든 녹아들어 있다고 우리는 확신 있게 말할 수 있다.

그러나 문제는 무엇인가? 우리와 예수님, 나와 예수님은 근본부터 너무 다르다는 점이다. 예수님은 하나님의 영원한 아들로서 죄가 없으시고 저주가 그 인격 안으로 스며들어 가지 못하던 분이셨다. 죄로 인한 저주로부터 자유로운 예수님과 죄와 저주에 침투되어 뼛속까지 부패와 더러움으로 찌든 내가, 어떻게 예수님과 같은 자리에서 같은 내용의 기도를 드릴 수 있을까? 그야말로 너무나 서로 다른 언어 체계가 아니겠는가?

바로 이런 이유로 인해서 예수님이 독생자로서 아버지께 드리시던 기도의 내용을 담고 있는 주의 기도는 절대로 예수님의 십자가 없이는 드릴 수 없는 기도이다. 우리가 예수님과 같아질 수 있는 길은 이 세상에 대해서 예수님의 십자가에서 날마다 같이 죽는 길밖에 없다. 십자가에서 못 박혀 죽은 예수님과 나를 마음으로 동일시하여야 한다. 그래서 내 마음이 십자가에서 예수님 위로 오버랩하여 함께 죽었다고 인정하는 길밖에는 없다. 이 동일시가 바로 복음이 요구하는 믿음이기도 하다.

그러나 십자가에서 예수님과 나를 동일시하는 일은 단지 십자가에서 그치지 않는다. 십자가에서 마음으로 이루어진 동일시는 이제 연쇄적으로 일어난 사건들로 확장된다. 십자가 죽음에 연달아 일어난 부활과 승천과 보좌 우편에 이르시는 일련의 연쇄 과정 안에 계시는 예수님과도 연합이 확장된다.

즉 십자가 죽음과 부활과 승천과 보좌 우편에 이르는 이 연쇄 사건들의 전체 과정에서 예수님과 하나가 되어야 예수님을 따르는 믿음이 온전한 형태를 갖추게 된다. 그러므로 동일시를 통한 예수님과의 연합은 연쇄 과정의 길을 통해 예수님을 따라가는 것이고, 그 끝은 하늘 보좌 우편에 이르게 된다. 바로 이 보좌 우편의 자리가 예수님의 독생자 신분의 자리이고 우리 마음은 그곳에서 하나님을 아버지로 관계할 수 있게 된다.

그래서 예수님이 그리스도로서 이루신 연쇄 과정은 마치 야곱이 벧엘의 들판에서 돌베개를 베고 자다가 보게 된 하늘 사닥다리와 같은 것이다.

"꿈에 본즉 사닥다리가 땅 위에 서 있는데 그 꼭대기가 하늘에 닿았고 또 본즉 하나님의 사자들이 그 위에서 오르락내리락 하고"(창 28:12)

다만 그리스도 연쇄 과정의 길을 통해서는 하나님의 사자인 천사가 오르락내리락하는 대신에 나 자신의 마음이 하늘과 땅 사이를 오르락내리락하게 되었다. 몸이 아직 멀쩡하게 살아 있는 동안 말이다. 그리스도 연쇄 과정 속 예수님을 믿음은 이렇게 천국 일일생활권의 삶을 사는 것이다.

예수님이 십자가 없이 하나님 아버지와 관계하던 바로 그 자리에 우리는 예수님의 십자가를 힘입고야 설 수 있다. 정확히 말하자면 십자가 죽음에 이어서 이루어진 부활과 승천과 보좌 우편에 앉으시는 연쇄적인 사건들 속의 예수님과 연합함으로써만 예수님의 독생자 자리 안에 들어가 머무르면서 천국 보좌의 하나님을 아버지로 관계할 수 있다.

좀 다른 각도에서 말해 보자. 우리의 죄악과 저주에 찌든 상태가 어느 정도인지를 예수님은 아셨다. 그런데 기도란 어쨌든 우리가 한없이 거룩하신 하나님 보좌 앞으로 나가서 하나님을 대면하여 드리는 간구의 행위이다. 하나님을 대면할 수 없는 더럽고 부패한 자의 기도, 또는 자기가 그런 정도로 더럽고 추악한 존재라는 사실을 깨닫고 자백함이 없는 자의 기도는 그 자체가 하나님에 대한 모욕이다. 쌍방 간의 소통이 이루어질 수 없음은 물론이고 기도로서 성립조차 될 수 없다. 이런 기도는 하면 할수록 하나님을 모독하는 것이다.

그러므로 어쨌든 거룩하신 하나님께 드리는 기도가 이루어지려면 죄와 저주에 찌든 우리의 상태가 어떤 방식으로든지 해결이 되어야 한다. 그래서 기도하는 문제로만 국한하여 말하자면 예수님이 십자가를 지신 목적은 분명하다. 즉 그렇게 죄와 저주에 찌든 우리가, 당신이 하나님 아버지께 기도드릴 때 서 있던 자리에 서서, 당신이 하나님 아버지께 드리던 기도의 내용에 근거하여 우리도 아들들로서 기도할 수 있도록 하시려고 예수님은 십자가를 지신 것이다.

당신과는 본질적으로 다른 우리의 죄적인 체질을 잘 아시면서 그 면을 참작하신 바가 어떤 식으로든 내용으로 첨가되었겠지만, 어쨌든 주의 기도는 영원하신 독생자로서 인간의 몸을 입고 이 땅에서 머무시는 동안 하늘 아버지께 드리던 기도의 핵심 내용을 담고 있음이 틀림없다.

그러므로 주의 기도는 가르쳐지던 그 순간부터 곧바로 제자들이 자기들의 개인적인 기도 시간에 받아들여 활용할 수 있는 기도가 아니었다. 주기도의 내용은 당시에는 제자들로서는 그 의미를 전혀 알 수도 없었다고 하는 것이 맞다. 이런 상황은 주의 기도뿐이 아니었다. 제자들은 예수님이 공생애 기간에 하셨던 모든 말씀의 진정한 의미를 당시에는 전혀 깨닫지 못했다. 예수님과 제자들은 각각 너무나 다른 언어 체계를 가지고 있었기 때문이다.

그러면 이런 간격이 어떻게 극복이 되나? 예수님께서 십자가에서 죽으시고 이어서 부활과 승천과 보좌 우편에 앉으시는 사건까지 일어났어도 제자들은 여전히 기존의 언어 체계 안에 갇혀 있었다. 단지 제자들에게 새로운 언어 체계가 이루어짐을 상징이라도 하듯이, 오순절에 성령이 "마치 불의 혀처럼"(행 2:3) 각 사람에게 임하시고서야 비로소 공생애 때 하셨던 모든 말씀의 의미를 깨닫게 된다. 즉 언어를 상징하는 표현인 '불의 혀'처럼 성령이 임하시어 공생애 때 듣고 보았던 예수님 사역의 내용을 깨닫게 하시고 또한 십자가에 이어서 부활 승천 보좌 우편에 앉으시는 연쇄적인 사건들 모두를 제자들 자신들의 사건으로 받아들이게 하는 새로운 언어 체계가 허락됨으로써 온전히 깨달음을 얻는다.

주의 기도는 이처럼 십자가 죽음을 거쳐 부활과 승천과 보좌 우편에 앉으시는 전체 연쇄 과정 속 예수님과 자신을 동일시함으로써 연합하는 사람만이 하나님께 드릴 수 있는 기도이다.

이런 상황을 고려하여 주의 기도를 정의하자면 주의 기도는 정말 특별하다. 즉 예수님이 그리스도로서 이루신 연쇄 과정이 제공하는 '삼위일체 하나님의 영적 환경' 안에 마음이 들어와 있는 사람만이 드릴 수 있는 기도이다. 왜냐면 우리 마음이 예수님과 연합하여 독생자의 자리에 들어서면 그럼으로써 우리 마음은 삼위 하나님의 일체 되심에 참여하게 되기 때문이다.

그래서 주의 기도는 이렇게 예수님이 공생애 기간, 삼위의 일체 되심 안에서 하늘에 계시는 하나님 아버지께 드리시던 그 모든 기도 내용의 핵심이면서 동시에 총합이라고 할 수 있다. 그래서 예수님은 사랑하는 제자들과 그들의 증언을 듣고 당신을 믿을 모든 그리스도인을 위하여 공생애 기간에 그토록 끊임없이 드리셨던 수많은 기도 시간의 모든 내용을 가장 완벽한 형태로 정제하셨고, 누구나 외울 수 있도록 압축하셔서 '주의 기도'로 알려 주신 것이다.

십자가에 못 박히시고 부활하여 승천하셔서 보좌 우편에 앉으시는 영광을 입으신 예수님 말고는 "천하 사람 중에 구원을 받을 만한 다른 이름을 우리에게 주신 일이 없음"(행 4:12)과 같다. 천하에 하나님께 드리는 기도는 "너희는 이렇게 기도하라"라고 특정하셔서 명하신 '주의 기도' 말고는 하나님께 드려 소통을 이루고 응답이 주어질 수 있는 다른 기도가 있을 수 없다. 하나님과 하나 되는 구원이 오직 십자가에 달리신 예수님 덕분에 일어난 일이라면 그 하나님과 소통하는 기도는 오직 그 십자가를 생활화하면서 드릴 수 있는 주의 기도를 통해서만 이루어진다. 주의 기도는 인간이 하나님께 드리는 기도하기의 원조이시고 달인이시고 화신이신 예수님께서 "이렇게 기도하라"라고 특정하셔서 당신을 믿는 사람들에게 전수하신 기도이다.

주님이신 예수님께서 "너희는 이렇게 기도하라"라고 꼭 집어서 말씀하셨다. 예수님은 우리의 기도를 받으셔야 할 하나님 아버지를 유일하게 온전히 아신다. 그리고 또한 하나님께 기도를 드려야 할 우리 자신을 우리보다 더 온전히 아신다. 그러신 예수님께서 "이렇게"라고 특정하신 기도이다. 예수님이 말씀하신 "이렇게"가 바로 기도의 진리이고 하나님과 관계 맺음의 진리이다. "이렇게" 기도하고 "이렇게" 하나님을 아버지로 관계해야만 한다. 그렇지 않으면 죄인인 나와 하나님 사이에 소통은 없다.

그러므로 이 주의 기도로 드리지 않는 모든 기도는, 그 기도가 하나님의 이름을 부르면서 드리는 기도인 한, 일단 무엇이 되었든 반드시 "이렇게"를 벗어난 기도이고, 그러므로 '다르게' 하는 기도가 되므로 반드시 잘못된 점이 있다고 보아도 된다. 즉 하나님을 잘 모른 채 드리므로 전혀 기도가 아닌 기도이거나, 우리 자신을 잘 모른 채 드리므로 역시 전혀 기도가 아닌 기도가 될 수밖에 없다. 하나님을 정말 제대로 알고, 나를 정말 제대로 안다면, 예수님이 말씀하신 "이렇게" 말고는 절대로 다르게 기도할 수가 없다.

결국 하나님을 모르니 나도 모르고, 나를 모르니 하나님도 모르는 셈인데, 이처럼 기도를 드리는 당사자도 기도를 들으실 하나님도 잘 모르면서 하는 기도가 어떻게 참다운 기도가 될 수 있겠는가? 따라서 하나님도 아시고 우리도 아시는 예수님께서, 당신의 독생자 되신 자리에서 하늘 아버지께 드리도록 가르쳐 주신 주의 기도 외에 하나님께 들려질 수 있는 기도는 절대로 없다.

그리스도로서 이루신 죽음과 부활과 승천과 보좌 우편 자리에 이르는 그리스도 연쇄 과정 속 예수님의 자리는 내가 마음으로 하나님을 아버지라 부르면서 실제로 관계를 맺을 수 있는 유일한 자리임을 잊지 말자. 예수님이 너무나도 속속들이 알고 계시는 죄와 저주에 찌든 우리가 하늘에 계시는 거룩하신 하나님 아버지와 실제로 관계를 할 수 있으려면, 십자가 죽음으로 시작하는 그리스도 연쇄 과정 속 예수님을 내 마음이 벗어나면 안 된다. 그리스도 연쇄 과정 속 예수님을 내 마음이 옷 입어야만 한다. 예수님과 함께 세상에 대하여 죽은 자라는 자아의식을 가져야 한다는 뜻이다. 예수님은 이렇게 우리 마음이 십자가에서 예수님을 옷 입게 될 것을 미리 아시고 전제하시면서 우리에게 주의 기도를 가르쳐 주셨다.

즉 예수님을 믿는 사람이 예수님의 자리에서 하나님께 기도드릴 때를 염두에 두고 가르쳐 주신 기도가 주의 기도라는 뜻이다. 그러므로 예수님 밖에서는 하나님께 기도를 드리는 일도 절대 일어날 수 없음은 당연하다.

아니 기도라는 행위를 하는 것이야 누구에게든지 어떤 종교인에게든지 자유이다. 그러나 그리스도 연쇄 과정 속 예수님의 자리 밖으로 나가서 하는 기도는 창조주이시며 우리의 하늘 아버지이신 하나님께 일절 들려질 수 없다는 사실만은 영적인 양심으로 인정하면 좋겠다. 그리스도 연쇄 과정 속 예수님 안에 머물면서 드리는 기도 말고는 하늘에 계신 보좌의 하나님께 들려질 기도는 없다. 왜냐면 마음이 예수님 밖에 머물면서 사용하는 그 어떤 언어 체계로도 하나님과의 소통은 이루어질 수 없기 때문이다.

"십자가에 못 박힌 그리스도"(고전 1:23)로서 예수님을 믿음으로써 구원받았음이 확실한가? 그러면 우리의 마음은 예수님 안에 머물러 삼위 하나님의 일체 되심의 환경 안에 들어가 있어야 한다. 즉 십자가에서 죽고 부활 승천 하셔서 하늘 보좌 우편에 이르신 과정을 따라 올라가 예수님 안에 머물러야 하고, 그러는 중에 보좌의 하나님을 직면하면서 아버지로 관계하고 있어야 한다. 또한 그렇다면 독생자이신 예수님의 자리에서 나 역시 아들로서 하나님을 직면하여 아버지라 부르면서 기도하여야 한다. 오직 독생자이신 예수님이 가르쳐 주신 주의 기도로 말이다. 이렇게 삼위 하나님의 일체 되시는 환경 안에 내 마음이 들어가 머물러 있는 상태에 대한 증거가 겉으로 드러나야 함을 사도 바울은 다음과 같이 말씀하셨다.

"항상 기뻐하라 쉬지 말고 기도하라 범사에 감사하라 이것이 그리스도 예수 안에서 너희를 향하신 하나님의 뜻이니라"(살전 5:16-18)

"그리스도 예수 안에서"라고 하신다. 그렇다. 그리스도로서 이루신 연쇄 과정 속 예수님 안에 마음이 들어가 있는 동안만 우리는 하늘에 계시는 하나님을 직면하여 항상 기뻐하고, 그 하나님을 상대하면서 쉬지 않고 기도하며, 그 하나님의 이 땅에 대한 주권을 인정하면서 범사에 감사할 수 있다.

이제 우리는 바로 이 주의 기도를 나의 기도로 삼으려고 한다. 우리 주님이신 예수님께서 공생애 기간에 그토록 줄기차게 이어 가셨던 그 기도의 신비한 세계 안으로 들어가기를 시도하려는 것이다. 공생애 기간에 예수님께서 기도하시므로 그러하셨으리라고 여겨지는 바대로, 우리도 예수님을 믿은 덕에 온전히 새로워진 언어 체계를 가지고 창조주 하나님의 무한히 좋으심 안으로 들어가 유영(遊泳)하는 아들의 삶을 꿈꾸면서 말이다.

II. 잘못된 기도의 이유

기도의 자리, 예수님에 의해 허락된 새로운 영적 환경

　예수님께서 제자들에게 '주의 기도'를 가르치실 때 그에 앞서서 절대로 하지 말아야 할 기도의 두 가지 예를 드신다. 왜냐면 예수님 당시 선민들의 기도가 이미 그렇게 두 가지 잘못된 오류에 빠져 있었기 때문이고, 이러한 잘못은 앞으로 제자들이 예수님의 이름으로 기도할 때도 얼마든지 나타날 수 있었기 때문이기도 했다. 이런 잘못된 기도는 아무리 드려도 하늘에 계시는 하나님이 도저히 받아들이실 수 없는 기도가 될 수밖에 없는 것임은 물론이다. 어디 그뿐인가? 잘못된 기도 생활은 더 나아가 예수님 믿음을 무효로 돌리는 무서운 결과를 낳고, 또한 하나님 아버지를 모독하는 참담한 일이 되어 버릴 수도 있는 것이다.

　그러나 안타깝게도 현재 상황을 보면 믿는다는 사람들이 드리는 기도는 이러한 예수님의 염려와 경고에도 불구하고 이미 대부분 이 두 가지 잘못된 기도의 오류 속에 빠져 버렸다는 인상을 지울 수가 없다.

　그러므로 주의 기도를 우리의 기도로 삼는 일에 있어서 서두르지 말자. 우선은 예수님께서 주의 기도를 가르쳐 주시기 전에 굳이 예를 드시며 주의를 요구하신 이 두 가지 잘못된 기도를 우선 명확히 알아야만 한다. 우리에게 기도를 가르쳐 주실 때 예수님의 마음이 움직인 대로 우리도 그 동선을 따라가자는 것이다. 그래야 주의 기도가 뜻하는 바도 올바로 깨달을 수가 있음은 두말할 나위가 없다.

　이런 잘못된 두 가지 기도는, 첫째로 예수님이 바리새인들에게서 줄

곧 발견하셨던 위선자의 마음으로 하는 기도이며, 둘째는 하나님의 이름을 아예 모르는 이방인의 마음으로 하는 기도이다. 이 두 가지 유형의 기도는 기도해야 하는 성도에겐 가장 빠지기 쉬운 함정과도 같다.

예수님을 믿는 사람임에도 불구하고 우리는 그 당시 대부분 바리새인처럼 위선자의 기도를 드리게 될 수 있다. 하나님은 "스스로 있는 자"(출 3:14)로서 만물을 있게 하신 유일한 '있음'이시고 또한 우리 마음에 유일한 채움을 주시는 궁극의 '좋음'이 되신다. 그런데 하나님의 이름을 입으로 부르기는 하지만, 실제 마음의 시선과 관심과 애착이 그 이름이 가리키는 하나님 자신이 아니라, 사람이나 사건이나 사물 등 다른 대상에게 가 있는 상태로 기도하면 위선자의 기도가 된다.

또한 예수님을 믿음으로써 우리는 창조주이시고 주권자이신 하늘 아버지의 아들이 되었다는 교리적인 확신에 차 있다. 그러나 이러한 교리적인 자기 확신과는 별개로 실제 마음가짐은 여전히 이방인과 똑같은 영적인 고아의 심리 상태를 벗어나지 못하는 경우가 벌어진다. 이런 영적 고아의 심리 상태로 하나님을 입으로만 아버지라 벙끗거리며 기도하게 될 수도 있다는 말씀이다. 이러면 이방인들이 자기들의 다양한 종교의 신들을 찾고 부르면서 하는 기도와 다를 바가 없게 된다.

참으로 궁금하지 않은가? 도대체 예수님을 믿는다는 사람들이 왜 이러한 두 가지 유형의 절대로 해선 안 되는 기도의 오류 속에 빠지게 되는 것일까? 이유는 분명하다. 우리가 예수님을 믿을 때 허락되는 전혀 새로운 영적 환경에 대해서 의식이 깨어 있지 못하기 때문이다. 그리고 그렇게 의식이 꺼져 있으므로 그 새로운 영적 환경에 전혀 적응하지 못하고 있기 때문이다. 즉 예수님 믿기 전과 후에 달라진 영적인 상황이,

기도하는 마음에 실제로 전혀 반영되지 않고 있다는 것이다.

예수님이 구세주로서 당신을 믿는 자들에게 허락하시는 실질적인 혜택이 있다. 그렇다면 이 혜택을 받은 자라는 사실이 모든 기도의 내용에 우선하여 수용되고 고려되고 계산되었다는 사실이 반영되어야 하지 않을까? 즉 예수님을 믿음으로써 주어지는 혜택을 받아 누리고 있음이 기본적으로 기도하는 마음의 바탕이 되어 있어야 하지 않느냐는 말이다. 그런데 이런 믿음의 혜택을 전혀 누리지 못하고 있는 사람의 마음 상태로 기도한다고 하니 위선자의 기도와 이방인의 기도가 될 수밖에 없는 것이다.

예수님을 믿기 전 상황과 믿은 후 그 믿음이 유지되는 상황은 정말로 너무나 판이하다. 비유컨대 예수님을 믿음은 우리 마음이 완전히 새로운 집으로 이사한 경우이다. 영적으로 보자면, 누가복음에 나오는 탕자가 돼지가 먹는 쥐엄 열매로 굶주림을 채우려고 기웃거렸던(눅 15:16) 돼지우리 같은 집에서 모든 것이 풍족한 아버지의 집으로 거처를 옮긴 셈이다.

그런데 예수님을 믿는 사람으로서 기도한다면서도 그 마음이 여전히 이사하기 이전의 돼지우리 같은 집에 머물러 있음이 기도의 태도와 내용에 나타난다면 정말 큰 일이 아닌가. 예수님의 이름만 부르고 있을 뿐, 실제로 믿음이 있다면 반드시 새롭게 허락되었을 아버지의 집 안에 머물고 있다는 사실의 흔적을 어디에서도 찾아 볼 수가 없다. 그러면서 그런 돼지우리에서 만나게 되는 세상을 붙잡고 쥐엄 열매를 먹고 싶다고 하나님 아버지께 예수님의 이름으로 기도한다. 결과는 너무나 당연하다. 어떻게 그 기도가 잘못된 기도가 되지 않을 수 있다는 말인가.

그러니까 선민이고 교인이라는 사람이 하나님과 끊어져 원수 되었을 때 취하던 신분과 습관과 처지를 고스란히 유지하면서 하나님께 기도한다는 것이다.

마음으로는 여전히 하나님과 끊어진 원수가 아니면 취할 수 없는 태도와 자세를 유지하면서, 오직 입으로만 하나님을 아버지라 부르며 기도하는 상태이다. 사정이 이러니까 하나님께 드리는 기도에 예수님으로 인해서 새롭게 열린 하나님과의 관계를 실제로 유지하고 누리고 있다는 증거가 전혀 나타나지 않고 있다. 이런 기도는 예수님의 이름으로 하나님께 드리는 기도가 절대로 될 수 없다.

하나님께 예수님의 이름으로 드리는 우리의 기도는 그 자체가 하나의 기적이다. 예수님을 믿음으로써 그 믿음만으로도 이미 기도하기도 전에 기적 같은 상황 변화가 일어난 것이다. 이런 모든 기적 같은 상황 변화의 이유는 다른 것이 아니다. 예수님을 믿음은 우리 마음이 예수님 안에서 머무름이기 때문이다. 이 머무름이 뜻하는 바는 내 마음이 예수님의 자리에 계속하여 머무름이며, 그럼으로써 예수님의 신분을 옷 입게 됨을 뜻한다. 물론 예수님을 믿는다고 해도 당장에 믿기 전에 내게 주어져 있던 육체적이고 물리적인 삶의 환경과 조건에는 아무런 변화가 나타나지 않을 수도 있다. 그러나 몸과 몸이 놓인 환경은 그렇더라도 마음의 상황은 완전히 달라야 하는 것 아닌가. 즉 믿음 안에서 예수님과 연합하는 내 마음은 반드시 천지가 개벽하는 변화 안으로 들어가 머물러 있어야만 한다.

우리는 창조주이시고 주권자이신 하나님과 완전히 끊어진 상태의 죄와 저주에 찌들어 살던 사람들이다. 그래서 죄와 저주의 효과를 극대화하려는 공중 권세 잡은 마귀가, 사람들에게서 일으킨 세상 풍조를 따르던 자들이다(엡 2:2). 그런데 이제 예수님을 믿음으로써 우리 각자가 온 세상 만물의 조물주이시며 모든 나라와 민족과 개인 생애의 주권자이신 하나님을 친아버지로 부를 수 있게 되었다. 물론 이럴 수 있는 이유는 언급한 대로 예수님을 믿음으로써 우리 마음이 하나님의 독생자이신 예수님의 자리 안에서 머무를 수 있게 되었기 때문이다. 그래서 우리는 창조주요 주권자이신 하나님을 '아버지'로 부르면서 기도를 할 수 있게 된 것이다.

그러므로 예수님을 믿는 사람들에게는 단 하나의 기도의 자리가 있을 뿐이다. 독생자 예수님의 자리가 바로 우주 만물의 창조주이신 하나님을 아버지라 부르면서 드리는 유일한 기도의 자리이다. 이 독생자의 자리에 머물게 된 신분 의식을 유지하지 못하고 마음이 이 자리를 이탈한 상태로는 하나님을 아버지라 부르며 기도할 수 없고, 해서도 안 된다. 그러면 예수님의 이름도 하나님의 이름도 망령되게 일컫는 것이 되어 버리기 때문이다.

십자가를 통하여 하나님의 독생자이신 예수님과 연합하게 됨으로써 주어지는 하나님 자녀의 신분과 자리는 떠나면 반드시 모든 기도가 무효가 되어 버릴 정도로 절대적이다. 즉 창조주 하나님의 독생자 자리에 머물게 되었다는 신분 의식이 기도를 드릴 때 망각되면 안 된다는 뜻이다. 왜냐면 독생자 자리에서 갖게 되는 이 신분 의식이 없다면 이미 믿음은 중지된 상태이기 때문이다. 예수님 믿음이 중지되었는데 무슨 기도를 예수님의 이름으로 예수님의 아버지께 드린다는 것인가?

게다가 이렇게 독생자 예수님과 연합함으로써 주어지는 하나님 자녀의 자리는 그냥 오로지 법적으로 교리적으로 자녀의 신분 그 자체만을 얻게 되는 것이 아니지 않는가? 우리 각자의 마음이 실제로 완전히 새롭게 조성된 영적 환경 안으로 들어가서 머물게 되는 일이 벌어진다. 왜냐면 나는 십자가에서 동일시의 믿음을 통하여 예수님과 연합하였다는 그 이유로 예수님 안에서 보좌 우편 독생자의 자리까지 가서 머물게 되기 때문이다.

즉 이렇게 예수님 안에 머무르기 때문에 이제부터 내 마음은 예수님이 독생자로서 하나님 아버지와 맺는 모든 관계를 고스란히 나의 관계로 받아들일 수 있게 된 것이다. 즉 예수님과 연합하는 덕에 영원한 독생자이신 예수님을 둘러싼 모든 영적 세계의 환경이 곧 내 마음이 놓이는 환경이 된다는 것이다. 예수님의 모든 것이 예수님 안에 머물러 있는 내 마음에도 역시 똑같이 주어진다는 말씀이다.

"영접하는 자 곧 그 이름을 믿는 자들에게는 하나님의 자녀가 되는 권세를 주셨으니"(요 1:12)

"내가 진실로 진실로 너희에게 이르노니 나를 믿는 자는 내가 하는 일을 그도 할 것이요 또한 그보다 큰 일도 하리니 이는 내가 아버지께로 감이라"(요 14:12)

"지금 내가 아버지께로 가오니 내가 세상에서 이 말을 하옵는 것은 그들로 내 기쁨을 그들 안에 충만히 가지게 하려 함이니이다"(요 17:13)

이 모든 구절이 뜻하는 바는 한 가지이다.

예수님을 믿음으로써 연합하여 내 마음이 그 안에 머무르기만 하면 이제 예수님의 독생자이신 신분부터, 예수님에게서 아버지로 말미암아 일어나는 일, 그리고 예수님이 아버지로 인해서 누리시는 기쁨까지 모두 다 내 것이 된다는 뜻이다.

　우리의 기도는 바로 이렇게 예수님과 연합한 덕분에 내게 주어진 새로운 기적 같은 영적 환경을 혜택으로 누리는 자로서 드리는 것이어야 한다. 즉 전혀 새로운 신분 의식으로 드리는 기도여야 한다. 그러므로 우리의 기도 안에는 이렇게 새롭게 처하게 된 영적 환경에 대하여 반응하고 적응하고 있는 나의 의식이 반영되어야만 한다. 예수님 덕분에 내가 돼지우리와도 같았던 이전의 집을 벗어나 하늘 아버지의 집에 들어와 머물고 있다는 티가 내 기도 속에 나타나야 한다는 것이다. 그렇지 않다면 예수님을 믿어서 허락받은 새로운 영적 환경 안에 내 마음이 전혀 들어와 있지 않다는 증거가 아니겠는가.

　그러므로 이렇게 예수님을 믿으므로 주어지는 영적 환경에 대해 무지한 채로 마음이 그런 환경의 울타리를 이탈한 상태에서 기도하게 되면 예수님이 예로 드신 것처럼 절대로 해선 안 되는 방식으로 하는 두 가지 형태의 기도가 나타난다. 이런 상황은 예수님으로 인해 주어진 은혜로서의 영적 환경을 의식이 까맣게 잊어버렸거나, 아예 처음부터 접하지 못했기에 발생하는 영적 참사이다. 왜 예수님을 믿는다고 하는데 마음은 여전히 돼지우리 같은 집을 벗어나지 못하고 있는 것일까? 왜 탕자가 아버지의 집으로 돌아와 머물듯이 실제로 그 마음이 예수님을 따라서 천국에 계신 아버지 보좌 우편에 와서 머물러 있기를 거부하는 것일까?

　이처럼 예수님의 십자가 사건이 이루어진 뒤에 예수님을 믿는 사람 모두에게 주어지게 된 영적인 환경이 있다. 예수님과 하나님 아버지와 성령님의 삼위가 나를 둘러싸신다. 이런 삼위 하나님이 나를 둘러싸시는 영적인 환경 안에서 우리는 여생 동안 일상의 삶을 산다. 믿는 자들 각자의 마음이 놓이게 되는 영적인 실존 상황이다. 몸은 여전히 이전과 같은 환경에 놓여 있더라도 우리 마음은 새롭게 허락된 전적으로 이질적인 영적 환경 안에서 머무른다. 그러면 일상의 모든 생활 현장에서 우리는 당연히 그 전과는 판이한 생각과 말과 행동을 하면서 사람을 대하고 문제를 마주하며 삶을 살게 된다. 즉 이제까지와는 전적으로 다른 언어 체계를 가지고 하나님과 소통하면서 살게 된다는 뜻이다. 그러므로 하나님께 드리는 기도 역시 당연히 이런 새롭게 주어진 영적 환경에서 벗어나 일어나서는 안 된다. 십자가에 못 박히신 예수님을 그리스도로 믿는 한, 이 하나님의 삼위가 이루시는 영적 환경에서 한시라도 벗어나 살아서는 안 된다.

그러면 이처럼 예수님을 믿음으로써 주어지는 새로운 영적 환경 안에 내 마음이 실제로 머무름은 어떤 상태인가? 믿음 안에서 그리스도 연쇄 과정과 보좌가 놓인 천국의 영적 환경에 대하여 내 의식이 늘 깨어 있는 상태이다. 내 의식이 이러한 새로운 영적 환경에 대해서 깨어 있지 않다면 어떤가? 그렇다면 그 영적 환경은 실재하는 사실인데도 불구하고 내 마음에 대해서는 전혀 없는 것과 꼭 같은 상황이 되어 버린다.

즉 내 의식은 실제로 주어진 삼위 하나님의 영적 환경에 대해 반응이 죽어 버린 상태가 돼 버린다. 마치 전기 스위치를 끄면 빛이 사라지고 방 안에 있는 모든 것이 분명히 있음에도 불구하고 암흑 속에 묻혀 버리는 것과 같다. 그러니까 믿음의 의식이 꺼지면 엄연히 객관적으로 존재하는 영적 사실로써 조성된 삼위 하나님의 환경으로부터 내 마음이 실낙원 때처럼 추방되는 셈이다.

예수님을 통해서 주어진 이 영적 실제상황은 그 상황에 대해서 믿음을 가지고 의식이 깨어 있는 상태를 유지하는 동안만 내게 현실이 된다. 여기서 내 의식의 깨어 있음이란 내가 삼위의 일체 되심에 또 하나의 인격으로 참여하고 있다는 의식이다. 즉 하나님 예수님 성령님의 일체 되심에 내가 참여한 사위(四位)가 '우리'라는 의식으로 유지되는 가운데 삶을 산다는 의미이다. 이런 식으로 새롭게 주어진 삼위 하나님의 영적인 환경에 참여하기를 중단하면서 의식을 끄면 우리 마음은 곧바로 예수님이 가져다주신 영적 환경 밖으로 나가 버리고, 그럼으로써 내 마음은 전혀 믿지 않는 사람과 똑같은 조건으로 돌아가 버리고 만다.

이런 사실이 지금 기도를 관심하는 우리에게 왜 그렇게 중요한가. 이런 영적 환경 안에 들어와 있음으로써 실제로 내게 주어지는 자아의식이 우리의 기도에 직접적으로 반영되기 때문이다. 이런 상황은 거꾸로도 마찬가지다. 즉 여전히 마음이 예수님 믿기 이전의 영적 상황에 머물러 있으면서 기도하게 되면 그런 상황에서 주어지는 자아의식이 우리의 기도에 고스란히 반영된다. 마음은 실제로 삼위 하나님으로 조성된 영적 환경 밖으로 이탈된 상태에서, 입으로만 하나님과 예수님의 이름을 부르며 기도하게 되면 여지없이 모든 기도가 바리새인처럼 위선자의 마음으로 드리는 기도이거나, 완전히 하늘 아버지와 무관한 이방인의 마음 상태로 드리는 기도가 되어 버린다.

삼위 하나님이 조성하시는 영적 환경

우리는 예수님을 믿는 사람으로서 기도한다. 예수님 믿음이 중단된 상태에서 하는 기도는 하나님께 드려지는 기도가 아니다. 그런데 예수님을 믿음은 이처럼 우리 마음이 새로운 영적 환경 안으로 들어가 그 안에서 나오지 않고 머무름이다.

예수님을 믿음은 습관적으로 예배당 종교 생활을 영위하거나, 삶에서 필요할 때마다 무슨 전문가나 해결사를 찾아 상담받는 것과 같이 예수님과 하나님을 찾는 일이 아니다. 예수님을 믿음은 내 마음이 아예 십자가에서 예수님과 연합하여 세상을 떠나 하늘 보좌 우편까지 따라가 함께 머무름이다. 이 따라감이 바로 내 마음에 이전과는 다른 전혀 새로운 환경 변화를 초래한다. 예수님이 승천하셔서 하나님의 영원하신 아들로서 머무시는 환경이 곧 예수님을 믿어서 따라간 내 마음이 놓이게 되는 환경이 되는 것은 너무나 당연한 것이 아닌가?

그리고 이렇게 마음이 처하는 환경의 변화는 내 인격 안에서 반드시 옛 언어 체계에서 새로운 언어 체계로의 탈바꿈으로 나타난다. 그래서 소통을 통한 하나님과의 친분의 두터움이 이루어지는 것이다.

그렇다면 십자가 예수님을 믿음으로써 우리에게 새롭게 주어지는 영적인 환경이란 무엇인가?

우선 머릿속에 깊이 새겨야 넣어야 할 사실이 있다. 예수님이 그리스도로서 못 박히신 십자가를 기준으로 세상과 하늘의 두 영역의 경계가 명확해졌다는 사실이다. 예수님은 누누이 당신이 세상에 속하지 않으셨음을 말씀하셨다.

"예수께서 이르시되 너희는 아래에서 났고 나는 위에서 났으며 너희는 이 세상에 속하였고 나는 이 세상에 속하지 아니하였느니라"(요 8:23)

그래서 예수님을 믿는 모든 사람도 더는 세상에 속한 자가 아니다.

"내가 세상에 속하지 아니함 같이 그들도 세상에 속하지 아니하였사옵나이다"(요 17:16)

"예수께서 대답하시되 내 나라는 이 세상에 속한 것이 아니니라 만일 내 나라가 이 세상에 속한 것이었더라면 내 종들이 싸워 나로 유대인들에게 넘겨지지 않게 하였으리라 이제 내 나라는 여기에 속한 것이 아니니라"(요 18:36)

그래서 이제 십자가를 통해서 세상에 속함과 세상에 속하지 않음, 하늘에 속함과 하늘에 속하지 않음이 정말 백지 위에 자를 대고 펜으로 줄을 긋듯이 명확하게 구분되게 되었다.

왜냐면 십자가는 단순히 죽음의 사건이 아니라 이 세상을 빠져나가는 별세(Exodus)(눅 9:31)의 사건이기 때문이다. 예수님이 십자가에서 못 박혀 죽음이 세상에서 끝났음을 의미하는 사건이 아니라 세상을 빠져나가는 사건인 이유는 그에 이어서 부활과 승천과 하늘 보좌 우편에 이르는 사건들이 연쇄적으로 일어났기 때문이다. 그래서 이제 십자가를 기준으로 한쪽에는 세상이 있고 반대쪽으로는 그리스도 연쇄 과정을 통해 이어지는 천국이 있다. 그리스도 연쇄 과정은 땅에서 하늘로 이어지는 사닥다리이며 또한 고속도로이고 또한 터널과 같은 통로다. 그 길의 맨 아래 땅끝은 십자가이고 꼭대기 하늘 끝은 보좌 우편이다.

이렇게 십자가는 지금 당장 내 마음이 몸이 놓인 세상을 떠나서 이 세상을 빠져나가는 출구이며, 동시에 천국 보좌 우편까지 내 마음이 도달할 수 있는 통로의 입구이다. 십자가 사건이 일어나는 바람에 나는 마음으로 날마다 때마다 천국을 마치 무슨 천사라도 된 듯이 들락거릴 수 있을 정도로 천국 일일생활권이라는 전혀 새로운 환경을 살게 되었다.

내 마음이 실제로 이 세상을 떠나 천국으로 올라가는 일은 희한할 정도로 너무나 간단하다. 미국 항공 우주국인 나사(NASA)에 가서 우주선을 올라타야만 하는 것이 아니다. 마음이 지금 당장 천국을 가려면 이제 예수님의 십자가를 의식하며 바라봄으로써 지금 당장 육체가 놓인 이 세상의 생활 현장에 대해서 예수님과 함께 죽은 자라는 동일시의 고백을 해야 한다. 그리고 예수님이 부활 승천 하여 보좌 우편에 이르신 과정을 의식하며 마음으로 따라간다. 그리고 그 보좌 우편의 예수님 자리를 의식하면 내 마음은 보좌의 하나님 아버지를 직면하는 상황이 된 것이다. 그러면 이제 불러라. "하늘에 계시는 우리 아버지!"라고.

이 간단한 과정을 매일 반복하고 매 순간 반복하면서 우리는 천국 보좌 우편으로 출석하듯이 들락거릴 수 있게 되었다. 믿음의 삶은 주일마다 예배당에 출석하는 것이 아니라 날마다 천국에 출석하는 것이다. 그러므로 하나님 아버지를 입으로 부르며 찾을 때면 반드시 이 천국 출석의 과정을 거쳐야만 한다. 그리스도 연쇄 과정 속 예수님을 의식함이 없이 부르는 하나님 이름은 다 무효다.

우리가 실제로 이렇게 십자가를 바라보면서 그리스도 연쇄 과정 끝인 보좌 우편까지 예수님을 따라가는 과정을 내 마음 안에서 거치는 시간은 불과 3초도 안 걸릴 것이다. 아니 그보다 훨씬 더 많이 걸리고 아무리 번거롭다고 해도 어쨌든 반드시 하나님을 직면하여 만나려면 매번 예수님이 그리스도로서 이루신 연쇄 과정을 의식이 통과하고서 하나님을 불러야 한다. 즉 마음이 예수님을 따라 세상으로부터 나가 천국에 올라가서 하나님을 불러야 하나님을 실제로 만난다는 말씀이다.

이렇게 해서 이제 내 마음이 보좌 우편에 계시는 예수님 안에서 보좌의 하나님을 직면하면 정말 이 자체가 놀라운 상황이 아닌가. 그런데 이런 놀라운 상황이 일상이 되는 것이 바로 예수님 믿음이다. 창조주 하나님이 이제 내 마음이 얼굴을 맞대고 상대하는 나의 친아버지가 되시는 것이다. '하나님'이라고 입으로 부르려 할 때면 반드시 이런 예수님 따름의 과정을 의식적으로 반복함으로써 마음이 천국 보좌 우편에 올라간 상태임을 확실히 하면서 불러야 한다. 이러한 예수님의 그리스도 연쇄 과정을 따름이 일어나지 않으면 아무리 하나님의 이름을 많이 불러도 예수님의 아버지 하나님을 부르는 것이 아니다. 그런 하나님 부름은 그냥 실제로 있지도 않은 일개 종교의 신으로서 하나님의 이름을 부르고 마는 셈이 된다.

그런데 이렇게 하나님을 마주하기만으로 우리의 마음이 믿음 안에서 반응해야 하는 일이 끝나는가? 마주하였으면 실제로 관계를 이루어야 하지 않는가? 그렇다. 이렇게 보좌 우편까지 따라 올라가 예수님 안에서 내 마음이 얼굴을 맞대고 상대하게 된 하늘 아버지는 나와의 관계에서 특별한 속성을 지니신다. 내 마음은 이런 아버지의 속성에 상응해 반응하면서 하나님을 친아버지로 관계하는 사귐을 계속 이어 가야만 한다.

예수님 안에서 내가 직면하는 하늘 보좌에 계신 나의 친아버지는 "스스로 있는 자"(출 3:14)로서 '유일한 있음'이시며 이 땅에서 내가 몸으로 만나는 모든 사람과 모든 문제와 모든 상황을 있게 하시는 창조주이시다. 그러므로 하나님은 하늘로 올라간 내 마음이 항상 우선하여 그 존재감을 첫 번째로 의식하여야 하는 대상이시다. 땅에서 내 몸이 누구를 만나고 있더라도 예수님 따라서 하늘에 올라와 있는 내 마음이 느끼는 첫 번째 존재감의 대상은 하나님이시다.

그리고 하나님은 실제로 내 마음 공백의 채움을 위한 '유일한 좋음'이시고 '유일한 기쁨'이시라서 내가 마음과 뜻과 힘을 다하여 좋아하고 소망하여야 할 나의 '유일한 보물'이시다.

그리고 하나님은 이제 이 세상에서 나라와 민족과 개인뿐 아니라 내 머리털까지 세시고 참새 두 마리가 땅에 떨어짐까지 주관하시는 주권자로서 땅 위에서 진행되는 내 삶에 대해서 '유일한 주체'이시다.

이런 모든 어마어마한 하나님의 속성들이 예수님을 믿음으로써 내게 한꺼번에 새롭게 제공되는 영적인 환경이며 나는 그 아버지의 속성들에 마음으로 반응하는 당위적인(?) 즐거움을 반드시 누려야만 한다.

이처럼 십자가에서 예수님으로 옷 입고 하늘로 올라간 내 마음은 독생자의 자리에 머무르게 되면서 하나님의 아들로 취급된다. 그러면 창조주 하나님이 내 친아버지로서 가지시는 유일한 있음과 유일한 좋음과 유일한 주체성의 세 가지 속성은 예수님 안에 있는 내 마음을 둘러싸는 절대적인 영적 환경이 된다. 나는 그러한 하늘 아버지의 '유일한 있음'과 '유일한 좋음'과 '유일한 주체성' 세 가지 속성에 둘러싸여 그런 아버지의 속성에 대해 반응하면서 관계하는 창조주의 아들이다. 바로 이런 아버지의 속성들에 반응하는 동안 우리의 언어 체계는 완전히 다른 언어 체계로 바뀌는 것이다.

유일하신 있음에 대해서는 유일하고 우선적인 존재감을 느낌으로써 반응하며 관계하고, 유일하신 좋음에 대해선 오직 하나님 한 분만을 채움과 만족을 위하여 열망함으로써 반응하며 관계한다. 그리고 하나님의 이 세상을 향한 유일한 주체성은 세상을 향하려는 죄악 된 나의 주체성을 십자가에서 죽임으로써 반응하며 관계한다.

　예수님을 믿는다는 사람이 이렇게 하나님의 유일하신 있음과 유일하신 좋음과 유일하신 주체성 되심에 전혀 반응이 없는 상태에서 도대체 무슨 기도를 드린다는 것인가? 하나님의 이 세 가지 속성에 대해서 내 마음이 충분히 반응하고 있는 상태가 기도에 나타나야만 참으로 예수님 믿는 사람의 기도가 될 수 있다.

　그리고 내게 새롭게 허락된 영적 환경은 이렇게 하늘에서 하나님 아버지의 세 가지 속성을 직면하여 적절하게 반응함으로써 끝나는 것이 아니다. 내 마음이 예수님과 연합하여 하늘로 가서 보좌 우편에 머물며 아버지의 세 가지 속성에 대해서 응답하며 관계를 지속하는 동안 내 마음이 떠난 이 세상에는 무슨 일이 일어나는가? 하나님의 창조적이고 자발적인 주권을 고스란히 수행하시는 성령님이 내 안으로 강물같이 흘러 들어오신다. 이제 이 땅에 남은 내 몸은 이처럼 하늘에서 땅으로 내려오시는 하나님의 손인 성령님의 장갑이 되어서 이 세상 삶을 살게 된다.

　우리의 몸이 성령님의 장갑이 된다는 비유적인 표현은 전적으로 예수님의 말씀에 기인한다.

　"그러나 내가 만일 하나님의 손을 힘입어 귀신을 쫓아낸다면 하나님의 나라가 이미 너희에게 임하였느니라"(눅 11:20)

　하나님의 손은 원어상으로는 하나님의 손가락을 뜻하는데, 예수님이 하나님의 손가락을 힘입었다는 말씀은 공생애의 예수님이 하나님 손의 장갑이 되었다는 뜻으로 받아들여도 무리가 없지 않겠는가?

　어쨌든지 이렇게 성령님이 관련된 사실 역시 우리의 기도에는 충분히 반영되어야만 한다. 이런 사실을 내가 알고 있고 인정하고 있다는 의식이 기도를 드리는 마음 안에 이미 포함되어 있어야 한다는 것이다.

그래서 나는 하늘과 땅에서 삼위 하나님과 일체를 이루게 된다. 내 마음은 십자가를 통해 예수님과 연합하고, 그 예수님 안에서 하늘로 올라간 뒤에는 하나님 아버지와 마치 독생자라도 된 듯이 관계하게 되고, 땅에서 내 몸은 마치 예수님의 공생애를 이어서 살기라도 하듯이 이 땅을 향하여 뻗으시는 하나님의 주권적인 손인 성령님의 장갑이 된다.

이렇게 삼위 하나님과의 관계 안에서 내게 주어지는 영적인 상황은, 내가 예수님을 제대로 믿는 한 내 몸이 놓인 환경이 어떠하든지 실제로 나의 마음이 머무르는 가장 우선적이고 변함없는 실존 환경이다. 내 마음은 십자가에 못 박히신 예수님을 중단 없이 바라보며 그리스도로 믿는 한 이런 영적인 실존 환경을 이탈하거나 잊어버릴 수가 없다. 예수님을 믿는다는 것은 이러한 삼위 하나님에 의해서 조성된 영적 환경을 늘 내 의식 안에 전깃불처럼 켜 놓고, 그 천국의 영적인 환경 안에서 마음이 머무르며 사는 것을 뜻한다.

내가 몸으로 사는 이 세상에서 건강하여도 병이 들어도, 가정에 문제가 있어도 없어도, 재정적인 상황이 여유가 있어도 쪼들려도, 승진했어도 승진 못 했어도, 자녀들이 형통해도 형통하지 못해도 예수님을 믿는 사람인 한 일차적으로 내 마음은 이런 세상의 물리적인 환경에 놓여 있는 것이 아니다. 절대적으로 우선하여 나의 마음은 예수님을 믿는다는 이유 덕분에 삼위 하나님이 이루시는 영적 환경 안에 놓여 있는 것이다. 예수님 안에 있는 바람에 내 마음은 삼위 하나님의 영적 환경에 먼저 둘러싸여 있는 상태로 이러저러한 이 세상 삶의 문제나 사건들을 맞닥뜨린다. 삼위 하나님의 영적 환경의 창문 밖으로 내 마음은 이 세상의 물리적인 환경을 접하게 될 수 있을 뿐이다.

  그러므로 내 마음이 십자가를 출발점으로 하여 삼위 하나님이 이루시는 영적 환경 안으로 들어가 있다는 의식이 꺼지고, 그보다 먼저 육체로 만나는 물리적인 이 세상 삶의 환경에 반응하면 그 순간은 나는 그리스도 연쇄 과정 속 예수님 밖으로 이탈한 것이고 그러므로 동시에 그리스도이신 예수님 믿기를 중단하는 것이다. 언제 어디서나 예수님을 믿는 믿음이 유지되는 한 천국과 땅에서 삼위 하나님이 이루시는 영적 환경은 내 의식이 깨어 있는 상태에서 가장 먼저 포착해야 하는, 그래서 내 마음이 그 안에 들어가 안겨 있어야만 하는 강보요 요람이다. 예수님의 이름으로 하늘 아버지께 기도하기를 원하는가? 기도는 바로 이렇게 삼위 하나님의 일체 되심의 요람 안에서 하는 것이다.

새로운 영적 환경에 적응하지 못한 채 하는 기도

  주의 기도가 바로 그러한 기도이다. 삼위 하나님에 의해 조성된 영적인 환경 안에 마음이 머물러야만 드릴 수 있는 기도이다. 주의 기도는 예수님을 믿음으로써 그 마음이 삼위 하나님의 일체 되심에 참여하게 된 인격으로 드리는 기도이다. 그러니까 예수님은 이렇게 앞으로 당신의 십자가와 그에 이어지는 그리스도 연쇄 과정의 사역을 받아들임으로써 당신을 믿는 사람들이 드리게 될 기도를 가르쳐 주신 것이다.

  즉 그리스도 연쇄 과정을 통해서 당신을 따르는 사람들 각자가 마음으로 삼위 하나님의 일체 되심에 참여하여 사위 일체를 이루게 될 것을 환히 내다보시면서, 그런 영적인 환경 안에 들어와 있는 상태에서 할 수 있는 가장 적절한 기도로서 주의 기도를 가르쳐 주신 셈이다. 따라서 이렇게 삼위 하나님이 조성하신 영적 환경이 의식에서 켜져 있음으로써 그 안에 실제로 마음이 머무는 한 기도는 주의 기도를 따라서 드릴 수밖에 없다.

사실 이렇게 보면 전혀 새로운 그리고 이 세상은 전혀 알 수도 없는 영적 환경이 허락되었을 때 내 마음이 집중해야 할 가장 시급한 일은 무엇일까? 몸으로 만나는 이 세상 환경이나 상황에 스스로 직접 반응하는 일이 아니다. 그렇게 반응하면서 내가 판단하는 선한 방향으로 물리적인 삶의 환경과 조건을 개선하여 가는 일이 급한 것이 아니다. 이 세상 삶의 현장에서 어떤 문제가 벌어져도 정말 더 시급한 일은 바로 예수님을 믿음으로써 주어진 새로운 영적 환경에 내 마음이 거부 반응을 일으킴 없이 최대한 잘 적응하는 일이다. 그 영적인 환경에 잘 적응된 상태로 삶의 현장을 맞이하는 것이다. 생활 현장에 임할 때는 언제나 내 마음은 이 영적 환경 안에 들어가 있는 사람이어야만 한다. 삶의 문제를 해결하는 일 자체보다 그 삶의 문제를 대하는 나 자신의 존재 상태가 항상 더 시급한 문제라는 것이다. 그렇지 않으면 그 삶의 문제를 하나님이 보시는 관점으로 바라볼 수가 없게 된다.

예수님은 "그러므로 염려하여 이르기를 무엇을 먹을까 무엇을 마실까 무엇을 입을까 하지 말라 이는 다 이방인들이 구하는 것이라 너희 하늘 아버지께서 이 모든 것이 너희에게 있어야 할 줄을 아시느니라"(마 6:31-32)라고 말씀하셨다.

즉 이 세상 안에서 사람들이 하는 염려 중에서는 도저히 떨쳐낼 수 없는 '절대적인 염려'란 없다는 뜻이다. 모든 염려는 상대적이라는 의미이다. 흔히들 염려거리라고 하는 일도 그것을 대하는 사람 자신이 어떠한 사람이냐에 따라서 정말 심각한 염려거리가 될 수 있고 또 전혀 염려거리가 아닐 수도 있다는 뜻이다. 염려거리가 이전과 전혀 달라지면 기도의 내용도 판이하게 될 것은 말할 나위가 없다.

그러면 지금 내가 느끼는 삶의 염려거리는 예수님을 믿음으로써 하늘 아버지의 아들이 된 나에게 마땅한 염려거리인가? 삼위일체 하나님이 이루시는 영적 환경 안에 마음이 머무는 사람에게도 얼마든지 있을 수 있는 염려거리가 맞는가?

삼킬 듯이 몰아치는 노도 광풍 속에서도 일엽편주에 몸을 의지하여 깊은 잠을 주무시던 예수님이시다. 예수님의 마음은 천지의 창조주요 주권자이신 하나님 아버지 안에 머물고 계셨기에 가능했던 일이다. 이런 예수님을 믿어 마음이 예수님 안에서 하나님을 직면하는 아들들 역시 스데반 집사님처럼 돌에 맞아 죽는 순간에도 평강이 깨지지 않을 수 있는 자들이다. 예수님 믿어서 주어진 삼위일체 하나님이 이루시는 영적 환경 안으로 들어가 마음이 충분히 적응하면서 머무르고 있기 때문이다.

그러나 예수님이 깊은 잠을 주무시던 같은 조건에서 제자들은 두려움에 사로잡혀 광란한다. 인간이라면 누구에게나 지극히 당연하고 자연스러워 보이는 제자들의 반응에 대하여 예수님은 믿음이 없는 자들이라고 나무라신다. 그러면 예수님의 기준으로 보자면 이런 상황에서는 제자들에게 무엇이 문제인가? 집어삼킬 듯이 일고 있는 풍랑이 문제인가? 아니면 예수님을 따라서 같이 잠을 잘 수 없음이 문제인가? 풍랑 속에서도 잠을 잘 수 없는 상태에서 하는 모든 행동은 다 믿음이 없어서 나오는 것들로 꾸중과 질책의 대상이다.

혹시 우리가 삶의 풍랑을 만나서 하게 되는 기도도 이처럼 믿음이 없어서 드러내 보이는 몸짓에 지나지 않으므로 예수님으로부터 응답을 받을 수 있기는커녕 오히려 꾸중을 들을 일은 아닌가? 그렇다. 열심히 기도하고도 믿음이 없다고 꾸중을 들을 것이 분명하다. 이런 상황이 정말 너무나 아이러니하지 않은가. 이제까지 우리는 삶에서 문제와 어려움의 풍랑을 만날 때면 그 풍랑에 밀려서 열심히 기도했는데 알고 보면 그런 기도는 믿음이 전혀 없었기 때문에 하게 된 기도였다는 말씀이다. 마음이 삼위 하나님의 환경 안에 들어가 있었더라면 도저히 나올 필요가 없는 염려와 간구를 기도랍시고 하는 것이 아니었는가 말이다.

일상의 크고 작은 생활 문제의 풍랑에 자극되고 선동되어서 하게 되는 우리의 거의 모든 기도는 이렇게 새롭게 주어진 영적 환경에 내 마음이 들어가 있으면서 적응하는 일에서 실패했기에 하게 되는 기도이고 따라서 나의 믿음이 전혀 없음을 대명천지에 드러내는 몸부림이 될 수 있다. 즉 그런 삶의 문제 따위가 감히 당당하게 하나님의 아들이 되었다는 나에게 염려거리가 될 수도 있을 만큼 내 마음이 삼위일체 하나님에 의해 조성된 영적 환경 밖으로 튕겨 나와 머물러 있는 상태에서 하는 기도라는 것이다. 예수님을 믿음이란 마음이 삼위 하나님에 의해 휩싸여서 세상에 대해 직접적인 접촉이 끊어진 상태로 유지되고 있음을 의미한다. 육체의 오감으로 만나는 모든 이 세상의 대상과 사건과 상황에 대하여 마음이 무방비 상태로 노출되어 있다면 삼위의 일체 되심 밖으로 이탈된 채 예수님 믿음이 중단된 상태이다.

마음을 다 빼앗겨 가면서 생활 문제나 염려거리를 붙잡고 씨름하며 그것을 해결하고자 기도하지 말라. 그러기 전에 먼저 내 마음의 위치와 자리를 예수님과 연합함으로써 삼위일체 하나님의 영적 환경 안으로 옮기는 일이 시급하다. 문제를 해결하려 말고 마음 둘 곳을 옮겨라. 세상은 삼위일체 되심의 환경 안에 마음이 머무름을 먼저 유지하면서 맞이하여야 한다. 그래야 믿음이다.

그러면 예수님으로 인해 주어지는 이 영적 환경 안에서 일어나는 일이 무엇인가. 하늘에서는 내 마음에 유일한 만족과 기쁨이 되시는 하나님 아버지가 기다리고 계시고, 이 땅으로는 그 하나님 아버지의 주권이 물샐틈없이 내 삶의 모든 영역으로 내려오는 중이다. 게다가 외출 나오신 하나님의 주체성이신 성령님이 선물처럼 내 몸으로 내려오시려고 하늘에서 대기 중이시다. 그냥 나는 십자가에서 예수님과 연합하여 마음이 이 땅의 모든 문제에 대해 죽어서 하늘로 올라감으로써 이런 영적 환경 안으로 들어가기만 하면 하늘에서도 땅에서도 내가 책임지고 풀어야 할 문제 일체가 있을 수 없다.

그런데 이렇게 엄청난 은혜를 받아들이고 그 은혜의 내용에 구체적으로 적응하는 대신에 여전히 대부분 믿는다는 사람은 예수님 믿기 이전의 저주에 찌든 인격적 체질의 언어 체계를 고스란히 유지하고 있다. 그러면 여지없다. 그런 인격적 체질의 언어 체계에서 나오는 모든 기도는 소통이 이루어지지 않음은 물론이고 그에서 더 나가 위선자의 기도이거나 이방인의 기도가 됨으로써 자신의 믿음 없음만을 확인하는 일이 될 수밖에 없다.

삼위 하나님이 이루어 주시는 이 환경 안에서 사는 동안은 내 마음이 그 환경에 적응만 하면 이처럼 이 세상에서나 하늘에서나 문제가 될 일이 하나도 없겠기에 하는 말이다. 그렇지 않겠는가? 그리스도 연쇄 과정을 통해서 예수님 따라 천국으로 올라간 내 마음이 잘 적응하여 하나님 아버지가 좋아서 어쩔 줄 모르는 중에, 땅으로는 내 친아버지 하나님의 손이신 성령님이 내려오셔서 장갑 삼으신 내 몸이 움직여 영위되는 삶에 대체 무슨 문제가 생길 수 있다는 것인가. 오죽했으면 사도 바울은 '항상 기뻐함과 쉬지 않고 기도함과 범사에 감사함이 그리스도 예수님 안에서 우리를 향하신 하나님의 뜻'이라고까지(살전 5:16-18) 하셨을까.

예를 들어서 지금 삶에서 돈 문제가 시급하다고 해 보자. 그러면 이런 상황에서 돈에 쪼들리는 물리적인 환경에 곧바로 반응하거나 그런 반응 안에서 기도하는 일은 예수님 믿는 것이 아니다. 그러므로 '하나님 지금 너무 급해요. 돈 문제 좀 해결해 주세요. 예수님의 이름으로 기도합니다'라는 식의 기도는 전혀 예수님 믿는 자의 기도가 될 수 없다. 거대한 풍랑 속에서조차 잠잘 수 있는 믿음을 갖추는 대신 풍랑에 반응하며 압도당하고 있는 두려움의 광란일 뿐 기도가 아니다. 전혀 믿음이 없는 상태를 드러내는 무의미한 몸짓일 뿐이다.

그렇다면 실제로 급한 돈 문제가 발생한 상황에서 예수님을 믿는다는 것은 무엇인가?

우선 돈 문제가 생긴 이 세상에 대해서 십자가에서 예수님과 함께 죽는 것이다. 십자가에서 예수님과 함께 세상에 대해 죽는다는 말이(갈 6:14) 그냥 교리이거나 이론이 아니지 않는가? 이렇게 돈 문제가 발생한 실제 삶의 현장에 대해서 십자가 죽음이 일어나지 않으면 예수님을 믿음은 대체 어디서 나타날 것인가? 예수님 믿음은 무엇보다 먼저 십자가에서 지금 당장 예수님과 함께 동일시를 통하여 현재 처한 이 세상의 삶의 상황에 대해 죽음임을 절대로 잊지 말자. 이렇게 십자가에서 예수님과 함께 죽으면 내 마음은 이어서 부활 승천의 과정을 거쳐 하늘 보좌 우편까지 가는 것이다. 그러고 나면 내 마음은 천국에 올라간 상태에서 하나님을 직면한다.

　예수님 믿음이란 이처럼 돈 문제가 발생한 상황에서 내 마음이 절대로 곧장 돈 문제를 직면하는 것이 아니다. 내 마음은 예수님 따라 하늘에 올라가 하나님을 먼저 직면한다. 돈 문제는 세상에 대해서 십자가에서 죽어야 할 계기가 되어 줄 수 있을 뿐이다. 그래서 돈 문제에 대해서 죽고 하나님에 대해 사는 상황이 이루어져야 예수님 믿음이다. 그리고 이제 그 상태에서 하늘에 계시는 하나님을 '아버지!'라고 부르면서 기도하기 시작한다. 그러면 육체가 있는 땅에서는 돈 문제가 생겼어도 돈 문제의 해결을 구하는 대신에 나는 지금 마음이 직면하여 상대하는 하나님께 주의를 집중할 수밖에 없게 된다. 이렇게 하나님께 주의를 집중하게 되면 우리가 할 수 있는 기도는 주의 기도밖에 없게 된다.

　왜냐면 내 마음이 십자가에서 예수님과 함께 세상에 대해서 죽었으며, 또한 이어서 부활 승천을 거쳐 하늘로 올라가 보좌 우편까지 예수님을 따라감으로써 직면하는 대상은 돈 문제가 아니라 하늘에 계시는 하나님 아버지이시기 때문이다. 예수님을 제대로 믿으면 반드시 내 마음이 상대할 대상이 돈 문제가 아니라 하나님이 된다. 예수님을 제대로 믿는다면 모든 생활 현장에서 만나는 모든 문제 앞에서 반드시 이 과정이 반복하여 일어나야만 한다. 삶의 모든 문제는 내가 해결하여야 할 과제가 아니라 예수님의 십자가에서 내가 죽어야 할 계기임을 잊지 말자.

　그렇다면 궁금할 것이다. 이렇게 기도할 때 땅에서의 문제들은 어떻게 되는가? 내 마음이 하늘에 올라가 예수님 안에서 오직 하나님만을 직면하여 하나님의 있음과 좋음과 주체성의 세 가지 속성에 반응하며 친 아버지로 관계하게 되면 이 땅에서는 돈 문제를 직면하는 내 몸이 하나님의 손이신 성령님의 장갑이 되는 것이다. 그래서 내 판단 내 생각 내 염려 없어도 육체로 당면한 돈 문제와 그와 관련된 모든 상황은 하나님의 뜻과 계획대로 이끌려 가게 된다. 실제로 한번 해 보기 전에는 절대로 이해할 수 없을 일이다.

반드시 기억하자. 이 세상 삶의 문제에 대해서 십자가를 우회하여 직접 반응함은 무조건 믿음의 중단이다. 세상 문제를 마음으로 붙잡고 해결을 위해 기도하면 그런 상황은 무조건 믿음이 중단된 상황이다. 믿음은 그런 삶의 문제가 일어나고 있는 세상에 대해 지금 당장 십자가를 바라보면서 못 박혀 죽은 예수님과 나를 동일시함으로써 함께 죽는 것이다. 그래서 부활 승천을 따라 올라가 보좌 우편에서 하나님을 직면하는 것이 믿음이다. 그러면 내 마음이 땅에 내버려 두고 하늘로 가 버린 삶의 문제들은 이제 온전히 하나님의 주권과 그 주권을 받드는 성령님의 역사 안에 들어가게 된다.

십자가로 기도의 함정과 덫을 제거한다

그러므로 지금 여기서 우리가 염두에 두어야만 할 사실은 이제 내가 이 새로운 삼위 하나님의 영적 환경에 얼마나 잘 적응하느냐는 것이다. 다른 일은 일체 걱정할 것이 없다. 그리고 다시금 이러한 적응은 내가 마음으로 십자가에 못 박혀 죽은 예수님과 동일시하기를 얼마나 원활하게 이어 갈 것이며, 그렇게 예수님과 연합함으로써 삼위 하나님과 얼마나 친밀한 관계를 유지하느냐에 달려 있다.

그런데 이렇게 분명하고 간단하게 보이는 일이 우리에게는 단순히 과제일 뿐만 아니라 문제가 되는 이유가 있다. 바로 고래 심줄보다 더 질긴 내 죄가 있기 때문이다. 이렇게 일체를 이루시는 삼위 하나님과 잘 어우러져 모든 순간에 나의 인격이 가담하여 이루는 사위 일체 되기가 척척 호흡이 맞아야만 한다. 그런데 이처럼 삼위의 일체 되심에 참여하여 호흡을 맞추기에는 내 마음의 본성 깊이에 너무나 심각한 방해 요소가 도사리고 있다. 즉 이제까지 내 마음은 죄와 저주에 뿌리까지 찌들어 있었고, 그 죄와 저주의 인격에서 나오는 너무나 익숙한 언어 체계가 철옹성의 습관이 되어 버렸음이 사실이다.

나의 존재 안에 들어 있는 이러한 죄와 저주의 체질은 지금도 예수님을 믿는다는 사람이 삼위일체 하나님의 영적 환경에 들어갈 수조차 없도록 활발하게 역사하는 중이다. 그래서 아예 그 삼위 하나님의 환경에 적응하여 그 기적 같은 복됨과 은혜로움을 맛보고 누릴 기회조차 사라지게 하고 있음을 우리는 반드시 알아채야만 한다.

이 죄와 저주의 체질은 특징적인 경향을 띠고 나타난다. 끊임없이 우리 마음을 오로지 눈에 보이고 귀에 들리고 손으로 만질 수 있는 것에 엮이도록 이 세상 친화적인 상태로 유지되게 한다. 세상 친화적인 상태란 마음이 체질적으로 이 세상 것을 지극히 좋아하는 경향을 띠게 한다는 것이다. 그래서 우리의 마음은 끊임없이 이 세상 것들에 자기를 밀착시키고자 한다. 마음이 그렇게 이 세상 것들에 밀착하게 되면 나타나는 일이 있다. 이제 절대로 마음은 이 세상을 떠나 빛이고 영이신 삼위 하나님이 이루시는 영적 환경 안으로 들어갈 수 없다는 사실이다. 완전히 세상 친화적인 언어 체계가 지배하는 인격이 되어 버린 것이다. 모든 좋음의 가치는 오직 눈에 보이는 것 중에만 있게 된다.

이렇게 죄와 저주로 인해 내 인격 안에서 체질이 된 세상 친화성을 염두에 두고 야고보서는 말씀하신다.

"세상과 벗된 것이 하나님과 원수 됨을 알지 못하느냐 그런즉 누구든지 세상과 벗이 되고자 하는 자는 스스로 하나님과 원수 되는 것이니라"(약 4:4)

그리고 선민들이라는 사람들이 이렇게 세상과 가까워져서 하나님과 원수가 된 마음 상태를 예수님은 이사야 선지자의 말을 인용하여 다음과 같이 말씀하신다.

"이 백성이 입술로는 나를 공경하되 마음은 내게서 멀도다"(마 15:8)

이런 세상 친화성, 즉 체질적으로 보이지도 들리지도 만질 수도 없는 하늘의 영적인 환경보다 오감으로 포착할 수 있는 이 세상을 심각하게 더 좋아함이 기도와 관련하여 만들어 내는 결과는 분명하다. 우리가 기도할 때 보이지 않으시는 하나님의 유일하신 좋음을 구하는 대신에 이 세상의 좋음을 소원하며 간구하게 하고, 이 세상에 대해서 하나님의 유일한 주권자 되심을 밀쳐 내고 나 자신이 책임지는 자리에 서게 한다. 그럼으로써 삶의 상황을 스스로 붙잡고 제멋대로 내게 필요한 것이 무엇인지를 판단하고 난 뒤에 하나님께 기도하며 구하게 한다. 이런 모든 과정을 통해 기도하는 중에 일어나는 일은 위에서 인용한 야고보서의 말씀을 기준으로 보면 결과적으로 너무 괴상하다.

즉 마음이 아무런 주저함 없이 세상과 가까운 벗 됨을 노골적으로 드러낸다는 것이다. 그럼으로써 스스로 하나님을 원수로 돌려놓았다. 그러고는 이제 그렇게 원수가 되게 해 버린 하나님에게 자기가 마음으로 좋아하여 원하는 이 세상 것을 간구하는 것이다. 참으로 이보다 더 해괴한 일이 세상에 있을까 싶다. 불통도 이런 불통이 없다. 이렇게 철저한 불통의 조건을 스스로 완벽하게 만들어 놓고 다시금 소통을 원하는 어처구니없는 기도를 한다.

그래서 우리는 예수님을 믿음으로써 주어진 삼위 하나님의 영적 환경에 적응하기 위하여 우리 안에 있는 세상 친화적인 죄와 저주의 끈질긴 습성에 기반한 인격화된 언어 체계를 우선은 정확히 알아채고 볼 수 있어야만 한다. 그래서 나 자신의 죄와 저주에 찌든 체질적인 습성과 더불어 주님의 십자가를 통해서 끊임없는 싸움을 이어 가야만 한다. 그렇게 끊임없는 십자가 싸움으로써만 모든 생활 현장에서 내 마음은 육체의 오감에 매여 세상 것에 끌려가는 죄적 체질의 습성을 끊을 수 있고, 그래야만 이 삼위일체 하나님으로 이루어진 영적 환경 안으로 들어가 머물며 소통을 이루어 낼 수가 있다.

그래서였을까, 예수님은 요한계시록에 등장하는 형편과 처지가 제각각인 일곱 교회 모두에게 공통적으로 한 단어를 반복하여 말씀하신다. "이기는 자는" 혹은 "이기는 그에게는"(계 2:1-3:22) 이라는 단어이다. 즉 교인이라면 예외 없이 어린양이신 예수님의 십자가 피로써 싸워서 이기는 자가 되어야 한다는 뜻이다.

그렇지 않으면 이 삼위 하나님의 영적 환경은 곧바로 언제 그런 것이 주어진 적이 있었기라도 했느냐는 듯이 세상 것들에 사로잡힌 내 마음에서 의식 저편의 망각 안으로 들어가고 만다. 우리는 이런 상황을 막아

내는 싸움을 이어 가야만 한다는 것이다. 이것이 바로 우리가 항상 쉬지 않고 범사에 이어 가야 하는 믿음의 역사이기도 하다.

그러면 궁금하다. 우리는 어떻게 실제로 이 싸움을 효과 있게 수행하면서 세상 친화적인 습성이 남아 있는 내 마음을 세상으로부터 지켜 낼 것인가? 내 마음이 육체의 오감을 통해서 거센 파도처럼 내 안으로 밀려 들어오는 이 세상 사람들이나 사건들이나 사물들에 휩싸이는 대신에, 어떻게 삼위 하나님이 이루시는 영적 환경 안에 들어가 굳건히 머무를 수가 있을까? 그래서 어떻게 실제 모든 생활 현장에서 생각하든 말하든 행동하든 그리고 기도하든, 이 영적인 환경 안에 들어가 있는 상태로 할 수가 있을까?

그렇다. 이 영적 환경을 내 의식이 놓치지 않고 그래서 내 의식이 이런 영적 환경에 대해 항상 켜져 있음을 유지하기 위한 길은 유일하게 단 하나가 있을 뿐이다. 이 유일한 길이 바로 예수님이 그리스도로서 못 박히신 십자가를 지속하여 바라보는 것이다.

내 눈앞에 누가 있든, 무엇이 있든, 어떤 일이 벌어지든 내 의식의 시선은 예수님이 못 박히신 십자가에 고정되어야 한다. 이것이 사도 바울의 말씀이 언제나 그 의미가 살아 있는 이유이다.

"어리석도다 갈라디아 사람들아 예수 그리스도께서 십자가에 못 박히신 것이 너희 눈앞에 밝히 보이거늘 누가 너희를 꾀더냐"(갈 3:1)

예수님을 믿는다고는 하는데 늘 의식이 십자가를 밝히 바라보지 않는다면 그것은 내 죄와 저주받음의 효과를 극대화하려는 마귀의 꾐에 넘어간 것이다. 십자가를 의식이 바라봄으로부터 모든 믿음의 역사는 시작하고 완성된다. 항상 쉬지 않고 범사에 예수님이 못 박혀 죽은 십자가를 의식으로 바라보아야만 한다.

항상 의식하여야 하는 예수님의 십자가는 바로 이런 죄와 저주로 인한 세상 친화적인 체질이 나를 정복하는 상황을 차단하고 죽이는 사건이다. 즉 이런 죄적인 체질에 정복당한 나를 죽이고 새롭게 태어나게 하는 사건이다. 왜 사도 바울은 날마다 죽는다고 하셨을까?(고전 15:31) 왜 항상 예수님의 죽음을 짊어지고 다닌다고 하셨을까?(고후 4:10) 왜 그리스도가 십자가에 못 박히신 것을 항상 밝히 보라고 하셨을까?(갈 3:1) 왜 그리스도와 그리스도가 십자가에 못 박히신 것 외에는 아무것도 알지 아니하기로 작정하였다고 하셨을까?(고전 2:2) 그리고 십자가에 대해서 이러한 태도를 유지한다면 한순간도 십자가를 기억함 없이는 기도하신 적도 없다는 뜻이 아닌가?

그렇다. 십자가에 못 박히신 예수님을 의식이 놓치는 순간 곧바로 우리는 우리 속에 유지되고 있는 세상 친화적인 죄의 체질에 정복당하고 말기 때문이다. 그런 상태에서 나오는 우리의 언어는 무조건 하나님의 생각과는 불통의 언어이다. 이 세상에 대하여 예수님과 함께 죽는 일이 십자가를 통해서 유지되지 않는 상태에서 기도하게 되면 여지없이 우리의 기도는 죄의 체질에 정복당하기 때문이다. 곧바로 삼위 하나님의 영적 환경을 들어가는 일은 생각조차 하지 않은 채 예수님을 믿기 이전의 상태에 머물러 생각하고 말하고 행동하고 기도한다. 정말 기가 막히지 아니한가? 이런 언어로 어떻게 하늘에 계시는 하나님과 소통을 꿈꾸는가 말이다.

이런 불통의 기도는 예외 없이 앞에서 언급했던 두 가지 범주의 잘못된 기도로 빠져들게 된다. 즉 위선자의 마음으로 하는 기도와 이방인의 마음으로 하는 기도이다. 바로 이 점을 예수님은 아셨다. 그래서 주의 기도를 언급하시기 전에 이 두 가지 경우의 기도를 예로 들어 주심으로써 기도에 임할 때 꼭 필요한 우리들의 주의를 불러일으키신다.

이 두 가지 잘못된 기도의 예는 모두 예수님을 믿음으로써 선물처럼 받게 되는 삼위 하나님이 이루시는 영적 환경을 의식에서 꺼 버린 결과 나오는 것들이다. 그래서 그 영적 환경 안으로 마음이 들어가면 허락되는 실질적인 혜택을 받아 누림이 전혀 없는 채로 믿음 이전의 죄와 저주에 찌들어 버린 언어 체계가 고스란히 활성화되어 나오는 기도이다. 즉 근본적으로는 예수님을 전혀 믿지 않는 것과 같은 효과가 마음에 나타나는 상태에서만 나올 수 있는 기도라는 말씀이다.

마태복음을 보면 예수님께서 주의 기도를 구체적으로 가르쳐 언급하시기 전에 다음과 같은 구절이 나온다.

"그러므로 너희는 이렇게 기도하라"(마 6:9)

여기서 "그러므로"와 "이렇게"를 주목하자.

"이렇게 기도하라"라는 어절은 이미 언급했듯이 바로 뒤에 따라 나오는 주의 기도의 내용을 가리킨다. 그러면 주의 기도를 구체적으로 언급하시기 직전에 나온 접속사 "그러므로"의 뜻이 무엇인가?

그 의미는 다음과 같다. 바로 앞에서 예수님 스스로 예를 드신 두 가지 경우의 기도 즉 위선자의 기도와 이방인의 기도는 절대로 드려서는 '안 되는 것이므로' 그런 기도를 피하여 올바로 기도하려면 "너희는 이렇게 기도하라"라는 뜻이다. 이 두 가지 전혀 잘못된 기도는 예수님을 믿는다는 사람들조차 하게 되기가 너무 쉽고, 또 그러니만큼 어차피 기도를 드려야만 하는 처지에 있는 사람들에겐 치명적으로 위험한 함정이고 덫이다.

　그리고 안타깝게도 예수님의 이름으로 하나님께 드리는 기도 대부분이 이미 이토록 치명적인 함정에 빠져 버린 기도라 보아도 큰 잘못이 없는 것이, 현재 기독교 종교인이 되어 버린 사람들이 처하여 있는 실제 상황이기도 하다. 그들은 예수님이 그리스도로서 이루신 연쇄 과정을 내 마음이 함께 따라 올라가 천국을 일일생활권으로 사는 자로서 드리는 기도에 대해서 아는 것이 전혀 없다. 그러니 당연히 위선자가 된 상태로 그리고 이방인의 심정으로 신앙생활과 기도 생활을 영위하고 있다. 생활화하여야 할 십자가를 놓친 결과 예수님 믿음으로써 주어지는 영적 환경에 전혀 적응하지 못하고 있기 때문이다.

III. 위선자의 기도

왜 기도가 위선적이 되는가?

"또 너희는 기도할 때에 외식하는 자와 같이 하지 말라 그들은 사람에게 보이려고 회당과 큰 거리 어귀에 서서 기도하기를 좋아하느니라 내가 진실로 너희에게 이르노니 그들은 자기 상을 이미 받았느니라 너는 기도할 때에 네 골방에 들어가 문을 닫고 은밀한 중에 계신 네 아버지께 기도하라 은밀한 중에 보시는 네 아버지께서 갚으시리라"(마 6:5-6)

여기서 "외식하는 자"는 위선자이다. 그리고 이 단어로 가리키시는 사람은 대표적으로 예수님 당시 대중들의 존경을 받던 바리새인들과 서기관들이고 넓게는 유대 종교 지도자들 전체이다.

얼른 보아도 회당과 큰 거리 어귀에 서서 기도하는 바리새인들의 모습은 기도 생활 속 예수님의 모습과는 정말 완전히 정반대임을 알겠다. 예수님은 기도하실 때면 늘 그림자처럼 따라다니던 제자들조차 떼어 내시고 굳이 한적한 곳을 찾아다니시며 홀로 떨어져 기도하셨다.

이렇게 기도하시던 분이 콕 집어서 위선자의 기도를 예로 드신 이유가 무엇일까? 이런 기도는 십자가에 못 박히신 예수님을 그리스도로 믿음으로써 삼위 하나님에 의해 조성된 새로운 영적 환경에 마음이 둘러싸인 사람은 절대로 빠져서는 안 되는 함정임을 가르쳐 주시기 위함이었다.

더 정확히 말하자면 삼위 하나님께서 조성하시는 영적 환경 안에 마음이 들어가 있다면 절대로 드릴 수 없는 기도가 바로 외식하는 마음으로 하는 기도라는 의미이다. 그러므로 이런 외식하는 기도를 하는 내 모습을 발견하게 되었다면 얼른 돌이켜서 내가 예수님을 믿어 허락된 그 영적 환경에서 떨어져 나왔음을 깨닫고, 차라리 하던 기도를 우선 멈추고 본래 믿음의 자리로 돌아가기 위한 기도를 하는 것이 더 시급하다는 의미이다.

외식하는 기도는 위선자의 마음 상태로 하는 기도이다. 어떤 의미에서 위선적이라고 하신 것이었을까? 기도는 하나님을 향하여 드린다. 그러니까 내 마음이 주의를 집중하여 오로지 하나님을 직시하면서 드려야 하는 것이 바로 기도이다. 그런데 그렇게 내가 마음을 다하여 실제로 하나님을 향하고 있다면 어떤 일이 벌어지나? 내 마음이 실제로 하나님을 향한다면 우리는 내 마음의 시선을 다른 대상을 향하여 보낼 수가 없다. 이처럼 마음의 시선이 하나님을 직시하면 어쩔 수 없어서라도 나는 하나님 자신을 구할 수밖에 없다. 왜냐면 마음은 공백을 가지고 있어서 항상 채움을 갈망하는데, 그런 상태에서 하나님을 주의를 집중하여 직시하면 하나님 자신이 채움을 위한 갈망의 대상이 될 수밖에 없기 때문이다.

예를 들어 내가 지금 하나님에게 돈 문제의 해결을 구하고 있다면 내 마음은 하나님이 아니라 돈 문제를 직면하여 바라보는 상태이다. 하나님의 이름으로 하는 기도가 이처럼 하나님이 아닌 다른 대상을 마음으로 직시하는 상태로 드리게 되면 모조리 다 위선자의 기도가 된다.

기도를 하는 모든 순간에 우리는 두 가지 측면을 유념해야 한다. 한편에서는 마음이 공백을 품고 있기에 사람은 무엇인가 채움을 위한 좋음을 항상 찾는다는 점이다. 또 다른 한편에서는 하나님께 드리는 기도는 마음의 시선이 하나님께 고정되어야 한다는 사실이다. 이 두 사실이 합쳐지면 어떻게 되는가?

그렇다. 하나님께 드리는 기도는 하나님을 정면으로 바라보면서 그 하나님 자신을 유일한 좋음으로 구할 수밖에 없게 된다는 결론이 나온다. 이렇게 하나님 자신을 구하게 되면 그다음에 이어서 구하게 되는 모든 내용도 하나님 자신과 관련된 것들이 될 수밖에 없다. 그런데 입으로 하나님의 이름을 부르는데, 마음으로는 전혀 다른 대상을 바라보고 있다. 그래서 마음 채움을 위하여 좋아하면서 실제로 구하는 대상이 하나님 자신이 아니라 실제로 바라보고 있는 그 다른 대상이다. 이것이 바로 위선이라는 것이다.

정리하면 이렇다. 하나님의 이름을 입으로 부르는 사람이 하나님 자신 이외의 다른 대상을 마음 채움의 만족을 위하여 구하는 상태를 예수님은 바로 위선이라고 규정하신 것이다.

하나님의 이름을 부르기 시작하면서 이제 우리의 운명은 한정된다. 마음의 공백에서 발생하는 채움과 만족을 위하여 작용하는 흡입력으로 절대로 하나님 말고 다른 대상을 열망할 수 없게 된다. 하나님만이 본래부터 내 마음 채움을 위한 유일한 좋음이시기 때문이다. 내가 지금 일단 '하나님!'이라고 그 이름을 불렀다면 더는 다른 대상을 추구할 수 없음을 인정해야 한다. 내 입술로는 '하나님'이라고 부르고는 그 이름이 가리키는 실제 하늘에 계시는 아버지를 지나쳐서 마음 공백의 채움과 만족을 꾀할 수 있는 다른 좋음이 세상천지에 없다. 진정으로 마음 채움을 위한 좋음을 원한다면 입술로 '하나님!'이라고 부른 뒤에는 곧바로 하늘에 계시는 하나님 자신에게 내 마음이 붙박이처럼 주저앉아 머물러야 한다. 마음이 하나님 자신에게 가서 안기고 싶고 그래서 하나님에게 달라붙을 준비가 되어 있지 않다면 사실은 '하나님'이라는 이름을 그렇게 쉽게 부르면 안 된다. 하나님 자신이 좋고 그래서 하나님께 머물고 싶은 마음 없이 하나님의 이름을 부름이 바로 하나님의 이름을 망령되게 일컫는 것이다.

하나님의 이름과 관련된 상황과 내막이 이런데, 바리새인들처럼 '하나님!'이라고 불러 놓고 마음은 '사람들이 나의 기도하는 모습을 보며 나의 경건함을 인정하고 칭찬하게 해 주세요'라고 간구함이 가능한가? 아니면 좀 더 일반적으로 말해서, '하나님!'이라고 부르고는 '사업 잘되게 해 주세요!'라는 간구가 뒤따라 붙어 오는 기도가 가능한가? 이런 모든 기도가 하나님만이 유일한 좋으심이라는 사실을 회피하고 등지고 가리는 위선이고 거짓이다.

그러므로 모든 이 세상 생활 현장에서 만나는 문제들은 실제로 내 마음이 예수님을 따라 하늘로 올라가 하나님을 직면하는 계기가 되어 줄 수 있을 뿐이다. 달리 말하면 생활 현장에서 발생하는 모든 문제는 하늘에 계신 우리의 친아버지이신 하나님께서 우리 마음이 땅에 머물러 있지 말고 하늘 아버지의 집으로 올라오라고 부르시는 음성인 셈이다.

그러나 이런 모든 내막을 다 알고도 여전히 건강 장수가 좋고 돈이 좋고 성공과 형통이 좋아서 그것들을 마음을 다해서 바라보며 추구하기 위해서 꼭 신이 필요하다면 다른 종교의 신을 찾아라. 예수님의 아버지이신 하나님은 '하나님!'이라고 부르는 순간 하나님 이외의 모든 대상을 좋아하면 안 되는 이름이다. 그러면 위선이 된다.

하나님을 향하여서 이런 위선적인 기도를 하는 일은 실제 살아 계신 하나님을 관계하는 대신에 오직 종교 속에 갇혀 '살아 계심이 박제된'

하나님을 관계할 때만 일어날 수 있다. 그러므로 이런 식의 위선적인 기도는 십자가에 못 박히신 예수님을 그리스도로 믿음으로써 삼위 하나님이 조성하신 새로운 영적 환경 안에 마음이 머물러야 하는 사람들에게선 절대로 나타나서는 안 되는 금물이라는 말씀이다.

그렇다. 우리 마음은 예수님을 믿음과 동시에 새로운 영적 환경 안에 놓여 있다. 이 환경 안에서 내 마음은 그리스도 연쇄 과정 속 예수님과 연합하여 하늘로 올라가 보좌 우편 예수님 안에서 머물게 된다. 그러면 그 자리에서 내 마음으로 하나님을 직면하게 된다. 믿음이 실시간 작동하는 상황이 이러한데, 도대체 어떻게 믿는다고 하는 중에도 내 마음의 시선이 다른 대상을 향하면서 입으로는 하나님을 찾고 부를 수 있다는 것인가. 그러려면 반드시 입술로만 하나님의 이름을 부르고 있을 뿐 마음은 여전히 땅에 머물러 하나님 대신에 다른 대상을 바라보는 상태여야만 하는데, 이 상태를 예수님은 위선이라고 하신 것이다. 예배당 생활을 믿음이라고 여기는 기독교 종교인이라면 모를까, 실제로 생활 현장에서 십자가에 못 박히신 예수님을 동일시함으로써 믿는 진짜 교인이라면 그럴 수 없다는 뜻이다.

오직 기도는 내 마음이 예수님 안에 들어 있음으로써 하나님이 실제로 나를 바라보고 계시고 내가 하나님을 마음으로 뵙는 동안만 할 수 있는 행위이다.

절대로 잊지 말자. 하나님께 드리는 기도는 십자가에 달린 예수님을 믿음으로써 내 마음에 주어지는 새로운 환경, 즉 삼위 하나님이 조성하시는 영적 환경 안에서 머물면서 하는 행위라는 사실을. 이 환경 안에 마음이 머무르는 한 입으로는 하나님을 부르면서 마음은 다른 대상을 좋아하는 상태로 드리는 위선적인 기도는 절대로 불가능하다. 예수님을 의지하여 나의 친아버지로서 하나님을 입으로 불렀으면 마음도 하나님만을 직면하고 좋아해야만 한다. 하나님 대신에 다른 대상을 마음으로 바라보면서 좋아할 것이면 아예 입으로도 하나님의 이름을 부르지 말라. 그렇게 위선적으로 부르는 이름에 응답할 하나님은 그 어디에도 없다.

은밀한 상도 과연 상인가?

예수님의 말씀을 자세히 보면 위선적인 기도의 문제점은 또 있다.
"내가 진실로 너희에게 이르노니 그들은 자기 상을 이미 받았느니라 너는 기도할 때에 네 골방에 들어가 문을 닫고 은밀한 중에 계신 네 아버지께 기도하라 은밀한 중에 보시는 네 아버지께서 갚으시리라"

여기서 기도하여 받게 되는 "자기 상"이란 기도함으로써 얻게 되는 보상이며, 어떻게 다양한 방식으로 표현하더라도 결국 '좋음'이다. 즉 유대 종교 지도자들은 하나님의 이름으로 드리는 기도를 통해서 얻고자 하는 좋음이 기도하는 자신들의 모습을 보고 대중들이 칭찬하고 존경하고 인정해 주는 일이었다는 말씀이다. 대중적인 인정과 존경과 인기가 기도를 통해 얻게 되기를 바랐던 보상이었다. 이런 기도는 백날 드려 보아야 정작 하나님으로부터는 상을 받게 될 수 없는 기도라는 말씀이다. 아니 더 정확히 말하자면 외식하는 자들은 아예 처음부터 하나님으로부터 주어지는 상은 기대조차 하지 않으면서 기도라는 행위를 하는 셈이다. 아니면 하나님으로부터 주어지는 상이 무엇인지 자체를 아예 몰랐을 수도 있다.

그러면 궁금하다. 왜 예수님은 "그들은 자기 상을 이미 받았느니라"라고 하시면서 당신을 믿는 우리에게는 "네 골방에 들어가 문을 닫고 은밀한 중에 계신 네 아버지께 기도하라 은밀한 중에 보시는 네 아버지께서 갚으시리라"라고 하셨을까? 여기서 갚으시리라는 말씀은 맥락으로 보자면 '상을 주신다'라는 뜻이다.

그런데 좀 이상하지 않은가. 은밀한 상도 상인가? 상이란 공개적이여야 의미가 있지 않나? 보통 사람들이 그토록 좋아하는 직위나 감투가 상으로 비견될 수 있을 것이다. 그러면 작은 마을의 이장이나 면장이 되는 일보다는 군수가 되는 일이 당연히 더 영광스럽고, 군수보다 국회의원이나 도지사가 되는 일이 더 영광스러운 이유가 무엇인가? 장관보다 대통령이 더 영광스러움은 말할 나위도 없다. 이유는 그 신분으로 인해서 쓰게 되는 감투가 공개적으로 알려지는 범위가 더 크기 때문이다. 공개되는 범위가 더 넓고 클수록 상의 영광은 더해지기 마련이다. 전국 체전 금메달보다 아시안 게임 금메달이 더 영광스럽고, 또 그와는 비교도 안 될 정도로 올림픽 금메달이 더 영광스러운 이유도 다르지 않다. 그 상이 사람들의 관심 차원에서 공개되고 알려지는 범위가 한 나라와 아시아와 전 세계라는 차이가 나기 때문이다.

이렇게 이 세상 안에서 상이 될 만한 '좋음'이란 많은 사람의 합의와 공감이 이루어진 가치이다. 합의와 공감에 동참하는 사람 수가 많을수록 큰 가치이고 큰 상이다. 나라와 민족을 초월해서 재벌을 부러워하고 존경하고 그들에게서 배우려고 하는 이유가 무엇인가? 모든 재벌은 전 세계인들의 합의와 공감이 가장 보편적으로 이루어지는 돈이라는 가치를 특출나게 많이 가진 사람들이기 때문이다. 건강이나 권력 그리고 그 외의 모든 세상의 좋음은 다 이처럼 많은 사람의 공감과 합의가 이루어진 가치들이다. 즉 사람들이 너도나도 할 것 없이 '좋다'고 함으로써 합의와 공감이 아주 넓게 이루어진 것들이여야 이 세상에서는 침을 흘리면서 먹고 싶고 가지고 싶어서 소원하고 열망하는 가치가 되고 상이 된다.

그러므로 온 세상 모든 다양한 종교에 속한 종교인들은 자기들의 신에게 기도하며 구할 때 바로 이렇게 세상 안에서 대부분 사람에 의해서 합의되고 공감된 공개적인 '좋음'들을 달라고 구하면서 기도한다.

그런데 예수님은 마치 이런 세상 분위기를 전혀 모르시는 분인 것처럼, 아니면 의도적으로 반대하며 맞서기로 작정하신 분인 것처럼 "너는 기도할 때에 네 골방에 들어가 문을 닫고 은밀한 중에 계신 네 아버지께 기도하라 은밀한 중에 보시는 네 아버지께서 갚으시리라"라고 하신다.

이 말씀은 근본적으로 상에 대한 일반적인 상식에서 완전히 어긋나는 말씀이다. 이 세상 안에서 사람들에 의해서 합의되고 공감된 '좋음'을 바람직한 가치로 여기셨다면 절대로 하실 수 없는 말씀이다. 은밀한 중에 기도하고 은밀한 중에 갚으신다는 이 말씀은 사실 이 세상 모든 사람이, 종교인이거나 비종교인이거나 간에, 드리는 거의 모든 간구와 기도를 정면으로 반박하시는 말씀이다. 왜냐면 이 말씀은 내가 기도를 통해 간구함으로써 받을 상의 공개적 속성을 완전히 제거해 버리기 때문이다.

그래서 내가 아무리 하나님께 상을 많이 받아도 사람들은 그 사실 자체를 알지도 못하고, 또한 알았다고 하더라도 그렇게 내가 받은 상의 좋음에 대해서 전혀 합의하지 못하고 공감하지 못한다는 뜻이다. 그러니까 하나님은 우리에게 상을 주기는 하시지만 이 세상 사람들은 그 상을 '좋음'으로 합의할 수도 없고 공감할 수도 없는, 그런 상을 주신다는 뜻이다. 즉 내가 하나님께 아무리 크고 많은 상을 받아도 사람들은 나를 칭찬하지도 않고 부러워하지도 않는다는 것이다. 아니 아예 사람들에게는 내가 상을 받았는지조차 알려지지 않게 된다는 뜻이다.

혹시 은밀한 중에 기도하기 그 자체는 예수님의 말씀대로 골방을 들어가든, 한적한 기도원을 찾아가든, 정 여의찮고 급하면 사람들의 시선을 피하려고 화장실에라도 들어가 어떻게 어떻게 해서 할 수 있다고 치자. 그러나 그런 은밀한 기도를 통해 내가 얻게 될 보상은 절대로 은밀해서는 안 되는 것 아닌가? 그러면 '상'이라는 의미가 없다. 내가 기도 그 자체는 바리새인들이나 서기관처럼 회당이나 큰 거리 어귀에 서서 하지 않고 골방에 들어가 은밀하게 드리더라도 그런 기도에 대한 보상만큼은 모든 사람이 합의하고 공감하는, 그래서 아주 넓게 그리고 아주 크게 공개적인 칭찬과 부러움을 살 만한 '좋음'이어야 한다는 것이 우리의 생각이다. 사람들 모두가 사족을 못 쓰는 그런 좋음이어야만 받아도 제대로 보상의 의미가 살아난다. 그런 보상을 위해 우리는 애써서 기도한다.

이렇게 사람들은 이 세상 속에서 살면서 침 흘리며 욕망하는 좋음이 있다. 이런 좋음은 하나같이 인간 사회의 합의와 공감을 바탕으로 결정된다. 즉 많은 사람이 좋음이라고 합의하고 동의하는 것들이다. 그리고 나 역시도 그런 합의된 좋음이 갖고 싶어 미칠 지경인 채로 살아왔다. 그러므로 그렇게 세상에서 합의된 좋음을 가지거나 얻게 되면 반드시 공개적인 의미를 지닌다. 즉 내가 얻거나 가지면 사람들에게 자랑하고 싶은 것들, 또 사람들이 칭찬하고 선망하고 시기와 질투까지도 하게 되는 가치들이 이 세상에서 정한 '좋음'이라는 의미이며 이 세상에 '상'이라는 것이 존재하는 이유이다. 그러나 이런 상식적인 논리와 그 논리가 가리키는 상태가 과연 예수님을 믿는 사람들에게도 역시 당연하고 자연스럽고 정상적인가?

도대체 기도의 상이 은밀하다는 것은 어떤 의미인가?

예수님의 하신 말씀의 의도를 따르자면 절대로 은밀한 기도의 상은 공개적이면 안 된다. 하나님께 기도드려서 얻게 될 상은 그렇게 이 세상 안에서 많은 사람의 합의와 공감에 근거를 둔 좋음이 아니어야만 한다. 기도함으로써 내가 받게 될 상이 그렇지 않을 수도 있는 것이 아니라 반드시 그렇지 않아야만 한다. 사람들에게는 그 좋음이 은밀하게 감추어져 합의도 공감도 할 수 없는 좋음이어야 한다.

만약에 내가 은밀하게 기도하여 하나님께 은밀하게 상으로 받은 그 좋음을 굳이 자랑하고 싶어서 공개한다고 가정하자. 그러면 사람들은 도대체 내가 무엇을 상으로 받았다는 것인지, 대체 무엇이 그렇게 좋다는 것인지를 도무지 이해하지 못해 고개를 갸우뚱거려야만 한다. 그래야 진짜 믿음의 기도에 대해 주어진 상이다. 그들 눈에는 내가 마치 뜬구름을 잡았다고 떠들어 대는 것처럼 여겨져야만 한다는 말씀이다. 그래서 내가 아무리 상을 받았다고 좋아해도, 세상 사람들은 그 나의 기쁨에 동참할 만큼 내가 받은 상에 대해 아는 것도 공감하는 점도 전혀 없으리라는 말씀이다. 자! 이래도 과연 우리는 예수님의 말씀을 따라서 이런 식의 은밀한 상을 위하여 하나님께 기도드려야 하나?

어쨌든 중요한 점은 하나님의 이름을 부르면서 기도할 때 바리새인들처럼 세상 사람이 다 합의하고 공감하며 좋아하는 것들을 나도 갖길 원해서 하는 기도라면 하나님이 주시려고 준비하신 은밀한 상은 절대로 받을 수 없다는 사실이다. 도대체 이제까지 우리는 기도라는 행위를 할 때 이런 사실을 알고서 했었던가를 나 스스로 심각하게 질문할 일이다.

우리는 이렇게 상이 '은밀하다'라는 의미가 무엇인가를 스데반 집사님의 순교 현장을 통해서 엿볼 수 있다.

"그들이 이 말을 듣고 마음에 찔려 그를 향하여 이를 갈거늘 스데반이 성령 충만하여 하늘을 우러러 주목하여 하나님의 영광과 및 예수께서 하나님 우편에 서신 것을 보고 말하되 보라 하늘이 열리고 인자가 하나님 우편에 서신 것을 보노라 한대 그들이 큰 소리를 지르며 귀를 막고 일제히 그에게 달려들어 성 밖으로 내치고 돌로 칠새 증인들이 옷을 벗어 사울이라 하는 청년의 발 앞에 두니라 그들이 돌로 스데반을 치니 스데반이 부르짖어 이르되 주 예수여 내 영혼을 받으시옵소서 하고 무릎을 꿇고 크게 불러 이르되 주여 이 죄를 그들에게 돌리지 마옵소서 이 말을 하고 자니라"(행 7:54-60)

한바탕 난리가 났다. 군중들은 이를 갈면서 분노하여 돌을 들어 치기 직전이다. 그런데 스데반 집사님은 하늘을 보면서 보좌의 하나님과 우편의 예수님을 본다고 큰 소리로 외친다. 이렇게 외치는 소리를 듣고 드디어 군중은 더는 참지 못하고 분노를 터뜨려 버린다. 그래서 돌을 들어 스데반 집사님을 쳐서 죽인다.

이런 난리 통에 스데반 집사님이 순교의 순간에 받은 상은 완전히 은밀하게 감추어져 있다. 너무나 확실하고 분명하게 천국이 열리고 보좌의 하나님과 그 우편의 예수님이 보였다. 천국이 스데반 집사님의 천국

입장을 반기면서 대문을 활짝 열고 대대적인 환영 행사라도 하는 듯하다. 아마 천국에서는 이 땅에서 군중들이 분노에 치받쳐 돌로 쳐 죽이겠다고 벌인 난리보다 더 큰 소란이 있었을지도 모를 일이다. 하나님께서 사랑하는 아들 스데반이 드디어 세상을 떠나 하늘 아버지의 집으로 돌아온다고 하나님이 마음이 들뜨셔서 명령하시는 바람에 천사들이 스데반 집사님 환영 행사 준비를 하느라고 한바탕 소란이 벌어졌을 것이라는 말이다. 그런데도 스데반 집사님을 둘러싼 군중 중에는 아무도 순교의 순간 스데반 집사님이 누리시는 이런 요란한(?) 좋음의 상을 알아채는 사람도 없고 그 좋음에 합의하는 사람도 없고 공감하는 사람도 없었다. 그랬다면 결코 스데반 집사님을 돌로 쳐 죽이는 일은 일어나지 않았을 것이다. 스데반 집사님이 받는 상을 사람들이 보고 공감할 수 있었다면 돌로 치려 하는 대신에 너도나도 스데반 집사님처럼 되겠다고 난리를 쳐댔을 것이 분명하다.

이렇게 천국 문이 열리면서 보이는 거룩하고 영광스러운 보좌의 하나님과 그 우편의 예수님이 어서 오라고 두 팔을 벌려 환영하심보다 더 좋음이 이 세상 안에서 어디 있겠는가. 변화산에서 광채 나는 모습으로 변형되신 예수님의 모습을 보고 베드로는 산 아래 세상에서 이제까지 열망하던 모든 세상에 있는 좋음을 까맣게 망각한다. 이것이 바로 하늘 좋음의 특성이다. 내가 실제로 마주하는 하늘 좋음은 우리 마음에서 온갖 다양한 모든 세상 좋음을 오간 데 없이 사라지게 한다. 세상 좋음 따위를 흔적도 없이 내 의식에서 사라지게 한다. 그런데 어떻게 이런 성질을 가지는 하늘 좋음이 여전히 세상 좋음에 공감하고 합의하고 그래서 그 세상 좋음을 갖고 싶은 열망에 사로잡혀 있는 사람들에게 감지라도 되겠는가? 애초에 불가능한 일이다.

　이렇듯이 예수님께서 말씀하신 '은밀한 상'은 이 세상 안에 있는 좋음에 공감하고 동의하여 그 좋음을 열망하는 사람들에게 은밀하다는 뜻이다. 은밀한 상은 그 상을 받는 당사자에게도 은밀하다는 의미가 아니다. 당사자에게는 이 세상 안에서 공개적인 합의와 공감을 통해 이루어진 그 어떤 좋음도 결코 좋음이라고 여길 수조차 없을 정도로 혁명적으로 요란하고 굉장하고 궁극적인 좋음을 안겨 준다. 그래서 스데반 집사님에게는 그토록 확실하고 명백하며 황홀하게 만드는 열린 천국의 좋음을 그 자리에 있던 군중들은 그 누구도 못 보고 못 느끼고 만다. 이런 난리 통에서도 하늘의 상은 정말 신기할 정도로 당사자에게는 요란하게, 세상의 대중들에게는 은밀하게 주어진 것이다.

　이렇게 하늘에서부터 내려오는 상의 은밀함은 예수님이 요단강에서 요한에게 세례를 받고 올라오실 때 하늘에서 비둘기같이 성령이 임하시고 하나님 아버지의 기쁨에 찬 음성이 들리던 순간에도 발견할 수 있었다. 주변의 사람들은 그런 하나님 아버지와 아들 하나님 사이에서 벌어지고 있는 좋음의 내용을 전혀 모른다.

　그리고 나중에 사도 바울이 된 사울에게도 이와 같은 은밀함의 경험이 있었다. 다메섹 도상에서 예수님이 나타나신 사건이다. 이런 경우도 역시 상이라고 할 수는 없을지 모르겠다. 그렇다고 이렇게 부활하신 예수님이 전혀 뜻하지 않게 직접 나타나심이 절대적인 은혜가 아니라고 할 수도 없지 않은가? 갑자기 강렬한 빛이 비치면서 정체 모를 소리가 들리고 사울은 눈이 머는 등 한바탕 난리가 벌어진다. 이런 와중에 사울 자신은 온 존재가 송두리째 요동치며 떨리는 경험을 하고 있었지만, 사울과 함께하던 사람들은 그 누구도 그가 이토록 요란스럽게 예수님을 만나는 상황을 전혀 눈으로 보거나 감지하지 못한다.

오순절 성령 강림 때도 사람들은 눈에 보이게 나타나는 현상으로만 방언을 목도할 뿐이지 실제로 성령이 내려오셔서 각각의 제자에게 임하시던 상황에 대해서는 전혀 알지 못하고 만다. 기도하며 모여 있던 다락방에 급하고 강한 바람 같은 소리가 나고 불의 혀 같은 모습으로 성령이 각 사람에게 임하였다. 제자들 자신에게는 얼마나 강렬하고 떨리며 요란하게 하늘의 상이 베풀어지는 상황인가? 그러나 그토록 요란한 상황이 이 세상 좋음에 합의하고 공감하고 있던 사람들에게는 얼마나 은밀했던지, 사람들은 제자들이 대낮에 술에 취하였다고 오해할 지경이었다.

예수님을 믿는 사람들이 하늘로부터 받게 되는 상이라는 것이 이런 식인데 도대체 우리는 그동안 어떤 상을 기대하면서 기도하였는가 말이다. 그야말로 그동안 드렸던 우리의 기도는 그저 헛되고 무익한 공회전일 따름이었다. 혹시 이렇게 바리새인처럼 인간 세상에서 공개적으로 좋은 것을 구하는 엉터리없는 기도로 혹시 응답받은 경험이 있는가? 그랬다면 사정은 이렇다. 기도의 응답이 아니다. 대신에 본래 하나님이 그렇게 주권적으로 인도하시려고 이미 계획해 놓으신 것을 수행하신 것일 뿐이다. 아마 그런 경우는 기도하지 않았어도 그대로 이루어졌을 것이다. 좀 더 심각한 문제의 차원을 말하자면 혹시 하나님이 당신의 자녀로서 붙잡기를 포기하셔서 그냥 내버린다는 의미에서 그런 엉터리없는 기도대로 이루어지게 하셨을 수도 있다. 가룟 유다가 예수님을 팔겠다는 의도를 성공적으로 이루도록 하셨고, 유대인들이 예수님을 십자가에 못 박아 죽이겠다는 의도를 성공적으로 이루도록 허락하셨듯이 말이다.

예수님은 선언하신다.
'하늘에 계시는 하나님 아버지께 기도하라. 단 은밀하게 기도하라. 그러면 그 기도의 상은 은밀한 것이다. 세상 사람들은 네가 그런 상을 받는 상황을 전혀 알지도 못하고 네가 받은 상 자체가 무엇인지 알 수조차 없을 것이다. 이렇게 세상 사람들로서는 전혀 알 수도 없고, 그래서 상을 받는 너의 기쁨을 공감해 줄 수도 동의해 줄 수도 없는 은밀한 좋음을 위하여 기도하라.'

그러므로 세상 사람들이 다 공감하고 합의할 수 있는 그런 좋음을 갖고 싶으면 기도는 하되 하나님 말고 다른 종교의 신(?)에게 기도하라는 말씀이다. 그렇다. 건강, 권력, 돈, 가족의 형통, 승진, 합격, 다양한 항목의 명품 등등 모든 종류의 세상에 있는 좋음. 이렇게 모든 세상 사람이 다 공감하고 합의하여 가지고 싶어서 침을 흘리는 그러한 좋음을 원한다면 다른 종교의 신에게 가서 기도하라.

왜 기도의 상은 은밀한 것이어야만 하나?

그리스도 연쇄 과정 속 예수님과 나의 아버지로서 살아 계신 하나님이 나에게 주시려는 것은 적어도 예수님이 오셨다 다시 가신 뒤로는 그런 종류의 세상적인 공감과 합의가 이루어진 좋음이 아니다. 예수님의 십자가 사건을 나의 사건으로 받아들임을 기점으로 하여 삼위 하나님이 조성하신 영적 환경이 내 마음에 주어짐은 정말 혁명적인 일이고 개벽할 일이다. 삼위 하나님이 일체 되심을 이루며 거하시는 천국이 일일

생활권 안으로 들어옴으로써 내 마음의 실제 처소가 되고 집이 된다. 그러나 이런 어마어마한 상황 그 자체가 대중들에게는 너무나 은밀할 뿐이다. 내가 이토록 놀라운 믿음의 상(賞)인 영적 환경을 의식에 환하게 켜 놓고 살아도 한 지붕 아래서 한솥밥 먹는 가족들조차 그 사실을 모를 정도로 은밀한 것이다.

'상(賞)'이 될 정도로 '좋음'이라는 가치를 사람들의 합의와 공감으로 만들어 낸 이 세상은 근본적으로 죄로 인한 저주에 뒤덮여 있다. 십자가에 못 박히신 예수님을 믿음으로써 우리의 마음이 들어가 머물러야 하는 전혀 새로운 영적 영역이 생겨났다는 사실이 암시하듯이 십자가에 못 박히신 예수님 안쪽 영역을 제외하면 이 세상은 죄와 타락으로 인해 온통 저주가 뒤덮인 상황이다. 십자가에 못 박힌 예수님 안으로 마음이 들어가지 않으면 온 세상천지에 이런 저주를 피할 수 있는 구멍도 틈새도 여지도 없다. 세상 모든 사람은 이렇게 죄와 저주의 더러움 속에 빠진 채 찌들어 있다.

사도 바울은 이렇게 저주에 찌든 사람됨의 가장 우선적인 특징을 "피조물을 조물주보다 더 경배하고 섬김"(롬 1:25)이라고 간단하고 명백하게 규정하신다. 저주에 찌들면 마음 공백의 채움을 위하여 흡입하려고 열망하고 추구함에서 반드시 조물주 하나님을 제치고 피조물을 더 좋아하게 되어 있다는 말씀이다. 그런데 이렇게 하나님 이외의 피조물 중 경배하고 섬길 만한 좋음을 선정하는 과정에서 세상은 그 결정의 권위와 신뢰도를 높이기 위하여 많은 사람이 참여하는 합의와 공감을 기준으로 삼는다.

그런데 이런 상황이 아이러니하다. 세상에서 말하는 '좋음'이란 많은 사람이 공감하고 합의함으로써 결정된다. 그런데 그런 합의와 공감에 참여하는 사람이 예외 없이 죄로 인한 저주에 찌들어 버린 존재들이다. 죄로 인한 저주에 찌든 사람들이 침을 흘리는 대상을 '좋음'이라고 결정한 것이다. 그러므로 그런 좋음을 위하여 합의에 참여한 사람이 많을수록 그 좋음은 더욱 철저히 죄와 저주에 오염된 판단과 감각과 기준에 기초한다.

죄로 인해 모든 사람에게 예외 없이 임한 저주가 무엇인가? 한마디로 진짜 좋음이 사라지는 것이다. 그러므로 사람이 죄와 타락으로 인해서 저주받았다는 사실은 좋은 것을 가짐으로써 채움이 절대적으로 필요한 마음에서 좋음이 완전히 사라졌고, 그래서 전혀 좋음이 무엇인지도 모르고 좋음의 맛을 알 수도 없는 처지에 빠졌음을 말한다. 이런 상태에서 어떤 대상을 좋음이라고 여긴다면 그 좋음은 실제로는 죄로 인해 저주에 찌든 입맛과 판단이 만들어 낸 좋음이다. 저주에 오염된 판단과 입맛이 만들어 낸 좋음은 실제로는 당사자에게 더욱 심한 나쁨이 될 수밖에 없다. y축 상에서 마이너스 방향으로는 숫자가 클수록 점점 더 아래로 내려가는 사실과 같다. 저주에 찌든 감각에 좋음이라 여겨지는 것일수록 더욱 저주를 짙게 하고 무겁게 할 뿐이다.

사정이 이런데도 그런 저주받은 입맛에 맛있게 여겨지는 좋음 따위를 거룩하신 아버지 하나님이 당신께 기도하는 아들들에게 상으로 주신다는 것이 말이 되는가? 더구나 죄와 저주의 본질은 "마음에 하나님 두기를 싫어"(롬 1:28)함이다. 그러니까 만약에 어떤 사람이 돈을 좋아한다면 그 이유가 무엇인가? 다름 아닌 마음에 하나님 두기를 싫어하는 저주받음의 상태에 빠져 있기 때문이다. 또 건강을 좋아하고 형통을 좋아한다면 그 이유가 무엇인가? 마음에 하나님 두기를 싫어하는 저주의 기운 때문에 건강이나 형통을 좋아하는 중이다.

세상 좋음이란 이처럼 마음 안에 하나님 두기를 싫어하는 사람들이 합의하고 공감하여 결정한 좋음이다. 그런데 이렇게 하나님 두기를 싫어하는 저주받음의 상태에서 결정한 좋음을 얻고 싶어 열망하면서 바로 같은 하나님께 기도하면 하나님이 반색하시면서 그렇게 구하는 좋음을 주셔야 마땅한가? 이런 상황이 말이나 되는가?

물론 이 세상 사람들의 합의와 공감이 이루어진 좋음은 모두가 하나님이 창조하신 것들이다. 창조주요 주권자요 아버지이신 하나님은 이런 가치들을 '좋음'으로써가 아니라 당신의 자녀들을 통해 땅에서 이루시려는 뜻을 위하여 '섭리의 재료'로써 주권적으로 사용하실 뿐이다. '나'라는 사건 안에 담기는 모든 세상 가치는 예외 없이 하나님의 주권적인 섭리 안에서 사용될 때를 위하여 보관되는 것들이다. 나를 통해 이루시려는 특정한 뜻에 필요한 경우 그런 세상의 가치들을 필요한 재료로 사용하시기 위하여 나에게 '주시는' 대신 잠시 내 명의 아래 '두시는' 것임을 잊어서는 안 된다. 이런 것들은 하늘 아버지가 아들인 내게 주시는 상이 될 수가 없다.

하나님이 나의 아버지로서 내게 상으로 '주시는' 것은 죄와 저주에 찌든 이 세상 사람들에게는 은밀하게 감추어지지 않은 것이 없다. 그 마음에 하나님을 두기 싫어하는 사람들이 저주에 찌든 관점과 기준으로 합의와 공감을 이룬 가짜 좋음을 하나님 아버지는 아들인 내게 절대로 상(賞)이랍시고 주지 않으신다.

절대로 잊지 말자. 죄로 인한 타락과 저주는 한낱 종교의 교리 책에서 나 나오는 이론으로서 학자들이 책상 앞에서나 다루어야 할 하나의 주제가 아니다. 실제로 온 세상이 죄로 인한 저주받음 속에 있다. 죄로 인해 주어진 저주받음의 특징은 "하나님의 진리를 거짓 것으로 바꾸어 피조물을 조물주보다 더 경배하고 섬김"(롬 1:25)이다. 여기서 섬김이란 예수님께서 "한 사람이 두 주인을 섬기지 못할 것이니 혹 이를 미워하고 저를 사랑하거나 혹 이를 중히 여기고 저를 경히 여김이라 너희가 하나님과 재물을 겸하여 섬기지 못하느니라"(마 6:24)라고 하셨을 때와 의미가 같다. 물론 이 두 헬라어 단어는 각각 '종처럼 섬김'과 '노예처럼 섬김'이라는 차이가 있다. 그러나 표현상의 차이가 약간 있을 뿐이지 그 의미는 같다.

그리고 이렇게 종으로서 그리고 노예로서의 섬김을 예수님은 '사랑하고 중히 여김'이라고 말씀하신다. 쉽게 말해 재물에 대해서 사람들이 보이는 일반적인 태도대로 섬김이란 마음으로 최고로 좋아하고 그래서 소중하게 여기며 가지고 싶어서 힘을 다해 추구함을 의미한다. 그런데 저주에 찌든 사람은 하나님만을 제외하고 모든 다른 피조물인 대상을 이처럼 최고로 좋아하고 가지려고 힘을 다해 추구한다.

이처럼 저주에 찌들어 하나님과 아예 단절된 사람이 모두 합의하고 공감할 수 있는 그런 좋음이 하나님이 아버지로서 내게 주시는 상이 될 수는 없음은 이론의 여지가 없지 않은가? 그러므로 하나님이 내게 주시려는 상이 그렇게 저주받음에 빠진 온 세상 사람들에게는 은밀하게 감추어질 수밖에 없다는 사실이 너무나 당연하지 않은가? 거룩하신 창조주 하나님께서 내게 주시는 상이 저주에 찌든 자의 감각으로도 얼마든지 좋게 여겨져서 그들도 부러워할 수 있을 정도의 것이라면 과연 우리는 그런 상을 주시기를 바라야 하며, 또 주신다고 냉큼 받아야 하는가? 하여간 분명하다. 저주에 찌든 자가 저주에 오염된 판단과 기준으로 좋다고 여기는 것이 절대로 하나님이 아버지로서 아들인 내게도 주시기를 원하시는 좋은 상일 수는 없다. 그런 저주받음의 감각에나 좋음이 될 수 있는 것들을 여전히 가지고 싶어 하는 나를 이제는 좀 나 스스로 원한이 사무칠 정도로 지긋지긋해할 때도 되지 않았나?

위선자의 마음으로 하나님께 하는 기도는 이처럼 유일하게 참좋음이신 하나님의 이름을 부르면서 죄와 저주에 찌든 세상 사람들이 보편적으로 합의하고 공감하는 '좋음'의 가치를 구하는 기도이다. 바리새인들이 원하였던 상이 무엇인가? 죄와 저주에 찌든 대중들이 자신들을 인정하고 존경하는 것이었다. 정말 어떻게 선민들의 지도자 그룹에 속한 자들이 그러고 싶을까? 위선자의 기도는 하나님과 단절된 저주에 사로잡힌 상태의 사람들이 '좋다고 느낄 수 없는 가치'에 대해서는 절대로 소망하지 않고 구하지도 않는 마음에서 나온다. 그런데 세상의 이런 좋음은 예수님을 제대로 믿는다면 사도 바울에게서처럼 "배설물"(빌 3:8)로 여겨져야 마땅한 것들이다.

출신, 배경, 경력, 재물, 건강, 권력, 명예, 형통, 승진, 인기, 각종 명품 등등은 그 자체로 배설물이라는 뜻이 아니다. 모두 유용한 하나님의 주권적 섭리의 재료들이고 소모품들이다. 그러나 그런 것들을 하나님을 가져야 할 마음 안에 하나님 대신에 가진다는 것은 전혀 이야기가 다르다. 거룩하시고 유일하게 참좋음이신 하나님을 가져야 할 마음이 이런 가치들을 좋음이라 여겨 안으로 담고 싶어 하고 먹고 싶어 함은 마음의 가치를 생각할 때, 전혀 접촉조차 하지 말아야 할 배설물을 먹고 싶어 하는 것과 같다는 말씀이다.

  십자가에 못 박히신 예수님을 그리스도로 믿어 저주에서 빠져나와 새롭게 주어진 영적 환경에 마음이 머물고 있었다면 사도 바울처럼 반응함이 옳다. 즉 그런 가치를 좋음이라 여겨 가지고 싶다는 생각이 들기만 해도 마치 내가 배설물을 먹고 싶어 하는 것으로 느껴져 토하고 싶어 하는 마음가짐이다. 부엌용 세제나 자동차 엔진 윤활유나 얼굴에 바르는 로션 그리고 과수나 채소 등에 뿌리는 농약 등이 얼마나 요긴한가. 그러나 요긴한 것이지 먹을 수 있는 것은 아니다. 그러나 저주받은 상태는 이런 것에 비유될 수 있는 주권적 섭리의 재료들인 이 세상의 가치들을 마음 안으로 먹고 싶어 한다.

  다시 한번 예수님의 말씀을 귀담아듣자.

  "또 너희는 기도할 때에 외식하는 자와 같이 하지 말라 그들은 사람에게 보이려고 회당과 큰 거리 어귀에 서서 기도하기를 좋아하느니라 내가 진실로 너희에게 이르노니 그들은 자기 상을 이미 받았느니라 너는 기도할 때에 네 골방에 들어가 문을 닫고 은밀한 중에 계신 네 아버지께 기도하라 은밀한 중에 보시는 네 아버지께서 갚으시리라"(마 6:5-6)

IV. 이방인의 기도

유대 종교의 지도자들처럼 하는 위선자의 기도에 이어서 우리가 절대로 해서는 안 되는 두 번째 유형의 기도는 바로 이방인처럼 하는 기도이다. 예수님은 말씀하신다.

"또 기도할 때에 이방인과 같이 중언부언하지 말라 그들은 말을 많이 하여야 들으실 줄 생각하느니라 그러므로 그들을 본받지 말라 구하기 전에 너희에게 있어야 할 것을 하나님 너희 아버지께서 아시느니라"(마 6:7-8)

십자가에 못 박히시고 부활 승천 하셔서 천국 보좌 우편에 계시는 예수님을 그리스도로서 믿음을 통하여 우리에게는 완전히 새로운 영적 환경이 허락되었다. 아버지 하나님과 예수님과 성령님 그리고 이 삼위 하나님이 일체를 이루며 거하시는 천국이 일일생활권이 되는 것이다. 이렇게 삼위 하나님이 이루시는 나의 영적 환경은 천국이 내 마음이 머무르는 처소가 됨으로써, 모든 생활 현장에서 내가 육체를 통해 하는 모든 말과 행위 그리고 은밀한 곳에서 드리게 되는 모든 기도의 배경이고 바탕이다. 우리는 이렇게 조성된 영적인 환경 안에 마음이 머무는 동안, 이 세상에서 몸으로 먹고 자고 말하고 일하고 기도한다. '항상 쉬지 않고 범사에' 마음은 이 영적 환경 안에 있어야 하고, 몸으로 "집에 앉았을 때에든지 길을 갈 때에든지 누워 있을 때에든지 일어날 때에든지"(신 6:7) 내 마음은 이 삼위일체 하나님의 영적 환경 안에 머물러야만 한다. 그래야 십자가에 못 박히신 예수님을 그리스도로 믿는 사람이다.

이방인의 마음 상태와 믿는 자의 마음 상태

　이방인은 누구인가? 세상과 인생을 완전히 다르게 바라보며 마주하는 사람이다. 십자가에 못 박힌 예수님을 자신의 그리스도로 믿어 항상 의식에서 그 십자가가 환하게 켜져 있는 사람이 마주하는 세상이나 인생과는 너무나 다른 세상과 인생을 사는 사람이다. 그러므로 당연히 모든 이방인은 자신의 모든 생활 현장에서 그 마음이 십자가 죽음과 부활과 승천과 천국 보좌 우편에 이르는 그리스도 연쇄 과정 속 예수님과 자기를 동일시함을 통한 연합함이 없음은 말할 나위 없다. 그 결과 예수님과 연합하여 하늘 보좌 우편까지 따라가서 천국에 계신 하나님을 아버지라 부르며 관계할 수가 없음은 당연하다.

　마음이 십자가에 못 박히신 독생자 예수님 안에 들어 있지 않은 모든 이방인 그 누구도 실제로 하나님과 부자(父子)의 관계를 이룰 수 없다. 그러므로 창조주이시고 주권자이신 하나님을 직면하여 '아버지!'라고 부를 수가 없고, 하나님이 '나의 아들!'이라고 여기실 수가 없다. 특별히 마음이 십자가에 못 박히시고 부활 승천 하여 보좌 우편에 계시는 예수님 안에 머무는 바람에 보좌와의 사이에 일체 다른 대상을 두지 않은 상태로 하나님을 아버지로 직면한다. 그러나 이방인은 마음이 이 땅에 머물면서 오직 육체의 몸으로 만나는 이 세상의 대상들을 마음으로 직면하여 사는 상태이다.

　이방인의 마음으로 드리는 기도는 이처럼 마음이 처한 상황 자체가 완전히 다름으로부터 나온다. 예수님 안에 마음이 머무는 하나님의 아들들은 그 마음이 하늘 보좌 우편까지 따라 올라가서 하나님을 직면하여 아버지라 부르며 기도한다. 반면에 하나님의 이름을 입술로 부르기는 하지만 정작 마음은 이방인의 상태에 머물면서 드리는 기도는 그 마음이 이방인처럼 하나님이 아니라 이 세상 것들을 직면한 상태에서 하는 기도이다. 그러므로 그리스도 연쇄 과정 속 예수님 안에서 하늘에 계시는 하나님을 직면하고 있는 마음 상태와 그 예수님 밖에서 땅에 있는 세상의 대상들에 마음이 직면하고 있는 마음 상태는 마음의 처소만을 고려하면 정말 하늘과 땅 차이를 드러낸다. 이렇게 서로 다른 마음 상태에서 나오는 기도는 당연히 하늘과 땅 차이만큼 완전히 이질적인 기도일 수밖에 없지 않겠는가.

이렇게 예수님 안에서 하늘에 계시는 하나님을 '아버지!'라고 부를 수 있게 된 사람에게는 그 하늘 아버지의 창조주 되심과 이 세상을 향한 유일하신 주권자 되심이 일종의 '집안 배경'과 같이 자아의식의 기본 바탕이 된다. 한 아기가 세상에 태어나면, 그 아버지의 성품과 능력과 기질과 신분과 재정 상태 등이 모두 아기의 생애가 시작하고 펼쳐지는 바탕이 되고 배경이 되는 경우와 같다. 그래서 십자가 예수님과 연합하여 부활 승천을 따라 실제로 보좌 우편까지 따라간 마음에서는 언제나 하나님 아버지의 이러한 창조주 되심과 주권자 되심이 의식되고 반영되게 된다.

마치 재벌 3세의 모든 언행에서 노골적이든 은연중이든 자기 아버지와 할아버지가 재벌이라는 사실을 드러내거나 염두에 두는 상황과 같다. 한마디로 정말 예수님을 믿는다면 그래서 정말 창조주이시고 주권자이신 하나님이 나의 친아버지라면 어떤 식으로든지 그런 아버지를 둔 아들 된 자의 티가 이 세상 모든 생활 현장 속 언행에서 나타나야만 한다는 뜻이다.

반면에 이렇게 십자가에서 예수님과 연합함이 없으므로 그 마음이 하늘 보좌로 올라감이 일어나지 않고 그래서 창조주이시고 주권자이신 하나님을 친아버지로 날마다 대면할 수 없는 사람이라면 이렇게 하늘 아버지가 없는 상태 역시 뚜렷이 티가 나게 되어 있다. 그렇다면 그 마음이 예수님 안에서 하늘에 머물면서 하나님을 아버지로 직면하는 사람과 그 마음이 하나님이 아니라 이 땅에서 세상 대상들을 직면하는 사람의 가장 뚜렷하고 큰 차이는 무엇일까?

바로 책임감이다. 주체적인 책임감이다. 이 세상과 세상에서 사는 자기 인생과 삶에 대해서 보이는 주체성과 책임 의식에서 이방인과 하나님의 아들은 차이를 보인다. 그리고 이 차이가 기도에도 고스란히 반영된다.

이방인의 심리 상태로 하는 기도의 '책임' 문제

다시 한번 예수님의 말씀을 들어 보자.

"또 기도할 때에 이방인과 같이 중언부언하지 말라 그들은 말을 많이 하여야 들으실 줄 생각하느니라 그러므로 그들을 본받지 말라 구하기 전에 너희에게 있어야 할 것을 하나님 너희 아버지께서 아시느니라"

예수님은 이방인들이 기도할 때면 "중언부언"한다고 하신다. 그리고 "말을 많이 하여야 들으실 줄 생각"한다는 것이다. 왜냐면 이들은 창조주이시고 주권자이신 하나님을 자기의 친아버지로 관계하지 못하기 때문이다. 그러므로 창조주요 주권자이신 하나님을 친아버지로 관계하는 자와, 그런 창조주요 주권자이신 하늘 아버지가 없는 고아 상태의 사람이 각각 자기 처지에서 기도함으로써 구하는 것들이 어떻게 서로 같을 수 있겠느냐는 말씀이다.

우리의 친아버지이신 하나님은 우리가 지금 육체로 입고 사는 이 시간과 공간의 세계를 지으시고 주관하시는 조물주이시다. 즉 이 사실은 내가 만물의 조물주요 주권자이신 분의 아들로서 이 세상에 대해서 별도로 주체성을 띠고 책임을 지면서 관계해야 할 부분이 없다는 의미이다. 나는 이 세상에서 내 삶에 대해서 책임 있는 위치에 있지 못한다. 이 세상 안에서는 전 우주를 포함하여 모든 미물에 이르기까지 나의 친아버지이신 하나님의 주체적인 관심과 책임에서 밖으로 튕겨 나가 있는 존재는 단 하나도 없다. 멀리는 무한한 우주의 수많은 별은 물론이고 가까이는 내 몸의 머리카락 하나하나와 수억 수조의 세포 하나하나까지 그리고 공중에 날아다니다가 땅에 떨어지는 참새 한 마리뿐 아니라, 공중에 떠도는 미세먼지 한 알갱이조차도 하나님 우리 아버지의 주권을 벗어나서 하나님의 뜻과 무관하게 존재할 수 없다. 이 우주 안에 어떤 형태로든 존재하는 모든 만물은 단지 "스스로 있는 자"(출 3:14)로서 유일한 '있음'이신 나의 아버지 하나님에 의해서 '있게 됨'들이다.

하나님은 아담을 지으실 때 이미 '나'라는 사람의 인생을 계획하시고 지금 이 땅에 태어나게 하셨다. 그래서 모든 순간에 살아 계신 분으로서 나를 보시고 아시고 사랑하시고 미리 앞서서 계획하시면서 이끄신다. 내 인생 전체를 초 단위로 나누어 보아도 단 1초도 하나님의 책임과 주권적인 생각이 미치지 않는 순간과 영역은 없다. 그래서 예수님은 말씀하셨다.

"구하기 전에 너희에게 있어야 할 것을 하나님 너희 아버지께서 아시느니라"

그리고 이렇게 하나님 아버지가 이미 빠짐없이 앞서서 알고 계시고 이미 다 계획하고 계시는 문제와 일에 대해서 내가 다시 기도 중에 언급하면서 구하는 것을 바로 "중언부언"이라고 규정하신다. 이 땅에서의 내 삶에 대해서는 내가 책임을 지는 주체가 되면 안 된다. 나는 창조주요 주권자이신 하나님을 친아버지로 관계하는 아들이기 때문이다. 그러므로 어떤 식으로든지 내 인생의 하루하루를 책임지려고 하는 태도는 근본적으로 주제넘은 일이라는 의미가 말씀 속에 들어 있다.

인간으로서 내가 주체적으로 책임감을 느끼면서 생활 현장 속 나의 삶을 관심할 때 문제가 무엇인가? 하나님 나의 친아버지가 내 인생과 일상의 모든 생활 현장에서 가지시는 주체성에 충돌을 일으킨다는 것이다. 이 세상 안에서 벌어지는 내 삶에 대하여 나 자신이 책임감을 느끼면서 하는 생각과 뜻과 계획은 하나님 아버지가 주체적이고 자발적으로 이미 앞서서 하시는 내 삶에 관한 생각과 뜻과 계획에 충돌하지 않는 것이 없다.

내가 내 삶에 대해서 할 일은 주체적인 책임 의식을 가지고 생각하고 뜻하고 계획하는 일이 아니다. 이것은 불필요함을 넘어서 일종의 월권이며 주제넘음이고 하나님이 친아버지가 아닌 자들만이 보일 수 있는 특성이고 태도이다. 사실 그 마음에서 창조주요 주권자이신 하나님이 진정으로 자기의 친아버지로 믿어지는 사람이 자기 인생과 삶을 위해서 할 수 있는 일은 극히 제한적이다. 단지 이미 앞서서 하나님이 아버지로서 내 인생과 삶에 대하여 가지신 생각과 뜻과 계획 중에서 내가 내 몸으로 수행할 것들을 받아들여 그대로 행하는 일뿐이다. 그러면 내가 직접 몸으로 받아서 행할 내용이 아닌 하나님의 뜻과 계획은 주권적으로로 하나님이 스스로 당신의 전지전능하심 안에서 이루어 가실 것이다.

이런 상황은 기도할 때도 마찬가지이다. 마음에서 하나님이 친아버지가 아닌 사람은 스스로 자기 삶에 대하여 주체적으로 책임 의식을 가지고 자기 삶을 주도하려 한다. 그래서 자기에게 주어진 삶의 상황이나 문제를 스스로 진단하여서 부족한 것이 무엇이고 필요한 것은 무엇인지를 판단하고 결정한다. 그리고 그러한 판단을 바탕으로 소원하게 된 내용을 자기가 스스로 이루어지게 하려는 일환으로서 기도를 동원하여 하나님을 움직이려고 한다.

이런 기도는 창조주이시고 주권자이신 하나님의 이름을 부르긴 하지만 실제로 그 하나님을 전혀 살아 계시는 친아버지로 실시간 관계하지 않는 마음 상태에서만 나올 수 있다. 그래서 모든 것을 있게 하신 하나님의 창조주 되심과 모든 것을 다스리시는 하나님의 주권자 되심을 실제로 삶의 현장에서 인정하고 고려할 정도로 실감하지 않는 상태이다. 입술로는 배운바 교리를 따라서 하나님을 아버지라고 부르며 창조주요 주권자라고 하지만, 실제 그 마음은 완전히 이방인의 마음 상태와 다를 바가 없는 상태에서 드리는 기도이다. 이렇게 자기 인생을 자기가 책임지는 이방인의 마음 상태에서 드리는 기도의 문제는 무엇인가?

첫째, 내 일상의 모든 영역을 향하여 물 샐 틈 없이 임하는 하늘 아버지의 주권의 그물망을 내 주체성과 책임 의식이 활성화하면서 맞서게 된다. 내 삶에 대해서 내가 책임 의식을 가지고 주체가 된다는 것은 내 삶에 대해서 내가 태어나기 전부터 그리고 지금까지 그리고 앞으로도 죽는 날까지 계속 생각하시며 계획하시고 이끄시는 하나님의 주체성의 그물망을 방해하고 훼방하며 찢어 버리는 일이다.

즉 내 삶에 대해서 책임 의식을 느끼는 주체가 중첩된다. 한 하늘에 두 개의 태양이 떠 있는 셈이다. 그러면서 내 삶에 대해서 활발하게 켜진 내 주체성은 끊임없이 하나님의 주체성을 방해한다. 그러니까 우리가 지금까지 내 삶에 대한 책임 의식하에서 흔히 기도라고 부르는 행위를 통하여 내가 스스로 생각하고 판단한 부족함과 필요를 하나님에게 간구하는 일은 정말 끔찍한 범죄였던 셈이다. 하나님 이름을 부르며 했던 모든 기도가 사실은 내 삶에 대하여 유일하게 인정되어야 할 하나님의 주체성을 가장 극심한 형태로 반발하여 반역하고 무시하는 행위였다. 이처럼 이방인의 마음 상태가 되어서 스스로 자기 인생을 책임져야 한다는 의식과 강박감에서 하는 기도는 일종의 용납될 수 없는 망동이다. 예수님 안에서 만나고 관계하게 된 하나님이 창조주이시고 주권자이심을 매일의 생활 현장에서 실제로 마음으로 믿고 실감하고 인정하는 사람이라면 절대로 할 수 없는 가장 해괴한 짓거리이다.

둘째, 이렇게 내 삶에 대하여 책임지는 주체성이 중첩됨으로써 나타나는 결과는 바로 "중언부언"이다. 기도의 모든 구체적인 내용이 중언부언 즉 중첩된다. 하나님 아버지의 생각과 뜻과 계획이 '이미' 없는 내 삶의 시간과 영역과 문제는 없다. 하나님이 전혀 생각하지 못하고 있던 부분을 내가 생각해 내서 하나님께 알려 드림으로써 비로소 하나님이 깨우침을 얻고 다음과 같이 말씀하실 일은 전 우주가 두 쪽이 나도 없다.

'아! 정말 네 말을 들으니 내가 생각이 모자랐구나. 그런 기가 막힌 네 삶의 정답을 나는 왜 생각하지 못했을까? 알았어. 네가 구하는 대로 내가 다 이루어 줄게!'

우리는 정말 이런 식의 응답을 하나님에게 기대하면서 기도하지 않았던가?

조물주이시고 주권자이신 하나님 아버지가 내 삶에 대해서 주도면밀하신 유일한 책임자요 주체라는 사실을 의식이 잊거나 놓친 상태에서 내가 주체가 되어 드리는 모든 기도는 중언부언이다. 전혀 불필요한 중첩이다. 내 삶의 어떤 사안에 대해서도 하나님 아버지의 생각이 이미 준비되지 않는 경우는 절대로 없다.

내가 주체적으로 책임 의식을 가지고 내 삶의 상황을 판단하여 필요하다고 생각하는 것들을 기도로 간구하게 되면, 그런 후에야 하나님은 비로소 내 삶에 그런 것들이 필요하다는 사실을 깨달으시고 동의하시면서 부랴부랴 내가 기도한 대로 이루시는 일은 상상만으로도 극심한 신성 모독이다. 그리고 그런 하나님이라면 과연 우리가 꼭 믿어야 할 필요가 있을까?

삶을 이끌어 가야 한다는 강박감과 책임 의식으로 내가 내 삶을 생각하면, 그렇게 생각하는 일 중에 단 하나도 이미 하나님이 아버지로서 생각을 마치시지 않은 일은 있을 수가 없다. 이 땅에서 벌어지는 내 인생과 일상의 삶에 대해서 내가 스스로 가지는 단 한 조각의 생각조차 예외 없이 이미 하나님이 생각하신 위에 중첩되는 중언부언이 된다.

늘 기도할 때면 구체적으로 간구하기 전에 우리는 무엇을 구할 것인지를 판단하고 생각한다. 그러면 이미 내 삶에 대하여 구할 내용을 생각하는 일 그 자체가 무조건 이미 하나님이 생각해 두신 내용 위에 겹치는 중첩이고 중언부언이라는 말씀이다. 이면지를 활용할 때 잘못하여 이미 글씨가 인쇄된 면 위에 또다시 새로운 내용을 덮어 인쇄하는 경우와 같다. 내 삶을 스스로 생각하고 계획하고 뜻하고 간구함은 하나님이 이미 해 놓으신 생각과 뜻과 계획과 포부 위에 또 별도로 내 생각과 뜻과 계획과 내 포부를 인쇄하는 일과 같다. 같은 문제에 대하여 다른 생각이 중첩되는 상황이다. 내 인생과 삶이 일관성도 없고 질서도 없이 혼란에 빠지고 세월이 지나도 마음에는 공허함이 사라지지 않는 이유가 바로 이러한 "중언부언"의 참사 때문이다. 내가 하는 모든 언어 행위, 즉 판단과 생각과 말과 기도의 중언부언 때문에 하나님이 아버지로서 본래 가지시는 생각과 뜻과 계획이 철저히 방해받기 때문이다.

왜 아버지가 창조주요 주권자이신 아들들이 이러한 고아의 심리 상태로 기도하게 되는 것일까? 십자가에 못 박힌 예수님 안에 마음이 들어 있는 사람의 경우, 그래서 마음이 하늘 보좌 우편 독생자의 자리에서 하나님을 아버지로 직면하는 사람의 경우, 그 하나님이 창조주이시고 역사와 개인의 주권자이시며 자기의 친아버지인 것은 엄연히 인정되는 사실이다. 절대 불변의 팩트다.

그러나 이런 영적인 팩트가 아무리 실제로 주어지면 뭐 하나? 예수님을 믿음으로써 주어지는 이 놀라운 새로운 영적 환경 안으로 마음이 실제 들어가 있지 않은데 말이다. 그러면 아무리 하나님의 이름을 부르고 예배당 생활을 충실히 하더라도 그 마음은 이방인의 상태에 머물러 있을 수밖에 없다. 이런 이방인의 마음 상태로 전락하는 일이 얼마나 자주 일어나면 예수님께서 기도를 가르치시기 전에 이렇게 이방인의 마음으로 하는 기도를 꼭 집어 경계하시는 것일까? 다음과 같은 구절에서도 이런 예수님의 염려를 잘 엿볼 수 있다.

"그러므로 염려하여 이르기를 무엇을 먹을까 무엇을 마실까 무엇을 입을까 하지 말라 이는 다 이방인들이 구하는 것이라 너희 하늘 아버

지께서 이 모든 것이 너희에게 있어야 할 줄을 아시느니라"(마 6:31-32)

한마디로 이 땅에서의 내 삶은 하늘에 계시는 나의 친아버지가 책임지신다는 말씀이다. 그러나 내 머리털까지 다 세신바 되시는 하늘 아버지가 이렇게 내 생각과 염려를 앞서서, 내 삶에 대하여 주권적으로 책임지시느라 미리 꼼꼼하게 챙기고 염두에 두시는 일이 어디 먹고 마시고 옷 입는 일에서만 일어나겠는가? 모든 순간 모든 공간 모든 문제 모든 영역에서 하나님은 나의 친아버지이시고 이 세상을 주관하는 주권자이시다. 그러므로 이런 아버지의 아들로서 나는 이 세상 삶에 관하여서는 절대로 스스로 생각하는 주체가 되어서는 안 된다. 나는 오직 앞서서 갖고 계신 하나님 친아버지의 생각을 받아서만 살아야 하는 존재이다.

이렇게 하나님이 가지시는 이 세상 모든 사람의 삶을 위한 책임과 주체성은 심지어 당신 스스로 하나님이셨던 예수님에게서도 예외가 아니었다.

말도 행동도 예수님은 "스스로 아무것도 하지 아니하고 오직 아버지께서 가르치신 대로"(요 8:28)만 하셨다. 예수님에게도 상황이 이래야 할 정도로 이 세상은 나의 생각하고 말하고 행동하는 주체성을 위해선 바늘 끝만큼의 여유 공간도 허락되지 않는다. 그만큼 온 세상은 나의 하늘 아버지의 주체성으로 가득 메워져 있다. 나는 이 세상 삶에 대해서는 책임자와 주체자가 아니라 하나님의 주체성을 수용하는 자여야만 한다. 그러므로 이렇게 하나님 친아버지 앞에서 가지는 나의 아들 됨이 철저히 기억되고 고려되어 지켜지지 않고 있는 이방인의 마음으로 하는 기도는 정말 할수록 하나님을 멸시하는 기도이다.

이런 기도는 창조주요 주권자 되시는 하나님의 아버지 되심과 그런 아버지의 아들 됨을 내팽개쳐 버리고 스스로 이방인의 상태를 자처하면서 하는 기도이다. 이런 기도는 그것이 기도임에도 불구하고 하나님의 이름을 부르면서 그 하나님의 아들이라고 자처하는 사람으로서 이 세상에서 할 수 있는 가장 멍청한 일이며, 가장 악한 행동이고 가장 극심한 신성 모독이다.

앞서서 예를 들었던 것처럼 재정 문제가 생겼다고 하자. 그러면 그 문제에는 친아버지이신 하나님의 책임과 주권적인 생각과 뜻과 계획이 이미 다 준비되어 있다. 또 그런 문제가 생기게 된 것은 내가 내 인생과 삶에 대한 하나님의 책임과 주체성을 전혀 인정하지 않고 살았던 과정이 앞서 있었던 결과이기도 하다. 그러면 이제 내 삶에서 심각한 재정 문제를 만난 내가 할 일은 무엇인가?

우선은 내가 내 삶을 책임지겠다고 까불어 나대며 살았던 시간에 대한 철저한 회개다. 하나님 나의 친아버지의 책임과 주체성을 멸시하고, 감히 내가 내 인생에 대해 책임지려 한 멍청함과 악함에 찌든 내 인격에 대하여 예수님의 십자가를 바라보면서 예수님과 함께 철저히 죽는 존재의 회개가 반드시 있어야 한다. 내 생애에 대하여 내가 책임지려는 주체성 중독은 죄로 인한 저주받음의 가장 뚜렷한 특징임을 내가 스스로 인정하여야만 한다. 그렇지 않으면 절대로 예수님 안에서 하나님을 아버지로 관계하는 일은 실제로 일어날 수가 없다. 물론 그냥 여전히 인생을 스스로 책임지겠다는 이방인의 마음 상태로 단지 입술로만 하나님을 아버지라고 부르는 일은 얼마든지 자유이지만 말이다.

이런 깨달음과 진정한 회개가 있고 나면 이제 그 하나님의 주체성이

나로 인해 방해받음 없이 흘러 들어오게 하는 일만 내 책임이다. 내 주체성을 총동원하여 내 재정 상태에 대해 이미 알고 계시는 하나님 친아버지의 생각과 뜻과 계획을 고스란히 받아들이는 것이다. 그 길이 바로 내 마음은 예수님 따라 재정 문제가 벌어진 땅을 떠나서 하늘로 올라가 재정 문제 대신에 하나님 자신을 직면하여 하나님만을 좋아하며 열망하는 것이다.

그런데 이런 방식으로 하나님의 내 삶에 대한 유일한 책임자 되시고 주권자 되심을 인정하지 않거나 망각하여 내가 스스로 그 문제에 대해 주체가 되어서 판단하고 생각하고 해결 방책을 모색하면 이 상태가 재정 문제 그 자체보다 더 지독한 진정한 참사이다. 그리고 이렇게 스스로 판단하고 생각하여 얻은 자기 멋대로의 해결책을 하나님에게 기도한답시고 구하면 이것은 설상가상 격으로 참사에 참사를 더하는 꼴이다.

내 인생의 모든 삶의 현장에서 만나는 모든 문제가 정말 심각한 문제가 되게 하는 가장 큰 요인은 무엇일까? 그 문제들 자체가 아니다. 창조주요 주권자이신 하나님을 친아버지로 관계하는 내게 실제로 일어날 수 있는 치명적인 문제란 이 세상 안에는 없다. 모든 삶의 문제는 아버지 하나님의 주권적인 뜻이 적용되려면 필요한 시간의 문제일 뿐이다. 창조주요 주권자이신 내 친아버지에게 문제가 될 수 없는 것이라면 예수님 안에서 그런 아버지의 아들이 된 내게도 문제가 아니다. 오직 내 삶의 유일한 책임자이신 하나님 나의 친아버지 앞에서는 모든 삶의 현장에서 발생하는 문제들은 어쩔 수 없이 무늬만 문제일 수 있을 뿐이다.

그런데 내 삶에 대해서 내가 책임을 지려 하는 순간, 그래서 내가 스스로 판단하고 생각하고 해결을 모색하는 주체가 되는 순간 모든 크고 작은 삶의 문제는 정말 심각하게 진짜 문제로 돌변하여 나를 짓누른다.

그러니까 입으로는 하나님을 아버지라 부르는 사람들이 마음은 이방인의 상태를 유지하면서 하는 기도는 정말 우스꽝스러운 상황을 연출한다. 자기가 삶에서 만나는 문제들은 창조주요 주권자이신 하나님 친아버지의 책임과 주체성을 기억하고 인정하여 그 앞에 버리듯이 놔두면 그냥 봄바람에 눈 녹듯이 없어져 버릴 것들이다. 결코 문제가 될 수 없는 무늬만 문제인 것들이다. 그런 문제로 인해서 하나님 친아버지가 미리 생각하시고 뜻하시고 계획하시는 내 인생의 진행이 방해받게 되는 일은 일어날 수 없다. 내 인생에 대한 하나님 아버지의 뜻과 계획이 방해받음이 없다면 대체 무엇이 문제로 여겨져야 한다는 것인가?

다윗은 노래한다.
"여호와는 나의 목자시니 내게 부족함이 없으리로다"(시 23:1)

그렇다. 얼마나 논리적인가? 여호와는 "스스로 있는 자"이시다. 그 외에 만물은 모두가 스스로 있는 자이신 여호와 하나님에 의해서 '있게 된 것'이다. 스스로 있는 자이신 여호와 하나님이 당신이 있게 하신 것들로 채워진 세상 안에서 그 세상의 주권자로서 나의 목자이신데, 대체 그 하나님의 양인 내가 인생을 지나는 동안 어떻게 부족함이 발생할 수 있겠는가?

삶에서 문제가 발생하면 이방인은 그 문제를 책임감에 몰려서 주체적으로 붙잡고 해결하려 한다. 반면에 예수님 안에서 하나님을 아버지로 관계하는 사람은 마음으로 그 문제 자체에 관여하기 전에 먼저 창조주요 주권자이신 하나님이 자신의 아버지이시고 자기가 그 하나님의 아들이라는 관계를 되살리고 깊이 새긴다. 즉 예수님에 의해서 주어진 새로운 영적 환경 안으로 들어가 나 자신의 자아의식을 다잡는다. 그렇게 해서 하나님과의 부자(父子)의 관계가 마음 안에서 실제로 생생하게 살아나면 이제 더는 삶의 문제가 문제로 여겨질 수가 없다. 그러면 모든 문제는 당장에라도 문제가 아닌 것으로 된다. 문제로 여겨졌던 모든 삶의 계기들은 오직 하나님의 주권적인 뜻과 계획이 그렇게 표현되고 있는 것이고 앞으로도 어떤 식으로든 표현될 일들일 뿐이다. 그리고 이렇게 이 세상 삶에 대한 책임의 문제가 전적으로 하늘 아버지께 있다는 사실은 하나님 아버지에 의해서 내가 태어나기도 전 이미 정해진 내 생애의 마지막 끝점에 도달할 때까지 절대적으로 일관된다.

그러므로 나의 출생과 죽음 그리고 그 사이에서 벌어지는 그 어떤 문제도 내가 주체적으로 책임지고 관여해야 할 문제는 하나도 없다. 나와 하나님과의 관계를 예수님 안에서 실질적인 아들과 아버지의 관계로 유지하는 한, 이 세상 삶에서 일어나는 모든 문제는 아예 문제도 될 수 없다. 왜냐면 내 아버지가 창조주요 주권자이시기 때문이다.

그런데 이런 무늬만 문제인 것들을 우리는 각자의 책임 의식 아래 스스로 주체가 됨으로써 생각하고 고민하고 염려하면서 실제로 심각한 문제가 되게 만들어 버린다. 그렇게 하나님 친아버지의 창조주요 주권자 되심을 잔뜩 무시하며 아무것도 아닐 일을 심각한 문제로 만들어 놓고서는 그 무게감에 짓눌린 마음 상태로 하나님을 부르면서 기도하며 구한다.

삶의 변수와 문제 그리고 궁극적으로 죽음. 이 모든 것을 내가 책임감

아래서 직접 관여하는 대신 하나님과 나의 실질적인 부자 관계를 의식 속에 계속해서 되살리는 일이 예수님 믿는 사람들이 세상 삶을 대하는 방식이다. 내가 책임을 느끼며 주체적으로 삶에 관여하는 대신, 그 모든 삶의 순간을 창조주요 주권자이신 하나님을 친아버지로 회복하여야 한다. 그렇게 함으로써 자동으로 내 삶 전체가 하늘 아버지의 주권 앞으로 끌려 들어오는 효과가 나타나게 된다. 하나님과 내가 아버지와 아들의 관계임을 의식 속에 뚜렷이 회복하여 유지함으로써 생의 모든 문제를 나의 홈그라운드인 아버지의 주권 안으로 끌어들이는 것이다. 이런 방식으로 사는 하나님의 아들들이 어떻게 하나님을 아버지로 갖지 않는 고아와 꼭 같은 마음 상태로 하는 기도를 할 수 있겠는가? 그런데 너무나 많은 사람이 입술로는 하나님을 아버지라고 부르면서 이방인의 마음으로 기도하고 있음이 안타까운 현실이다.

위선자 기도와 이방인 기도를 제거함이 기도의 시작이다

주의 기도는 이처럼 위선자의 기도와 이방인의 기도를 드릴 수밖에 없는 나의 죄와 저주에 찌든 마음을 예수님의 십자가에서 죽임으로써 시작할 수 있다. 유일한 좋음이신 하늘에 계시는 하나님 대신에 이 세상 사람들에 의해 공개적으로 합의되고 공감된 좋음을 소원하는 죄에 찌든 나는 예수님의 십자가에서 죽은 자임을 시인하여야 한다. 그렇게 함으로써만 시작될 수 있는 기도가 바로 주의 기도이다.

또한 주의 기도는 하나님 대신에 내가 내 삶에 대해서 책임지는 주체가 되려는 나는 예수님의 십자가에서 죽었음을 시인하여야만 시작될 수 있는 기도이기도 하다. 이렇게 예수님의 십자가로 위선자 됨과 이방인

됨의 인격적 경향성을 죽이지 않으면 드릴 수 없는 기도가 바로 주의 기도이다. 예수님이 주기도의 내용을 직접 언급하시기 직전에 하신 말씀을 다시 한번 보고 꼭 기억하자.

"또 너희는 기도할 때에 외식하는 자와 같이 하지 말라 그들은 사람에게 보이려고 회당과 큰 거리 어귀에 서서 기도하기를 좋아하느니라 내가 진실로 너희에게 이르노니 그들은 자기 상을 이미 받았느니라 너는 기도할 때에 네 골방에 들어가 문을 닫고 은밀한 중에 계신 네 아버지께 기도하라 은밀한 중에 보시는 네 아버지께서 갚으시리라 또 기도할 때에 이방인과 같이 중언부언하지 말라 그들은 말을 많이 하여야 들으실 줄 생각하느니라 그러므로 그들을 본받지 말라 구하기 전에 너희에게 있어야 할 것을 하나님 너희 아버지께서 아시느니라 그러므로 너희는 이렇게 기도하라 하늘에 계신 우리 아버지여 이름이 거룩히 여김을 받으시오며"(마 6:5-9)

이 본문을 보면 사실상 주의 기도는 '외식하는 자처럼 기도하지 않기'부터 시작하는 셈이다. 그다음 이어서 '이방인처럼 기도하지 않기'를 거쳐 비로소 주의 기도는 시작한다. 외식하는 자와 이방인처럼 기도하게 되는 나를 예수님의 십자가에서 죽은 자로 확인하면서부터 주의 기도는 시작한다. 그리고 이런 나를 죽은 자로 확인하는 길은 십자가에 못 박히신 예수님과 나를 동일시하는 믿음밖에는 없다.

이렇게 예수님의 십자가에서 '위선자의 기도를 드릴 수밖에 없는 나', '이방인처럼 기도할 수밖에 없는 나'가 예수님과 함께 죽어야 비로소 가능한 일이 무엇인가? 바로 삼위일체 하나님에 의해 조성되어 내 마음에 제공되는 영적 환경 안으로 내 마음이 들어가는 일이다. 왜냐면 십자가에서 예수님과 함께 내 인격의 위선자 같음과 이방인 같음이 죽으면 이제 비로소 내 마음은 예수님과 함께 부활과 승천의 과정을 거쳐 천국 보좌 우편에 이를 수 있기 때문이다.

그곳에 도달하여야 이제 본격적으로 내 마음은 삼위일체 하나님에 의해 조성된 환경에 적응하며 머물기를 할 수 있다. 즉 보좌 우편 예수님의 자리에서 예수님과 하나님이 맺으시는 관계에 참여하게 된다. 내 마음은 예수님 안에 머물면서 하나님을 직면하여 유일한 있음과 좋음이신 나의 아버지로서 마치 예수님이 그렇게 하시듯이 하나님과 관계할 수 있다.

그리고 그래야 이 땅에 있는 내 몸은 비로소 하늘에서 내려오시는 성령님의 장갑도 될 수가 있다.

이런 상황이 반복 지속하는 가운데 삼위 하나님 각각과도 점점 더 친분이 두터워지고 하나로 연합함도 점점 더 성숙하고 익숙해진다. 이것이 바로 삼위일체 하나님의 환경에 적응함이다. 이렇게만 되면 거듭 말하거니와 하늘에서건 땅에서건 도대체 무슨 문제가 우리에게 발생할 수 있겠는가 말이다. 그리고 이렇게 내 마음이 삼위일체 하나님의 삼각주 안에 머물러 있는 상태가 바로 복음이 가져다주는 에덴이고 가나안 복지이며 푸른 초장과 쉴 만한 물가의 안식과 평강이다.

이처럼 주의 기도는 새롭게 주어진 삼위일체 하나님의 영적 환경에 적응하기 위한 기도이고 그렇기에 예수님의 십자가 없이는 시작할 수 없는 기도이다. 그러므로 예수님이 직접 "너희는 이렇게 기도하라"라고 지시하신 주의 기도로 기도하려면 반드시 '이렇게 기도하지 말라'라는 말씀에서부터 시작하여야 한다.

그 예를 하나 들어 보면 다음과 같다.

'하나님 아버지! 저는 이 세상 사람들에겐 은밀하게 가려져 있는 유일하게 좋으신 하나님보다 여전히 이 세상 사람들이 공개적으로 공감하고 합의한 가치들을 좋아하고 있습니다. (내가 그 시간 실제로 마음에서 좋아하여 바라거나 혹은 부족하다는 결핍감을 느끼게 하는 이 세상 가치나 일들을 구체적으로 나열하며 고백한다) 하나님 아버지 용서하여 주시옵고, 이런 내가 예수님과 함께 십자가에서 죽게 하여 주시옵소서. 마음 채움의 만족과 기쁨을 위하여 이 세상 사람들이 공개적으로 합의하고 공감하는 가치를 얻고 싶어 하는 내가 예수님과 함께 십자가에서 온전히 죽게 하여 주시옵소서. 그리하여 부활하신 예수님 안에서 이 세상 소원이 완전히 사라진 마음 상태로 다시 태어나게 하여 주시옵소서!

그리고 또한 간구합니다. 하나님 아버지의 주권이 참새 한 마리 땅에 떨어지는 일에도, 제 머리카락 하나 나고 빠지는 일에도 미치고 있는데, 제가 저의 삶을 책임지는 주체가 되려는 이방인과 같은 마음을 가지고 있습니다. 이런 저의 악함 역시 십자가에서 예수님과 함께 죽게 하여 주시옵소서. (그 순간 내가 내 삶을 책임지려고 하기에 마음으로 붙잡고 있는 삶의 염려거리를 하나하나 나열하며 잘못을 고백하고 용서를 구하며 그런 나를 십자가에서 죽은 자로 인정한다) 내 삶에 대해서는 어느 영역, 어느 문제 하나도 놓치지 않으시고 저의 친아버지로서 미리 보시고 아시고 저를 사랑하셔서 앞서서 뜻하시고 계획하심을 제가 믿습니다. 이제 제가 바로 이 순간까지 염려하던 이 모든 세상 문제들은 오직 아버지의 뜻대로만 이루어 주시옵소서. 그리고 이런 아버지의 주권자 되심에 맞서서 저 자신이 주체가 되려는 죄적인 저의 체질이 예수님의 십자가에 못 박혀 죽게 되기를 바랍니다. 그래서 부활하신 예수님 안에서 이 세상을 향하던 저의 주체성으로는 이제 오로지 마음과 뜻과 힘을 다하여 하늘에 계신 하나님 아버지만을 좋아하며 향하여 사랑할 수 있게 하여 주시옵소서!'

이것은 단지 한 예이다. 이런 골자의 십자가 죽음을 내용으로 하는 기도가 앞서지 않으면 주의 기도는 그냥 의식용 기도로 전락한다.

잊지 말자. 주의 기도는 십자가에 못 박힌 예수님을 그리스도로 믿는 사람들 자신이 매번 기도를 드릴 때마다 십자가에서 이루어진 예수님의 죽음을 나의 죽음으로 받아들임으로써만 드릴 수 있는 기도라는 사실을 말이다. 죄의 체질로 인해서 위선자 됨과 이방인 됨이 십자가에서 죽음으로써만 삼위일체 하나님의 환경 안으로 들어갈 수 있고 그 안에서만 주의 기도를 드릴 수가 있다.

그리고 어차피 더 심각한 일이 있다. 이렇게 십자가에서 시작하여 부활, 승천, 보좌 우편으로 이어지는 그리스도 연쇄 과정의 길을 따라서 내 마음이 삼위일체 하나님이 이루시는 환경 안으로 들어갈 수 없다면 주의 기도를 드릴 수 없다는 사실만 문제가 되는 것이 아니다. 그러면 애초에 예수님 믿음 자체가 성립되지도 않는 것이다.

물론 자유이다. 십자가를 통해서 내 존재에 도사리고 있는 죄와 저주에 감염된 잘못된 기도의 가능성을 원천 봉쇄하지 않아도 얼마든지 예수님의 이름으로 하나님께 간구하는 기도를 할 수 있긴 하다. 누가 막겠는가? 그러나 실제로 한번 해 보라. 십자가에서 죽음이 앞서서 일어나지 않으면 위선자의 기도와 이방인의 기도를 결단코 벗어날 수가 없다는 사실을 스스로 알게 될 것이다. 이런 기도는 그냥 죽은 신을 향하는 종교의 기도이다. 실제로 살아 계신 창조주요 주권자이신 하나님을 개인적으로 아버지로 관계하면서 만남이 이루어지는 가운데 드리는 인격적인 기도가 아니다. 이런 기도는 여전히 하나님 자신보다 이 세상 피조물이 더 좋고 또한 여전히 이 세상 삶을 책임지려는 저주에 찌든 상태를 벗어나지 못한 채로 하는 기도로, 그야말로 실제 살아 계신 하나님 아버지로부터 어떤 응답도 주어질 수가 없는 일종의 '공염불'이다.

제2부

너희는 이렇게 기도하라

주의 기도는 주님이신 예수님께서 당신의 독생자 되신 자리로 우리가 들어와서 하나님을 아버지로 관계하며 기도할 것을 예견하시며 가르쳐 주신 기도이다. 즉 당신이 하나님의 아들로서 드리시던 기도를 우리의 입에 담길 수 있는 방식으로 허락하신 기도이다. 주의 기도는 그래서 그 내용이 보통 풍부한 것이 아니다. 공생애 기간 내내 예수님 자신이 한적한 곳을 찾아 기도하시고, 새벽 미명에 기도하시고, 밤이 맞도록 기도하시는 등 모든 기도의 시간에 하나님께 드려진 기도들의 내용을 집약하고 농축하신 셈이다.

다만 차이가 있다면 그러한 기본적인 틀에 보태어 당신은 죄 없는 그리스도이시고 우리는 그리스도이신 당신의 십자가 사역을 통하여 구원받아야 할 죄인이라는 사실을 감안하셨을 뿐이다. 즉 십자가에서 세상을 향한 자기의 죽음을 인정함으로써 예수님과 연합한 상태의 사람이 당신처럼 하나님을 아버지로 관계하면서 드릴 수 있는 기도를 가르쳐 주신 것이다.

주의 기도는 이처럼 예수님의 그토록 많은 기도 시간을 채우던 풍성한 내용을 집약해 놓은 것이기에 그냥 기도 문구를 외워 줄줄이 따라 하면서 단번에 드리는 기도가 아니다. 각각의 어절마다 담긴 의미를 염두에 두고 곱씹으면서 하는 기도이다. 각 어절의 핵심적인 의미를 잘 파악하고 고수할 수만 있다면 그에 기반하여 실제 각 개인의 삶에 적용하여 응용하며 기도할 수 있는 여지가 무궁무진하다.

예수님께서 문자로 지정하여 주신 어절들은 각각의 어절이 담고 있는 응용 가능성 전체를 보자면 핵심적인 틀에 불과하며, 그 어절을 응용해서 할 수 있는 기도 내용 전체에 비하면 빙산의 일각에 지나지 않는다. 골방에 들어가 시간을 들여 이런 의미를 나 자신의 특수성에 적용하면서 곱씹으며 침잠하는 과정 자체가 이미 하늘에 계신 아버지 하나님을 향한 간절한 사랑이 될 수 있는 그런 기도이다.

주의 기도는 이처럼 글귀를 외우는 기도가 아니라 글귀에 담겨 있는 의미를 곱씹으며 자신의 특수성에 적용하며 드리는 기도이다. 결국 이러한 과정을 통해서 얻어지는 결과가 무엇인가? 죄와 저주에 찌든 언어 체계를 버리고 삶의 현장에서 하나님과의 소통이 실시간으로 가능한 언어의 체계를 우리가 습득하게 되는 일이다.

그러기 위해서는 먼저 각 구절의 의미를 우리 각자가 다양한 처지에 오류 없이 적용할 수 있을 정도로 충분히 올바로 이해함이 절대적으로 필요하다. 우리는 이제부터 주기도 각각의 어절들을 살펴봄으로써 각 구절 속에서 하나님의 언어와 소통할 수 있는 언어 체계로 이루어진 풍성한 내용과 의미들을 극히 일부나마 접하려고 한다.

V. 하늘에 계시는 우리 아버지

하늘에 계신 아버지를 만날 장소는 오직 하늘이다

　우리는 육의 몸을 입은 상태에서 땅에 있고, 영이시고 빛이신 하나님 아버지는 하늘에 계신다. 물론 창조주요 주권자이신 아버지의 눈길과 손길이 닿지 않는 곳은 이 무한한 우주 안 어디에도 없다. 그러나 우리가 기도하며 불러야 하는 아버지가 '하늘에 계신다'라는 어절은 하나님을 만나는 장소를 특정하여 명시하는 것이다.

　영이시고 만물의 창조주요 만사의 주권자이신 하나님을 인격적으로 내 마음이 실제로 만날 수 있는 곳이 바로 '하늘' 즉 보좌가 놓인 천국이라는 사실을 이 주기도의 첫 번째 어절에서 아주 명백하게 규정한다. 만남이 실제가 될 수 있어야 관계가 시작할 수 있지 않겠는가? 세상 모든 종교의 종교인들이 그러하듯 그냥 내가 급한 김에 초월적인 도움이 필요해서 종교가 만들어 낸 신을 호출하듯 하나님의 이름을 불러서는 안 된다. 하나님의 이름을 입으로 불렀으면 실제로 내 마음이 하나님을 만날 수 있는 곳으로 갈 준비가 된 상태여야 한다.

　그런데 하나님과의 만남은 하늘에서만 가능하다. 하늘에 계신 분이시기 때문이다. 사람이 인격적으로 마주하고 상대하기 위해서는 창조주 하나님을 아버지로서 만나야만 한다. 그런데 그렇게 하나님을 내 아버지로 관계하면서 만날 수 있는 장소는 창조주로서, 주권자로서 뻗으시는 손길과 눈길이 미치는 이 세상 안에선 그 어디에도 없다. 천국 보좌에 앉으셔서 하나님은 내 마음이 올라오기를 기다리신다. 이 기다리심이 역사하여 만들어 놓으신 길이 바로 예수님이 그리스도로서 이루신 연쇄 과정의 길이다. 십자가에서 죽고 부활 승천 하여 보좌 우편에 이르심으로써 예수님은 우리 마음이 아버지 하나님을 만나러 하늘로 올라갈 수 있는 유일한 하늘 길을 만들어 놓으신 것이다.

그러므로 일단 하나님을 아버지라고 부르는 사람이라면 잊지 말아야 한다. 아버지와 아들의 관계가 실제로 이루어지기 위해서는 하나님을 '아버지!'라고 부르는 순간에 마음이 이미 그리스도 연쇄 과정을 통해 하늘로 올라가 있거나, 아니면 아버지라고 부르면서라도 하늘로 올라가야만 한다.

사실 하나님은 내 마음이 어디에 있더라도 나를 만나 주실 수 있다. 그런데도 이런 가능성을 스스로 차단하시고 나와의 만남을 굳이 하늘로만 정하시고 고수하시는 것은 철저히 의도적이시다.

왜 그러실까? 내 마음이 하나님을 만날 때면 마음 안에서 하나님이 첫 번째이자 유일한 대상이 되기를 원하시기 때문이다. 하나님은 하나님만이 안으로 들어가실 수 없는 상태의 마음, 즉 이미 무엇인가 다른 대상이 마음 안에 들어와 있는 그런 상태의 사람과는 실제로 만나서 관계를 시작하실 수가 없다.

이 땅에서 우리는 얼마든지 마음에 온갖 대상을 동시에 담고 있으면서 온갖 사람을 만나고 관계할 수 있다. 물론 그런 다양한 인간관계 중에서도 우선순위가 있지만 말이다. 그러나 하나님 아버지는 내가 맺는 다양한 관계의 대상 중에서 어느 하나가 될 수 없다. 하나님은 내가 마음으로 맺는 처음 관계의 대상이시면서 동시에 마지막 관계의 대상이기를 원하신다. 하나님은 내 평생에 유일한 '너'이시고 유일한 '당신'이시다.

　마음과 뜻과 힘을 다하여 하나님을 사랑하라는 말씀의 의미가 무엇인가? 간단하고 명확하다. 마음과 뜻과 힘을 다른 대상을 향해서는 조금도 쓰지 말라는 뜻이다. 즉 마음과 뜻과 힘을 다 쓸 유일한 대상으로 하나님만을 '너'로 '당신'으로 상대하라는 뜻이다.

　그리고 이럴 때 정말 중요한 사실이 있다. 내가 나와 관계된 이 세상 모든 대상을 등져도 되는 이유는 하나님의 마음과 뜻과 힘이 이 세상 모든 대상을 향하여 24시간 향하고 있기 때문이라는 것이다.

　그러므로 예수님이 우리가 주의 기도를 시작하면서 "하늘에 계시는 우리 아버지"라고 부르도록 가르치신 이유는 분명하다. 이렇게 내 평생에 유일한 '너'이시고 '당신'이신 하나님 아버지를 내 마음이 실제로 만날 수 있는 장소로서 하늘, 즉 천국을 유일하게 지정하신 의도가 분명하다는 뜻이다.

　내 마음이 이 세상에서 동시에 온갖 대상을 담고 있는 채로 하나님을 찾고 부르는 사태를 피하려 하심이다. 왜냐면 그럴 때 하나님은 우리가 평생 하나님의 이름을 불러도 단 한 번도 우리 마음을 실제로 만나 주지 않으실 것이기 때문이다. 단 한 번도 하나님이 그 부름에 응답하지 않으실 것이 분명하기 때문이다. 그래서 아예 내 마음이 이 세상을 떠나도록 하시기 위하여 "하늘에 계시는"이라는 어절을 통해 만남의 위치를 확정하셨다. 하여간 이 세상에서 육체의 몸이 있어 관계하게 된 대상이 사람이든 사물이든 일이든 사건이든 단 하나라도 마음 안에 미리 담고 있는 채로는 절대로 하나님을 아버지로 만나 관계할 수 없음을 명명백백히 천명하신 것이다.

세상 모든 대상은 사람이든 사물이든 사건이든 모조리 다 하나님을 마음에 먼저 담고 상대하여야만 하는 것들이다. 이런 것들이 하나님보다 더 먼저 내 마음 안으로 들어와 있으면 절대로 하나님을 만날 수 없다. 하나님을 먼저 만나서 마음 안에 모신 채로 이 세상 모든 대상을 접촉하여야 순서가 맞다. 예를 들면 땅에 있는 가족을 먼저 마음에 담고 그 상태로 하나님을 만나려 하지 말고, 하늘에 계시는 하나님을 먼저 마음에 담고 그 상태로 땅에 있는 가족을 만나라는 뜻이 들어 있다.

애초에 마음은 공백으로 되어 있어서 하나님만을 유일하게 담을 수 있도록 지음을 받았다. 우리 마음의 본래 지정된 주인은 하나님 한 분뿐이다. 이 마음의 공백에 채움의 만족과 기쁨을 위하여 하나님 이외의 대상을 담게 되면 그 상태가 바로 간음이고 더러움이다. 청결은 무엇인가? 청결은 있어야 할 것이 있어야 할 곳에 놓인 상태이다. 불결함이 무엇인가? 있어야 할 것이 없어야 할 곳에 놓인 상태이다. 사람의 마음은 하나님만의 자리이다. 그런데 그 마음에 이 세상 대상들이 들어와 있음은 있어야 할 것이 없어야 할 곳에 놓여 있는 불결함의 상태이다.

예수님은 말씀하신다.

"마음이 청결한 자는 복이 있나니 그들이 하나님을 볼 것임이요"(마 5:8)

마음이 하나님을 보려면 아무것도 들어와 있지 않은 청결함의 상태를 유지하여야 한다. 이렇게 하나님을 봄이 만남을 의미하기도 한다.

또한 야고보 장로님도 같은 의미를 말씀하신다.

"간음한 여인들아 세상과 벗된 것이 하나님과 원수 됨을 알지 못하느냐 그런즉 누구든지 세상과 벗이 되고자 하는 자는 스스로 하나님과 원

수 되는 것이니라"(약 4:4)

여기서 야고보 장로님의 질책이 담긴 "간음한 여인들"이라는 말은 육체적으로 간음한 여성을 가리킴이 아니라, 하나님 앞에서 영적인 순결을 지키지 못하는 모든 선민을 향한 부름이다. 마음이 하나님을 멀리하고 세상에 있는 대상을 가까이하면 그것이 바로 불결함이고 영적인 간음이며 하나님과 원수 되는 것이다.

또한 사도 베드로는 다음과 같이 말씀하신다.
"만일 그들이 우리 주 되신 구주 예수 그리스도를 앎으로 세상의 더러움을 피한 후에 다시 그 중에 얽매이고 지면 그 나중 형편이 처음보다 더 심하리니 의의 도를 안 후에 받은 거룩한 명령을 저버리는 것보다 알지 못하는 것이 도리어 그들에게 나으니라 참된 속담에 이르기를 개가 그 토하였던 것에 돌아가고 돼지가 씻었다가 더러운 구덩이에 도로 누웠다 하는 말이 그들에게 응하였도다"(벧후 2:20-22)

예수님을 믿음으로써 하나님을 아버지라 부르는 사람이 마음에 이 세상을 대상으로 담거나 붙잡으면, 개가 토한 것을 먹는 것이고 돼지가 다시 구덩이에 눕는 것이라는 뜻이다. 즉 세상을 마음 안에 담거나 붙잡는 것 자체가 있어야 할 것이 없어야 할 곳에 놓임으로써 '세상의 더러움'에 오염됨이다. 그런데 이렇게 하나님이 아니라 세상에 있는 대상들이 좋아서 마음에 담거나 붙잡고 더러움에 빠지는 것이 바로 죄 속에 태어나 저주에 찌들어 버린 인격의 가장 우선적인 특징이기도 하다.

사정이 이렇기에 기도를 드릴 때 하나님의 이름을 부르는 한, 그 마음이 하나님 아버지가 계시는 하늘로 가야 함은 믿는 자들에게는 필연이고 운명이다. 왜냐면 앞에서 하지 말아야 할 기도로서 위선자의 기도와 이방인의 기도를 예로 들어 주셨듯이, 이 땅에 마음이 머물러 있는 한에는 이런 두 가지 기도를 드리지 않을 수가 없다. 이 두 가지 기도의 함정에 빠지게 하는 이 세상 더러움을 피할 길이 없기 때문이다.

그러면 이처럼 절대로 하지 말아야 할 두 가지 기도를 실제로 하지 않기 위해서 가장 먼저 필요한 일이 무엇인가? 그렇다. 기도를 시작할 때 가장 먼저 일어나야 할 일은 바로 십자가에서의 죽음이다. 즉 생활 현장을 사는 동안 나도 모르는 사이에 세상 대상들을 담게 된 내 마음이 십자가를 바라보면서 예수님과 함께 죽어야 한다. 이렇게 세상에 대해서 내 마음이 죽음으로써만 비로소 우리 마음은 하늘로 가는 길에 들어설 수 있게 된다.

어떻게 하든지 마음은 이 세상을 마치 도망치듯 빠져나가 하늘로 가야 한다. 세상에 있는 대상은 마음에 한 조각도 담지 않고 또한 한 오라기라도 걸침이 없을 정도로 십자가에서 죽음을 거쳐서 깨끗이 벗어 버려야 한다. 그래서 십자가 죽음에 이어 부활하신 예수님과 함께 승천을 거쳐 하늘 보좌 우편으로 가야만 한다.

하나님의 이름을 부르면서 하는 기도가 위선자의 기도와 이방인의 기도에 빠지면 안 된다. 이런 기도의 위험을 피하는 길은 십자가에서 예수님과 함께 이 세상에 대하여 죽는 것 말고는 없다. 그런데 이 십자가 죽음이, 우리 마음이 세상을 떠나 부활 승천으로 이어지는 과정을 통과하여 천국 보좌 우편까지 도달하게 되는 하늘 길의 유일한 입구이다.

삶의 문제는 끌어안는 대신
등진 채 하늘에 계시는 아버지께 도망쳐라

　우리는 기도할 때 이 세상 삶의 문제나 염려거리들을 어떻게 처리하는가? 흔히들 그런 것들을 다 하나님 앞에 가지고 나와 아뢰어야만 한다고들 말한다. 그러나 이런 생각이 얼마나 영적으로 무지한 것인지를 아는 사람이 드물다. 정말 이렇게 하니까 기도하는 내내 이 세상 문제에 마음이 사로잡혀 끝내 하늘로 가지 못하고 땅에 머물고 만다. 마음에 이 땅의 염려거리들을 담고 있는 한 절대로 안 되는 일이 있다. 바로 내 마음이 하늘로 올라가서 그곳에 계신 하나님 아버지를 실제 만나는 일이다. 마음에 세상 염려를 담는 한 이 만남은 결단코 일어나지 않는다. 그냥 이런 기도는 결국 불교 사찰에서 어린 동자승이 피곤하여 졸면서 하는 '공염불'과 다를 바 없다.

　삶의 문제나 염려거리들을 마음이 끌어안고 있는 상태로 기도한다는 것은 앞에서 보았던 야고보서의 말씀대로 세상을 가까이하여 안에 담음으로써 마음이 이미 한없이 더러워진 상태로 영적인 간음을 하는 것이고, 그럼으로써 실제로는 하나님을 원수로 돌린 상태이다. 또한 사도 베드로의 말씀대로 개가 그 토하였던 것에 돌아가고 돼지가 씻었다가 더러운 구덩이에 도로 눕는 것이다. 이런 너무나 기초적인 영적인 이치를 전혀 모르는 무지한 사람들이 정말 너무나 끔찍하고 섬뜩한 말을 서슴없이 해 댄다. 삶의 문제와 염려거리들을 하나님께 가지고 나오라는 말처럼 무지하고 어리석고 또한 이중 삼중으로 악하고 섬뜩한 말이 어디 있겠나?

　하나님은 내가 어디에서 어떤 문제에 부딪히고 있는지 어떤 곤란한 처지에 놓였든지 내 삶의 문제를 내가 굳이 하나님의 이름을 부르면서

까지 가지고 나가지 않아도 이미 다 알고 계신다는 사실이 정말로 안 믿어진다는 말인가? 내가 내 문제를 아무리 잊어버려도 하나님은 절대로 내 삶의 문제를 잊지 않으신다는 사실이 안 믿어지냐는 말씀이다.

마음이 무조건 삶의 문제를 등지고 하늘로 아버지를 부르면서 도망가야 하는 이유를 비유로 이야기해 보자.

아직 대한민국 백성들의 전체적인 삶의 형편이 어렵던 어린 시절이다. 집이 서울에 있던 까닭에 시골에서 어려운 형편에 놓였던 집안의 딸들이 식모라는 이름으로 올라와 함께 머물던 때가 있었다. 우리 집 식모 누나 역사에서 제1호 누나와 관련된 이야기이다. 여기서는 이름을 '다순'이라고 부르자. 요즘처럼 즐비하게 늘어선 아파트가 없던 시절 당시 서울 서대문구 연희동 모래내에 집이 있었다. 그야말로 모래가 바닥의 주성분인 한 길가를 중심으로 대부분 마당이 있는 단독 주택만으로 이루어진 동네에 이 집 저 집 개들이 많았다. 어려서부터 개를 좋아하지 않았던 터라 오가며 눈에 개만 보이면 괜히 심술을 부리곤 하였다. 심지어는 남의 집 담 안에 매여 있는 개에게도 주인이 안 보는 틈을 타서 작은 돌을 던지곤 했던 기억이 난다. 그러던 어느 날 무심코 늘 하던 대로 길바닥에서 작은 돌을 들어 개에게 던졌는데 완전히 예상이 뒤집혔다. 대부분 다른 개들처럼 줄에 매여 있는 채로 깨갱거리며 피하는 대신에 사납게 짖어 대더니 나를 향하여 돌진한다. 개의 목에 줄이 매여 있지 않았음을 전혀 눈치채지 못하였다. 순간 온몸에 소름이 돋은 채로 사력을 다해 집으로 도망치기 시작했다. 그때 내 입에서 반복하여 소리치며 부른 외마디 이름이 아버지도 엄마도 아니고 두 명씩이나 있는 형들도 아니고 바로 우리 다순이 식모 누나였다. 크게 이름을 부르면서 사력을 다해 집으로 달려가는데 정말 순식간에 다순이 누나가 부지깽이와 빨랫방망이를 들고나와 내 뒤를 쫓아 달려오는 개를 향하여 소리치며 돌진한다. 부지깽이와 빨랫방망이를 양손에 들고 휘둘러 대는 모습이 하도 광폭해서였을까? 이번에는 개가 방향을 틀어 있는 힘을 다해 도망을 갔다. 나는 이 순간의 다순이 누나를 지금까지도 잊지 못하고 있고 앞으로도 그럴 것이다.

그렇다 내 마음에 대해서 세상에서 만나는 모든 삶의 문제들과 염려 거리들은 정말 사나운 개와 같다. 오죽했으면 사도 베드로는 "우는 사자"처럼 마귀가 삼킬 자를 찾는다고 하셨을까? 마음이 세상 삶에서 일어나는 문제를 고스란히 담고 있으면 영적으로 간음하는 것으로써 하나님과 원수가 되는 것이며, 또한 그것은 사나운 개에게 물린 것이고, 우는 사자 같은 마귀에게 삼킴을 당한 것이며, 결국 개가 토한 것을 다시 먹는 것이고, 돼지가 씻었다가 도로 구덩이에 들어가 눕는 것이다.

하나님 앞에 이 세상 문제를 안고 나온다는 것은 마치 내가 나를 향해 사나운 이빨을 드러내며 달려오는 개를 두 팔 벌려 가슴에 껴안고서 달려가면서 다순이 누나에게 살려 달라고 하는 것과 같다. 정말 그런다면 내 가슴에 안긴 개는 얼마나 마음 편하게 나를 물어뜯겠는가?

그렇다. 모든 생활 현장에서 내 마음에 생기는 염려와 근심은 내 마음이 흘리는 피다. 즉 이처럼 사나운 개와 같은 이 세상 삶의 문제를 내가 껴안아서 너무 편안하게 아무런 방해 받음이 없이 내 마음을 물어뜯고 있음으로써 흘리는 피이다. 그런데 그런 삶의 문제를 안고 하나님께 나오라는 말은 저 무섭고 위험한 상황에서 내가 그런 사나운 개를 가슴에 끌어안은 채 사정없이 물어뜯기면서 다순이 누나를 찾았어야만 했다는 말과 같다.

이런 이치를 생각하면 세상 문제나 염려거리를 안고 하나님께 나와 기도한다는 것은 정말 내가 나의 마음에 가하는 가장 혹독한 만행이고 테러이다. 기도하는 내내 그런 세상 문제의 사나운 개가 날카로운 이빨로 내 마음을 질경질경 물어뜯도록 정성을 다해 진상하는 것이다. 이렇게 삶의 문제가 내 마음을 물어뜯어서 생기는 아픔이 내 마음에는 지독한 염려와 걱정과 근심과 불안으로 작용한다. 평강이 아닌 마음의 상태 즉 삶의 문제로 인해 생기는 걱정 근심 염려 불안 등은 그런 사나운 개와도 같은 삶의 문제가 으르렁거리며 드러내는 날카로운 이빨에 물리고 찢겨서 흘리는 마음의 피라는 사실을 잊지 말자. 그런데 정말 이상하다. 사람들은 이렇게 마음이 물리고 찢겨 피를 흘리면서 걱정 근심 염려 불안이 생기면 생길수록 그 문제를 더더욱 강하게 마음으로 끌어안는다. 사나운 개가 자기 가슴에 안겨서 자기를 물어뜯어 찢김이 심하고 상처가 깊을수록 사람들은 그 사나운 개인 삶의 문제를 더더욱 강하게 끌어안고 씨름한다.

더 이상 그러지 말자. 세상에서 염려하여 불안하고 걱정에 사로잡힐 만큼 크고 작은 문제가 생기면 다순이 누나 같은 하늘의 아버지를 부르면서 그 문제를 등 뒤로 돌려라. 그러고는 혹시 내 마음이 그 생활 문제의 사나운 이빨에 걸려들어 물릴세라 죽어라 도망쳐서 친아버지 계시는 하늘로 가야 한다.

이런 너무나도 자명한 이치를 거스르며 삶의 문제를 안고 하나님에게로 나와 기도하라는 말이 도대체 무슨 말이냐? 하나님을 아버지로 부른다면 모든 삶의 문제는 사나운 개로 여겨 마음으로 끌어안는 대신 등 지고 줄행랑을 쳐서 하나님 친아버지가 계시는 하늘로 올라가야 한다.

결국 그토록 사나운 개를 상대하는 주체는 다순이 누나지 내가 아니다. 다순이 누나가 한 손에 부지깽이 들고 다른 한 손에는 빨랫방망이 든 채 휘두르면서 나를 물려고 달려드는 사나운 개를 향해 돌진한다. 그렇듯이 내가 하늘의 하나님을 부르면서 마음으로 영원한 나의 집인 하늘로 줄행랑을 치기만 하면 나를 물려고 달려드는 모든 세상 삶의 문제는 하나님의 부지깽이와 빨랫방망이를 맞닥뜨리게 된다. 하나님 우리 아버지의 참새 한 마리가 땅에 떨어짐도 주관하시는 주권의 부지깽이와 빨랫방망이를 피할 수 있는 삶의 문제는 내가 사는 평생에 단 한 건도 있을 수가 없다.

거듭 말하거니와 이 세상 안에서 내게 발생하는 모든 삶의 문제는 사나운 개요 우는 사자이다. 내가 스스로 마음 안에 끌어안고 해결하려 씨름하지 말고 무조건 등지고 도망쳐라. 제발 발버둥 쳐서라도 있는 힘을 다해 도망쳐라. 그것이 사나운 개와 우는 사자를 만났을 때 제정신인 사람이면 마땅히 할 일이 아닌가? 반드시 마음의 한 자락이라도 잡히지 말고 하늘 아버지 계시는 하늘로 도망쳐야만 한다. 도망치지 않고 끌어안으면 세상 문제는 사나운 개가 되고 입 벌린 사자가 되어서 아주 허락받은 강도처럼 내 마음을 질겅질겅 씹어 댈 것이다. 그렇게 이 세상 삶의 문제로 내 마음이 물리고 씹히고 찢기는 상황이 바로 이 세상 문제로 인해 내 마음이 겪는 괴로움이고 고통이고 인생에서 겪게 되는 모든 난관의 실체임을 절대로 잊어서는 안 된다.

이렇게 땅에서 겪는 삶의 고통은 하늘에 친아버지가 계시지 않는 사람들에게는 절대로 피할 수 없는 운명이다. 창조주요 주권자이신 하나님을 아버지로 관계하지 않는 한, 그래서 평생의 삶이 하나님 아버지의 주권하에 있음을 모르는 한 모든 사람은 어차피 삶의 문제인 개와 사자의 이빨에 자기 마음을 진상(進上)할 수밖에 없다. 왜냐면 그들은 삶의 문제를 자기 스스로 끌어안는 것 이외에 다른 길을 모르기 때문이다. 그러나 우리는 만물의 창조주요 만사의 주권자이신 하나님이 친아버지이시다. 하늘이라 부르는 천국이 진짜 내 집이며 마음 둘 곳이다.

그리고 너무나 좋고 결정적인 사실은 예수님이 하늘 길을 만들어 놓으셨다는 사실이다. 내 마음이 이렇게 사나운 개와 같고 우는 사자와 같은 삶의 문제를 만날 때면 언제나 아버지가 계시는 하늘로 조금도 지체함 없이 달려 올라갈 수 있도록 길을 내셨다. 예수님이 내신 이 길 덕분에 만물의 창조주요 만사의 주권자이신 하나님이 나의 친아버지로서 계시는 영원한 나의 집인 천국은 이제 일일생활권에 속한다. 아니다, 천국은 순간 생활권에 속한다.

이 세상에서 몸으로 어떤 가까운 곳을 가는 것보다, 안방에서 거실로 나가는 시간보다 더 짧은 시간에 도달할 수 있는 곳이 천국이 되었다. 서울에 있는 연희동 동네 길을 걷다가 필요하면 언제든지 잠깐 달려 다순이 누나가 있던 집으로 뛰어 들어갈 수 있었듯이 그렇게 천국은 이제 언제든지 내 마음이 예수님 따라서 뛰어가면 순식간에 도달할 수 있는 하늘 아버지 계시는 내 집이 되었다.

그래서 우리는 기도를 시작할 때면 처음부터 당면한 문제를 보려 하지 말고 우선 예수님의 십자가를 바라보아야 한다. 이렇게 해서 예수님과 함께 삶에 대해서 죽었음을 인정하는 과정을 통해서 우리는 이렇게 사나운 개 같고 우는 사자 같은 삶의 모든 문제에 사로잡힌 마음을 죽이고, 그럼으로써 그런 문제를 끌어안는 대신 완전히 등져야 한다. 그리고 부활 승천 하신 예수님과 함께 우리의 친아버지가 계시는 하늘로 내 마음이 달려 올라가야만 한다.

또한 이렇게 함으로써 우리는 세상 사람들이 좋아하는 가치를 하나님의 이름을 부르면서도 똑같이 좋아하는 위선적인 나를 십자가에서 죽이고, 세상에서의 인생과 삶의 문제를 이방인들처럼 스스로 책임지는 주체가 되려는 나를 십자가에서 죽인다. 그러므로 십자가를 생활화하는 한 이 세상에서 벌어지고 있는 내 삶의 문제를 내가 스스로 마음으로 끌어안을 일이란 생길 수가 없다. 왜냐면 십자가에서 내 죽음을 확인할 때마다 우리 마음은 곧바로 이어지는 부활과 승천과 보좌 우편에 이르는 그리스도 연쇄 과정의 하늘 길 안에 발을 들여놓는 것이 되기 때문이다. 이렇게 발을 들여놓고는 내쳐 달려 줄행랑을 치듯이 예수님을 따라서 세상 문제를 등지고 하늘로 가야만 한다.

알고 있는가? 십자가 죽음을 통해서 세상 문제를 등지고 예수님 따라 하늘에 계신 아버지께로 올라감이 모든 세상 문제의 '마스터키'라는 사실을 말이다. 이 세상에서 내 마음을 물어뜯어 걱정과 근심과 불안의 피를 흘리게 하는 모든 관계와 모든 문제와 모든 과제를 예수님의 십자가를 통해 죽음으로써 모조리 다 그 자리에 고스란히 놔두어라. 그리고 내 마음은 친아버지가 계시는 하늘로 올라가야 한다. 그러면 삶에서 문제를 만난 상태에서 그 문제에 대해서 내가 할 수 있는 한 최고로 잘한 것이다.

이렇게 삶의 문제를 최고로 잘 대처하고서야 비로소 우리는 예수님이 가르쳐 주신 주의 기도를 본격적으로 시작할 수 있게 된다. 주의 기도는 이처럼 마음이 그리스도 연쇄 과정 속 예수님을 따라서 모든 삶의 문제를 등지고 이 세상을 빠져나가 하늘 보좌 우편에 이르러 머문 상태에서 비로소 하나님을 직면하여 드리는 기도이다.

"하늘에 계시는 우리 아버지" 이 어절을 입으로 말하면서 우리는 이 어절 속에 담긴 이런 의미를 곱씹으며 내 마음이 아버지 계시는 하늘 보좌 우편에 이르렀는지 의식을 켜고 살펴보아야 한다. 그래서 실제로 내 마음이 십자가 예수님과 함께 세상에 대해 죽음으로써 문제와 변수가 끊이지 않고 수많은 과제가 부담으로 짓누르고 걱정 근심거리가 쌓여만 가는 이 세상을 떠나서 아버지 계시는 나의 영원한 집인 하늘로 올라왔음을 확인하여야 한다.

소돔성을 나올 때 사실 얼마나 뒤가 궁금했겠는가? 뒤를 돌아보다 소금 기둥이 된 롯의 처와 같은 실수를 되풀이하면 안 된다는 것을 알지만 나라도 그렇게 했을 것 같다. 뒷골이 땅기는데 어떻게 안 돌아볼 수 있겠는가? 그러나 결국 이런 사람은 바보다. 왜냐면 우리 친아버지 하나님이 주권자이시기 때문이다.

어차피 하늘에 계시는 우리 친아버지의 시선과 주권적인 손길이 미치지 않는 내 삶의 영역과 문제와 과제는 없다. 우리가 이방인인가? 이런 하늘 아버지와 관련된 엄연한 사실을 속으로 굳이 안 믿겠다고 이를 악물며 결심했다면 모를까, 우리의 하늘에 계시는 친아버지는 나의 머리털까지도 다 세시면서 내 삶을 주관하신다.

반면에 눈에 보이고 귀에 들리고 손으로 만질 수 있는 삶의 문제를 통해서 마귀는 내 마음을 사냥하듯이 포획하여 물고 찢으려고 한다. 그럼으로써 평강과 감사를 깨고 걱정 근심 염려 불안 등 마음의 피를 흘리게 하면서 결국 아버지의 주권적인 모든 계획을 내가 나서서 방해하도록 선동하며 내 삶을 망치려고 한다. 이런 모든 사나운 개와 우는 사자 같은 이 세상 모든 문제를 뒤로하고 양손에 부지깽이와 빨랫방망이를 든 주권자 하나님 아버지를 부르며 하늘로 도망가자. 세상 문제에 마음이 붙잡힐세라 줄행랑을 쳐야 한다. 그러면 저절로 사나운 개가 다순이 누나를 맞닥뜨리게 되듯이 내 삶의 모든 문제는 만물의 조물주이시며 만사의 주권자이신 나의 친아버지를 맞닥뜨리게 된다. 제발 마음 놓고 내팽개치듯 하고 하늘로 도망쳐라.

주의 기도 시작 부분의 예

우선 이제까지의 내용을 다 정리하여 실제 기도하기의 예를 한 번 들어 보자.

'하늘에 계시는 우리 아버지! 이 땅에 저를 위해 보내 주셔서 십자가에 못 박히신 예수님을 바라봅니다. 십자가에서 죽은 예수님과 함께 위선적인 체질과 이방인 같은 체질에 찌든 내가 죽게 하여 주시옵소서! 여전히 틈만 나면 이 세상 사람들이 공개적으로 합의하고 공감하는 좋음과 가치를 저도 똑같이 소원하고 있습니다. 또한 저도 모르는 사이에 이방인처럼 인생과 삶의 문제를 항상 스스로 책임지려는 죄와 저주에 찌든 주체성이 나타납니다.

이런 내가 예수님의 십자가에서 온전히 죽게 하여 주시옵소서! 그리하여 제 마음이 예수님을 따라서 세상으로부터 탈출하여 부활과 승천의 과정을 통해 아버지 계시는 하늘 보좌 우편까지 올라가게 하여 주시옵소서. 이 땅에 있는 모든 바람직한 좋음에 대해 죽게 하여 주시옵고,

또한 내가 책임지려는 모든 관계 모든 문제 모든 일과 과제와 사건에 대해서 십자가에서 죽게 하여 주시옵소서. 그리하여 오직 마음만은 예수님 안에서 하늘 아버지 우편으로 가게 하여 주시옵소서!'

주의 기도의 시작 부분은 결국은 이런 내용의 기도여야 한다. 물론 단어와 표현 방식은 기도를 드리는 사람에 따라 여러 가지로 나타날 수도 있다. 그러나 이렇게 예수님의 십자가를 먼저 바라봄으로써 죄와 저주에 찌든 누구에게라도 공통인 위선적이고 이방인 같은 성향을 예수님과 함께 십자가에 못 박아 죽임 없이 주의 기도는 올바르게 시작할 수가 없다.

주의 기도는 당신이 이제 곧 이루실 십자가를 생활화할 제자들을 위하여 가르쳐 주신 기도임을 잊지 말자. 이렇게 십자가로 시작한 후에여야 우리는 그다음 어절로 주의 기도를 이어 갈 수 있다.

그래서 주의 기도는 십자가를 생활화하면서 드릴 수 있는 유일한 기도이다.

동시에 주의 기도는 십자가를 생활화하여만 드릴 수 있는 유일한 기도이기도 하다.

VI. 아버지의 이름이 거룩히 여김을 받으시옵소서

아버지의 이름은 내 안에서 거룩히 여김을 받아야 한다

아버지는 하늘에 계신다. 그러므로 우리 마음은 주의 기도 시작 부분에서 이미 십자가 죽음으로 시작하는 예수님의 그리스도 연쇄 과정을 따라서 땅을 떠나 하늘로 올라와 있어야만 한다. 그래야 입으로는 하나님의 이름을 부르면서도 마음으로는 피조물을 좋아하는 죄악 된 체질적인 위선과, 하나님을 아버지라고 부르면서도 마음 상태는 아버지가 없는 이방인이라도 된 듯이 이 땅의 삶을 스스로 책임지려는 저주받은 주체성의 습관을 무력화할 수가 있다.

그러면 궁금하다. 하나님 아버지는 독생자 예수님에게는 태초 이전부터 충만한 기쁨(요 17:13)의 유일한 이유이시다. 그리고 예수님은 스스로 아무것도 하지 않으시고 오로지 하늘 아버지가 가르쳐 주시는 그대로만 말하고 행동하셨다(요 5:19).

그런데 왜 우리는 사도 바울의 말씀처럼(롬 1:25) 그런 유일한 기쁨 되시는 창조주 하나님을 아버지라고 입술로 부르면서도 실제로 마음으로는 피조물인 다른 대상을 더 좋아할까? 또한 우리는 왜 참새 한 마리 땅에 떨어짐도 주장하시는 창조주요 주권자이신 하나님을 아버지라고 입술로 부르면서도, 이 땅에서의 삶을 내가 스스로 책임지려는 인격적인 체질을 벗어나지 못하는 것일까?

그 이유는 우리의 입술과 마음이 따로 놀기 때문이다. 입술로 하늘에 계시는 아버지의 이름을 부르고는 있지만, 그렇게 쉽게 불러대는 아버지의 이름에 대해서 내 마음은 전혀 마땅한 태도를 유지하지 못하고 있기 때문이다. 나는 죄와 저주와 더러움에 찌든 한낱 미물에 불과한 피조물이다. 그런 인간이 창조주이시며, 주권자이신 하나님을 나의 친아버지로서 관계하기 위하여 제일 먼저 가져야 하는 태도는 바로 입술에 담게 되는 하나님의 이름에 대한 태도이다. 하나님의 이름에 대한 태도가 올발라야 이제부터 비로소 그 이름이 가리키는 존재와 실제로 관계가 시작될 수 있다. 이렇게 실제로 하나님 아버지를 관계할 수 있게 하는 아버지 하나님의 이름에 대한 내 마음의 올바른 태도가 바로 아버지 하나님의 이름이 내 마음에서 거룩히 여김을 받는 상태이다.

아버지 하나님의 이름이 내 마음에서 거룩히 여김을 받을 수 없다면 실제로 아예 하나님과의 부자(父子) 관계는 시작도 될 수 없다. 이름이 내 마음에서 거룩히 여김을 받지 못하고 있는 상태에서는 제아무리 하나님을 아버지라고 수없이 불러 대고, 기독교 종교인으로서 별의별 종교적 요구를 지극정성으로 행하며 각종 헌신과 봉사를 모두 행하여도 하나님과의 실제적인 관계는 시작조차 되지 않는다. 아니다. 하나님과 실제로 관계하기는커녕 아예 만남 자체가 일어날 수가 없다. 하나님의 이름이 거룩히 여김을 받지 못하고 있는 마음 상태로 하나님을 믿는다고 생각하는 것은 하나님을 살아 있지도 않은 종교의 신으로 전락시키는 것이고 죽은 우상으로 취급하는 것이며, 그 이름을 부르면 부를수록 망령된 일컬음만 쌓여 가는 것이다.

예수님을 영접하여서 얻게 되는 "자녀가 되는 권세"(요 1:12)는 하나님 아버지의 이름이 내 안에서 거룩히 여김을 받음으로써만 비로소 실제로 효력을 발생한다. 예수님을 믿는다는 것은 하늘에 계시는 하나님 아버지의 이름이 내 마음 안에서 거룩히 여김을 받게 되었음을 의미한다. 예수님을 믿는가? 그러면 지금 예수님을 믿는 내 마음 안에서는 하나님 아버지의 이름이 거룩히 여김을 받고 있어야만 한다. 다시 말하자면 내가 예수님을 믿음은 십자가에서 못 박혀 죽은 그리스도에게 나를 오버랩하여 동일시하는 것이다. 그런데 이렇게 십자가에 못 박히신 예수님을 나와 동일시함으로써 믿는 가장 우선적인 목적이 내 마음 안에서 하나님의 이름이 거룩히 여김을 받기 위함이다.

그러므로 아버지의 이름이 거룩히 여김을 받으시라는 간구는 그 의미를 좀 더 보충하자면 다음과 같다.

'하늘에 계시는 우리 아버지! 저는 예수님과 함께 십자가에서 세상에 대해서 죽은 자입니다. 그러므로 이제 아버지의 이름이 제 마음 안에서 온전하게 거룩히 여김을 받으시옵소서!'

그러면 도대체 하늘 아버지의 이름이 내 마음 안에서 거룩히 여김을 받는다는 의미는 무엇일까? '거룩하다'라는 의미를 지닌 히브리어 '카도쉬'는 '잘라 낸다'라는 의미를 담고 있다. 그러므로 거룩히 여김을 받는다는 뜻은 칼로 잘라 내듯이 분리하여 엄격하게 구분한다는 의미다. 즉 내 마음에서 하나님의 이름이 다른 모든 이름과는 칼로 잘라 내듯이 구분되는 상태를 말한다. 하늘에 계시는 아버지 하나님의 이름 하나만이 내 마음 안에서 줄곧 독특한 의미에서 유일한 자리를 차지하게 되어야 하고 또한 그 상태가 유지되어야 한다는 의미이다. 내 마음 안에서 독특한 의미에서 유일한 자리를 지속하여 차지하는 이름이 하나님 아버지의 이름 하나뿐인 상태이다.

　그러자니 더욱더 나는 십자가에서 예수님과 함께 세상에 대해서 죽은 자가 되어야만 한다는 것이다. 즉 이 세상 안에 있는 모든 다른 존재들의 이름에 대해 내 마음이 예수님의 십자가에서 죽어야만 하는 것이다. 다른 모든 이름이 내 마음속에서 특별한 의미의 유일한 자리에서 사라져야 한다는 사실은 무차별적이고 무조건이다. 그래야 내 마음에서 오직 하늘에 계시는 하나님 아버지의 이름 하나만 그 유일하고 독특한 자리에 남게 될 수 있으니까. 이렇게 하나님의 이름이 내 안에서 거룩히 여김을 받게 되는 실제 상황을 사도 바울은 다음과 같이 말씀하신다. "그러나 내게는 우리 주 예수 그리스도의 십자가 외에 결코 자랑할 것이 없으니 그리스도로 말미암아 세상이 나를 대하여 십자가에 못 박히고 내가 또한 세상을 대하여 그러하니라"(갈 6:14)

　이렇게 나와 세상 사이에서 예수님의 십자가로 인해서 쌍방향으로 일어난 죽음이 유지됨으로써만 내 마음에서 실제로 하늘에 계시는 아버지의 이름이 거룩히 여김을 받으실 수 있다.

이름과 존재와 내 마음의 상관관계

　그렇다면 내 마음에서 특별한 의미에서 유일한 자리에 하나님의 이름 하나만 남아 거룩히 여김을 받게 된다는 뜻이 무엇일까? 우리는 여기서 반드시 일반적으로 '이름'이라는 것과 내 마음 사이에는 어떤 관계가 있는지를 알아야 한다.

　우선 이름은 존재를 가리키기 위해 있다. 가리키는 존재가 없는 이름은 있을 수가 없다. 일상을 살아가는 동안 수없이 많은 이름이 내 의식에 떠오르기도 하고 또 의식에서 잊히기도 한다. 기억 속에 있는 이름은 이렇게 수시로 의식의 무대에 올라왔다가 사라지기를 반복한다. 그런데 이렇게 기억되고 있는 많은 '이름'은 반드시 어떤 특정한 '존재'를 가리킨다. 하나님은 만물을 창조하신 뒤에 아담에게 그렇게 만들어진 존재들에 대해서 이름을 붙이도록 일거리를 맡기셨다.

"여호와 하나님이 흙으로 각종 들짐승과 공중의 각종 새를 지으시고 아담이 무엇이라고 부르나 보시려고 그것들을 그에게로 이끌어 가시니 아담이 각 생물을 부르는 것이 곧 그 이름이 되었더라 아담이 모든 가축과 공중의 새와 들의 모든 짐승에게 이름을 주니라"(창 2:19-20)

예를 들면 날개가 달리고 부리가 날카롭게 생긴 어떤 생물을 아담이 독수리라고 이름을 지어 주었고 목이 이상할 정도로 길고 점박이 무늬가 있는 생물을 기린이라고 이름하였다는 것이다. 이렇게 모든 이름은 존재와 연결되어 있다.

그러므로 이런 이름들이 내 의식에 떠오를 때면 내 속에서 일으키는 일정한 작용이 있다. 이름들이 의식에 떠오르게 되면 그 이름은 거의 자동으로 이름이 가리키는 존재를 내 의식 안으로 같이 끌고 들어온다. 예를 들어 '자동차'라는 이름을 의식이 떠올리면 그 '자동차'라는 이름이 가리키는 존재를 의식 안으로 같이 끌고 들어오고 '돈'이라는 이름을 떠올리면 그 이름이 가리키는 실제 존재를 내 의식 안으로 끌어온다.

이때 재미있는 것은 같은 이름인데도 그 이름이 가리키는 존재의 모습은 마음 안에서 사람마다 각양각색이라는 점이다. 같은 '자동차'라는 이름인데도 그 이름이 의식에 불러내는 존재는 어떤 사람에게는 인생에서 가장 중요한 대상인 반면 어떤 사람에게는 이동 수단 이상의 의미가 없는 것이고 더욱이 서울같이 대중교통 천국인 대도시에 사는 사람일 경우 아예 비싼 돈 주고 사서 가질 필요가 없는 것이라고까지 여길 수도 있다. '돈'이라는 이름이 각 사람의 마음에 일으키는 현상도 마찬가지다. 같은 하나의 이름이지만 그 이름이 가리키는 존재의 모습과 의미와 중요성 등은 사람마다 천차만별이다.

그런데 우리가 여기서 주목할 일은 다음과 같다. 그렇게 의식에 이름이 하나 떠오르면 그 이름은 자기가 가리키는 존재를 의식 안으로 같이 끌어오게 되는데 이때 어떤 일이 일어나냐? 이름이 우리 의식의 무대로 끌어온 그 존재에 우리 마음이 가서 닿고 반응한다는 사실이다. '자동차'라는 이름이 끌어온 존재의 모습과 의미가 대단하면 마음은 그만큼 크고 깊게 반응한다. 그러나 그 '자동차'라는 이름이 끌어오는 존재의 모습과 의미가 별것 아니면 마음 또한 별것 아니라고 무시하면서 반응한다. 갖가지 이름, 예를 들어 관계가 이루어진 모든 사람의 이름, 아니면 유명인의 이름, 그리고 건강 돈 권력 인기 아내 남편 부모 자녀 친구 승진 취직 합격 등등 모든 종류의 모든 이름이 의식 안으로 끌어오는 존재에 대해서 마음이 가닿으면서 사람은 정말 같은 이름을 떠올리고도 천차만별의 반응을 보인다.

홍길동이라는 이름을 놓고도 어떤 사람은 그 이름이 의식에 떠오르면서 자동으로 끌어오는 존재의 모습에 마음이 가닿으면서 원수라고 느끼며 치를 떤다. 그러나 반면에 어떤 사람은 같은 홍길동이라는 이름이 끌어오는 존재의 모습에 마음이 닿으면서, 지금 당장이라도 보고 싶어 하고 무엇이든지 함께하고 싶어 하는 애인으로 느낀다.

사람의 마음은 이렇게 기억하는 이름 중에서 의식에 떠오른 이름이 가리키는 존재에 가닿으면서 민감하게 반응한다. 찬 얼음덩어리에 손을 대면 아플 정도로 시림을 느끼고, 뜨거운 라면 냄비에 손이 닿게 되면 기겁할 정도로 뜨거움을 느끼는 것과 같다. 이렇게 해서 모든 사람은 이름을 기억하고, 그 이름이 자기의 의식 안으로 불러내는, 자기에게만 독특한 모습을 지닌 존재들에 마음이 닿으면서 반응하는 동안 기뻐하기도 하고 슬퍼하기도 하며 사랑과 공감을 갖거나 반대로 증오와 분노에 찬 거부감을 느끼기도 한다. 평생에 느끼는 모든 불행과 행복이 다 이름에 달려 있다. 각각의 이름을 떠올릴 때마다 자기 안에서 기억되고 있다가 의식 안으로 불려 오는 존재에 마음이 가닿으면서 행과 불행이 결정된다.

바로 이런 모든 사람에게 공통으로 일어나는 심리 작용을 염두에 두고 가르치신 간구가 바로 "하늘에 계신 우리 아버지! 아버지의 이름이 거룩히 여김을 받으시옵소서!"라는 것이다. 그러면 실제로 아버지의 이름이 거룩히 여김을 받는 상황은 어떤 상태일까?

아버지의 이름이 내 마음 안에서
거룩히 여김을 받는 실제 상황

이제 나 자신에게 물어보자. '하늘에 계시는 하나님 아버지'라는 이름이 의식에 떠오르면 그 이름은 내 의식 안으로 어떤 모습과 의미와 비중을 가진 존재를 끌어오는가? 그 하늘 아버지 이름이 가리키는 존재에 대해서 구체적으로 마음에 그려지는 모습이 있기는 한가? 있다면 그 하늘 아버지 이름이 내 의식 안으로 끌어오는 존재에 대해서 내 마음은 어떤 반응을 일으키고 있는가? 그리고 예를 들어서 '돈'이라는 이름이 끌어오는 존재에 닿았을 때 내 마음의 반응이나, 아니면 배우자나 자녀의 이름이 내 의식에 불러내는 존재에 닿았을 때 내 마음의 반응이라도 좋다. 하여간 이런 경우에 보이는 마음의 반응과 비교하여 '하늘 아버지'라는 이름이 끌어오는 존재에 닿았을 때 내 마음의 반응을 비교해 보라. 어느 반응이 더 크고 깊고 생생한가?

우리 마음은 특별히 두 가지 면에서 강하게 반응한다. '있음'에 대한 존재감과 '좋음'에 대한 욕구이다. 내가 이름에 붙어 있는 존재들에 마음이 가닿아서 느끼게 되는 존재감의 크기는 정말 천차만별이다. 존재감은 내가 느끼는 존재의 무게감이다. 그러므로 존재감은 어떤 대상의 '있음'의 의미가 나에게 크고 중요할수록 커진다.

또한 '좋음'은 어떤 대상을 내가 가지면 내 마음의 비어 있는 공백이 채워지리라는 믿음이다. '좋다!'라는 생각과 느낌은 '가지면 채워짐의 만족이 있을 것이다'라는 확신이다. 그래서 '좋음'으로 느껴지는 존재에 마음이 닿으면 마음은 흡입하여 자기를 채우려고 욕구한다. 이때 존재감과 마찬가지로 좋음의 크기도 이름에 붙어 있는 존재에 따라 천차만별이다.

그러므로 아무리 많은 이름이 내 의식에 떠올라도 그 이름이 가리키는 존재의 있음이 내게 존재감으로 느껴질 만큼은 아니고, 또 내 마음의 공백을 채워 줄 만큼 좋지도 않다고 여기면 마음은 가닿지 않고 그러므로 반응도 하지 않는다. 반면에 어떤 이름이 떠오르기만 해도 심장이 쿵쾅거리고 흥분이 된다면 그 이름이 가리키는 존재가 긍정적이든 부정적이든 하여간 엄청난 존재감의 대상이 되었다는 뜻이고 그 존재의 좋음도 마찬가지로 긍정적이든 부정적이든 깊고 확고하게 믿고 있다는 뜻이다.

'긍정적이든 부정적이든'이라는 말은 예를 들어 애인과 원수를 생각하면 쉽게 이해할 수 있다. 애인은 긍정적으로 존재감과 좋음이 크다. 원수는 부정적으로 그 존재감이 크고 좋음도 그만큼 크다. 원수가 부정적으로 좋다는 뜻은 싫어한다는 뜻인데, 결국 싫음도 그 대상이 없어지는 것을 좋아함이 아닌가. 어떤 존재가 있음이 좋듯이 그렇게 어떤 존재는 없음이 좋다. 그러나 긍정적이든 부정적이든 둘 다 결국 좋음이다. 그래서 마음은 어떤 이름을 의식에 떠올렸을 때 전혀 그 이름이 가리키는 존재에 대해서 반응하지 않거나 긍정적으로 반응하거나 부정적으로 반응한다.

그러므로 이제 하나님의 이름이 내 마음에서 거룩히 여김을 받는다는 뜻은 명백하다. 다른 모든 이름이 얼마든지 많이 기억되어 있다가 순간순간 해당할 때마다 내 의식에서 어떤 존재를 끌어올 수 있다. 그러나 그 어떤 이름이 어떤 존재를 내 기억과 의식 안으로 끌어오든지 내 마음은 전혀 반응하지 않아야 한다는 것이다. 그래서 오직 내 마음에 여분이 남지 않을 정도로 전부 쏟아 반응해야 하는 존재가 하늘에 계시는 아버지의 이름이 끌어오는 존재 하나여야 한다는 뜻이다. 마음 전부가 오직 하늘 아버지의 이름이 불러오는 존재에 대해서만 존재감을 느끼고 좋음을 욕구해야 한다는 것이다.

모든 선민 각자에게 특권과 특혜이자 평생의 사명이고 은퇴가 없는 직업인 마음과 뜻과 힘을 다한 하나님 사랑은 이렇게 하나님의 이름이 거룩히 여김을 받는 상태에서만 이루어질 수 있다. 하나님 이름이 의식에 항상 쉬지 않고 범사에 떠올라 있어야 한다. 그래서 그 이름이 가리키는 하늘에 계시는 하나님의 존재에 늘 가장 큰 존재감을 느껴야 한다.

그리고 또한 하나님의 이름에 대해서 그 이름이 가리키는 하나님의 좋음을 온 힘을 다해 욕구하는 반응이 마음에서 일어나야 한다. 그런데 항상 하나님의 이름이 의식에 켜 있어야 하니까 결국 항상 내 마음은 오직 그 이름이 끌어오는 하나님 한 분의 존재에 대해서만 있음의 존재감을 느끼고 좋음의 채움을 욕구하게 될 수밖에 없다.

그래서 선민이 해야 하는 여호와 하나님에 대한 사랑을 다음과 같이 말씀하신 것이었다.

"이스라엘아 들으라 우리 하나님 여호와는 오직 유일한 여호와이시니 너는 마음을 다하고 뜻을 다하고 힘을 다하여 네 하나님 여호와를 사랑하라 오늘 내가 네게 명하는 이 말씀을 너는 마음에 새기고 네 자녀에게 부지런히 가르치며 집에 앉았을 때에든지 길을 갈 때에든지 누워 있을 때에든지 일어날 때에든지 이 말씀을 강론할 것이며 너는 또 그것을 네 손목에 매어 기호를 삼으며 네 미간에 붙여 표로 삼고 또 네 집 문설주와 바깥 문에 기록할지니라"(신 6:4-9)

하늘에 계시는 하늘 아버지의 이름이 거룩히 여김을 받게 해 달라는 간구는 결국 이처럼 있음의 존재감을 느끼고 좋음의 채움을 욕구하는 내 마음에서 하늘에 계시는 하나님만이 유일무이(唯一無二)한 대상이 되게 해 달라는 간구이다. 즉 하늘에 계시는 아버지 하나님의 이름만이 내 마음에서 존재감을 유발하고 좋음에 대한 욕구를 불러일으키는 유일한 이름이 되게 해 달라는 간구이다. 더 짧게는 아버지의 있음과 좋음이 모든 다른 대상의 있음과 좋음을 압도할 만큼 가장 강렬하게 실감 되게 해 달라는 기도이다.

그렇게 보면, 우리 마음에서는 언제나 하나님의 이름이 아니라도 얼마든지 다른 이름이 거룩히 여김을 받는 중이다. 내 마음에서 어떤 이름이라도 거룩히 여김을 받음이 중단되는 경우는 잠시라도 없다. '있다는' 실감과 '좋다는' 실감이 지금 하나님이 아닌 어떤 대상을 향하고 있는가?

항상 우리 안에서 일어나는 일로서 우리 마음에 어느 특정한 대상의 이름이 지속하여 의식되고 있다면 그것은 그 이름이 가리키는 대상의 존재감을 가장 크게 의식한다는 것이고, 그 대상의 좋음을 우선하여 소망하고 있다는 뜻이다. 그 한 대상의 있음과 좋음이 강렬하게 실감되는 중이다. 이 상태가 바로 내 마음에서 그 대상의 이름이 거룩히 여김을 받는 상태이다. 모든 사람은 이처럼 마음으로 어떤 대상의 이름을 먼저 붙잡는다. 그리고 나면 이제부터 그 이름이 가리키는 실제 대상을 가지려고, 이루려고, 그 대상에 도달하려고 추구한다. 이렇게 마음에서 존재감을 느끼게 하고 추구하도록 사람을 몰아가는 것이 바로 그 사람 속에서 거룩히 여김을 받는 이름이다.

예를 들면 돈을 벌려는 간절함이 가장 큰 사람의 경우에는 먼저 '돈'이라는 이름이 그 사람의 의식에서 꺼지지 않는 상태가 유지된다. 그러면 이제 그 '돈'이라는 이름이 그 사람 안에서 끌어오는 돈의 이미지가 있다. 이제 이 사람의 마음은 이 돈이라는 이미지에 대해서 마음이 강렬하게 반응하는 중이다. 즉 돈이라는 이름이 가리키는 실제 대상의 이미지가 그 사람의 마음에서는 존재감과 좋음의 크기와 무게에 있어서 압도적인 위치를 점령한 셈이다. 있음과 좋음의 실감이 압도적이다. 이제 돈이라는 이름이 다른 모든 이름을 물리치고 그 마음에서 거룩히 여김을 받게 된 것이다.

　이렇게 돈의 이름이 거룩히 여김을 받는 동안 그 마음에서는 언제나 돈과 관련된 사람들의 존재감이 우선적이다. 즉 회사 안에서는 사장님의 존재감이 최우선이고, 영업하는 동안은 거래처 대표의 존재감이 최우선이 된다. 뉴스를 보면 부자나 재벌이 늘 부럽고, 친구도 돈이 많은 경우 더 두터운 친분을 유지하고자 한다.

　이러한 상황 전개는 꼭 돈뿐만이 아니라 이 세상 안에서 사람들이 좋아하는 모든 가치의 이름을 지속하여 붙잡게 되는 상황에선 예외 없이 모두 해당한다. 그러니까 건강도 마찬가지고 배우자나 자녀들의 형통도 마찬가지다. 건강한 상태나 형통한 상황의 그림을 마음이 먼저 붙잡는다. 그리고 그 그림이 가리키는 상황이 실제가 되도록 마음이 반응하면서 추구한다. 이런 경우는 건강이나 형통이라는 이름이 마음에서 거룩히 여김을 받는 중이다.

　늘 나 자신 말고 다른 대상의 있음을 의식하여야 하고, 늘 텅 빈 공백을 채우기 위하여 좋은 것을 욕구하여야 하는 내 마음은 그래서 일종의 전쟁터이다. 이름들의 전쟁터이다. 내 마음 안에서 어떤 이름이 존재감을 느끼는 의식과 좋음으로 채우려는 욕구의 우선적인 과녁이 되고 목표가 되는 대상을 가리킬 것인가? 이 질문을 놓고 우리 마음은 늘 어떤 이름들이 서로 거룩히 여김을 받으려고 싸움을 치르는 전쟁터이다. 이 전쟁터에서 다른 모든 이름을 이기고 제쳐서 내 의식 작용과 욕구 작용의 우선적인 과녁이 되고 목표가 되는 그 이름이 내 마음 안에서 거룩히 여김을 받는 것이다. 그 이름이 가리키는 대상의 존재감과 좋음이 다른 모든 대상의 존재감과 좋음을 내 마음 안에서 물리치고 승자가 된 것이다.

그러므로 하늘에 계시는 아버지의 이름이 내 마음에서 거룩히 여김을 받게 되려면 하나님의 이름이 모든 수많은 다른 이름을 이겨야 한다. 하나님의 이름만 듣고 하나님의 있음과 좋음이 강렬하게 실감되어야 한다. 그런데 실상은 전혀 그렇지 못하다. 죄와 저주에 찌듦은 어떤 상태인가? 창조주 하나님의 이름이 모든 다른 피조물들의 이름에 늘 져서 내 의식에서 그 존재감이 사라지고, 채움을 위한 내 욕구에서 다른 모든 세상의 좋음에 밀려 과녁이 될 수 없는 상태다. 하나님의 이름이 내 마음에서 내팽개쳐지고 다른 피조물들의 이름이 하나님의 이름 대신에 거룩히 여김을 받는 상태이다.

그래서 이렇게 하나님 말고 다른 피조물의 이름이 거룩히 여김을 받는 저주에 찌든 상태의 내 마음을 죽이기 위하여 일어난 사건이 바로 예수님의 십자가다. 십자가에서 예수님과 함께 죽음으로써 세상을 탈출하여야만 그리고 부활과 승천을 지나서 하늘로 진입하여 보좌 우편으로 가서 머묾으로써만 내 마음은 죄와 저주의 힘에서 벗어난다. 그래야만 오직 하나님이라는 이름이 가리키는 하늘에 계시는 실제 하나님의 있음에 대해서만 존재감을 의식하게 되고 그 이름이 가리키는 실제 하나님의 좋음에 대해서만 욕구가 작용하게 된다. 즉 하나님 자신만을 소망하며 추구하게 된다는 뜻이다. 그래서 하늘에 계시는 아버지의 이름이 거룩히 여김을 받으시라는 기도는 다음과 같은 간구가 된다.

'예수님의 십자가에서 함께 못 박혀 죽음으로써 세상에 대한 실감이 죽게 하여 주시고 하나님에 대한 실감이 살아나게 해 주시옵소서. 내 마음 안에서 다른 모든 대상에 대해서는 있음의 존재감을 느끼는 의식이 죽게 해 주시고, 오직 하나님 아버지 있음의 존재감만을 느끼게 해 주시며, 다른 모든 대상의 좋음에 대해서는 욕구가 죽게 하여 주셔서 오직 하나님 아버지의 좋음만을 열망하게 하여 주시옵소서! 내 마음에서 오직 하나님 아버지의 이름이 하나님 아버지에 의해서 있게 된 모든 다른 피조물들의 이름을 이기시옵소서! 십자가에 못 박히신 예수님과 함께 세상에 대해서 죽은 내 마음에서는 다른 모든 이름이 십자가를 통해 함께 죽고 오직 아버지의 이름 하나만이 살아서 거룩히 여김을 받으시옵소서!'

십자가를 붙잡고 벌이는 치열한 싸움

여기서 다시 한번 십자가의 의미가 강조된다. 여전히 자신이 없고 의문이 들기 때문이다.

하루를 살아도 끊임없이 눈으로 보고 귀로 듣고 손으로 만지며 관계하게 되는 그 많은 대상이 다 이름을 가지고 있다. 그런데 어떻게 그 많은 대상의 다양한 모든 이름을 다 제쳐 두고 내 마음에서 오직 하늘에 계시는 하나님 아버지의 이름 하나만 지속하여 남아서 보관되는 일이 실제 생활 현장에서 가능할까? 게다가 다른 모든 대상은 눈에 보이고 귀에 들리고 만질 수 있는 반면에 하늘에 계시는 하나님 아버지는 볼 수도, 들을 수도, 만질 수도 없지 않은가?

다른 대상들처럼 하나님 아버지도 볼 수 있고 들을 수 있고 만질 수만 있다면 사실 내 마음이 하나님 아버지의 이름만 붙잡는 게 그리 어려운 일이 아니다. 아니 너무나도 당연한 일이다. 천국에 계실 때 예수님의 신령한 모습을 변화산에서 마주한 베드로가 황홀경에 빠져서 세상 모든 일을 다 잊고 반응한 것처럼 하나님을 눈으로 보면서 하나님의 이름만을 거룩히 여기지 않을 사람은 없다. 그렇게 할 수밖에 없지 않겠는가? 극단적으로 사람을 황홀하게 하는 영화로운 모습으로 보좌에 앉아 계시는 하나님 아버지 앞에서 과연 그 어떤 이 세상에 있는 피조물들의 이름이 내 마음 안에서 기억조차 되겠는가?

그러나 하나님은 "빛들의 아버지"로서 "변함도 없으시고 회전하는 그림자도 없으시니라"(약 1:17)라는 말씀처럼 우리의 생활 현장에서 언제나 오감에 대해서는 초월하여 계시고 감추어져 계신다. 물론 하나님의 있음도 좋음도 엄연한 사실이다. 사정이 이렇기에 오히려 믿음이 그렇게 중요한 것이 아니겠는가? 이처럼 감추어져 보이지 않으시는 하나님이다. 그런데 마치 하나님이 당신의 모든 영광 안에서 우리의 눈앞에 찬란하게 보이시기라도 하듯이 유일하게 하나님의 이름만 거룩히 여김을 받는 일이 일어나야 믿음이 살아 있는 것이 아니겠는가?

이처럼 아무리 상황이 어렵게 보이더라도, 아무리 눈에 보이는 대상들의 많은 이름이 의식의 무대에 올랐다가 사라지는 일을 반복하는 중에도 반드시 하늘에 계시는 하나님 아버지의 이름만큼은 내 의식에서 항상 켜져 있어야 하고 항상 내 마음의 있음을 의식하는 존재감과 좋음을 흡입하려는 욕구의 유일한 대상이 되셔야만 한다. 그렇지 않으면 실제로 하나님과 관계 맺음은 없다. 하나님의 이름이 거룩히 여김을 받지 못하여 다른 이름이 거룩히 여김을 받는 중에 우리가 하나님의 이름을 부르는 것이 바로 하나님의 이름을 망령되이 일컫는 것이다. 하나님의 이름을 망령되게 부르면서 어떻게 하나님과 실제로 관계할 수 있을 것을 기대한다는 말인가?

그러므로 하늘에 살아 계시는 하나님과 실제로 만남을 이루고 관계를 시작하고 이어 가려면 하나님의 이름이 내 안에서 거룩히 여김을 받는 일은 우리의 기도에서 언제나 무조건 첫 번째 간절한 간구여야 한다. 그렇지 않으면 앞에서 말하였듯이 예수님을 통해서 우리에게 허락된 삼위 하나님의 일체 되심의 영적 환경에 적응할 수가 없다. 적응하기는커녕 아예 이 삼위 하나님의 일체 되심의 영적 환경 안으로 발을 들여놓을 수조차 없다.

삼위의 일체 되심에 내 마음이 참여하여 허락하신 모든 은혜를 누리기 위해서는 첫 단추를 잘 끼워야 한다. 그 첫 단추가 바로 내 마음에서 하나님의 이름이 거룩히 여김을 받으시는 것이다. 그래서 우리는 보이지 않으시는 하나님의 이름이 거룩히 여김을 받도록 하려면 정말 사력을 다하여 십자가에서 예수님과 함께 내 마음에 강력한 반응을 유발하는 이 세상 모든 것들의 이름에 대하여 죽어야만 한다.

하늘에 계시는 보이지 않으시는 하나님의 이름을 직접 붙잡으려 하는 대신에 우선 반드시 십자가에서 예수님과 함께 세상에 있는 모든 보이고 들리는, 나와 가까운 관계 안에 들어와 있는 대상들의 이름에 대해 죽어야만 한다. 거룩히 여김을 받을 수 있는 이름의 모든 후보군을 내 마음에서 궤멸하는 것이다. 그래서 부활하신 예수님 안에서 아무런 다른 이름을 붙잡지 않고 있는 순백의 마음으로 다시 태어나야 한다.

그리고 승천하심을 따라 보좌 우편까지 와서 머물러야 한다. 이렇게 오직 보좌 우편에 오르신 예수님 안에서 내 마음이 머물 때만 내 마음은 실제로 보좌에 앉으신 하나님 아버지를 유일한 상대자로 직면할 수 있다. 이렇게 내 마음이 승천하신 예수님 안에서 머물면서 하나님을 직면하는 상태에서만, 내 마음 안에서 다른 모든 이름이 사라지고 오직 하나님의 이름 하나만이 거룩히 여김을 받으실 수가 있다. 이러한 십자가 생활화의 과정이 고스란히 간구함으로써 담겨야만 '이름이 거룩히 여김을 받으시오며'라는 기도는 실제로 그 의미가 채워질 수 있다.

내 마음에서 하나님의 이름이 거룩히 여김을 받는 일은 이렇게 십자가를 붙잡고 드리는 기도를 통해 벌어지는 한판의 치열한 싸움이다. 몸이 엄연히 이 세상 안에서 살아 있는 동안 있음을 느끼는 의식 작용과 좋음을 흡입하는 욕구 작용이 끊이지 않는 내 마음은 이 세상에서 내 몸으로 관계하게 되는 다른 대상들의 이름들에 의해서 끊임없이 공략되기 때문이다. 마음 안으로 다양한 이름들이 들어오는 대로 우리의 의식 작용과 욕구 작용은 실제 하나님 대신에 그런 이름들이 가리키는 대상을 향하여 반응하면서 움직인다. 그래서 내 마음에서 하나님 있음에 대한 존재감을 느끼는 의식은 언제나 이 세상 다른 대상들의 있음에 대한 존재감으로 묻혀 버릴 위협을 받는다. 즉 다른 대상의 존재감에 의해서 하나님의 존재감은 내 의식에서 희미해지고 지워지고 없어진다. 그래서 내 의식은 다른 대상에 대한 존재감으로 가득 채워진 채로 생각하고 말하고 행동하게 된다.

그뿐만 아니라, 하나님 있음에 대한 존재감이 의식에서 이렇게 지워지면 이제 마음 공백을 채우기 위한 욕구, 즉 좋음에 대한 바람과 소망에서도 하나님은 사라지고 만다. 마음 채움을 위한 욕구의 대상이 되는 일에서 하나님은 이 세상 다른 존재의 좋음에 밀려서 흔적도 없이 사라진다. 즉 아무도 마음 채움의 만족과 기쁨을 위하여 하늘에 계시는 하나님 자신을 소망하지 않게 된다는 뜻이다.

이렇게 하나님 있음이 의식에서 사라지고 하나님의 좋음이 욕구에서 사라져 버린 상태로 다른 피조물의 이름을 붙잡은 채 존재감을 의식하고 좋음을 욕구하는 상태가 바로 '하마르티아', 즉 빗나감이라는 의미의 죄이다. 그리고 빗나가 버린 죄의 상태에서 말하고 행동하며 사는 삶이 바로 저주에 빠진 상태이다.

그래서 절대로 필요한 일이 바로 내 마음이 십자가 죽음을 통하여 예수님과 함께 세상에 대해 죽음으로써 온갖 다양한 존재가 있고 그 다양한 존재를 가리키는 이름들로 충만한 이 세상을 빠져나와 부활과 승천을 거쳐 보좌 우편에 이르는 일이다. 왜냐면 세상을 빠져나온 상태에서 천국 보좌 우편에 이르러 머물러야만 내 마음에서 하나님의 이름은 홀로 남을 수 있기 때문이다. 마음이 세상 안에 머물러 있음으로써 세상을 향한 오감에 종속된 상태에 있는 한 하나님의 이름은 내 마음 안에서 거룩히 여김을 받을 수가 없다. 세상 안에 머물러 있는 한 내 마음에는 온갖 이 세상에 있는 대상들의 이름이 활짝 열린 오감의 문을 통해서 홍수처럼 쏟아져 들어올 수밖에 없기 때문이다.

하나님 대신 다른 대상의 이름이 거룩히 여김을 받는 기도

내 마음에서 하나님의 이름이 거룩히 여김을 받지 못하는 상황에서 하는 기도는 어떤 기도일까? 물론 이유는 십자가에서 예수님과 함께 세상에 대해서 죽었다는 자아의식이 멈추어 버렸기 때문에 벌어지는 일이다. 십자가를 생활화함으로써 세상 탈출과 천국 진입이 일어나지 않는 중에 하는 기도이기 때문이다.

예를 들어 가정에서 일어난 다양한 문제들의 해결을 위해서 기도한다고 하자. 그러면 하나님의 이름을 부르며 하는 기도이고 예수님의 이름으로 하는 기도이지만 문제가 심각하다. 이미 내 마음에서는 다양한 문제들을 가리키는 이름에 의해서 일단 하나님의 이름이 제쳐진 상태이다. 즉 존재감을 의식하고 좋음을 추구하는 내 마음에서 하나님의 이름은 밀쳐져 버리고 내 삶에서 발생한 문제들의 이름이 거룩히 여김을 받는 상태가 되어 버렸다.

돈 문제, 건강 문제, 인간관계 문제, 사업 문제, 취직 문제, 승진 문제, 배우자 문제, 자녀 문제 등등 이런 모든 문제가 때와 상황에 따라 마음에 들어와서 자리를 차지한 채로 우리는 하나님의 이름을 부르면서 기도한다. 그러면 이런 문제들의 이름이 존재감의 측면과 좋음의 측면에서 거룩히 여김을 받게 되는 중에 하나님의 이름은 오로지 망령되게 일컬을 수밖에 없는 상태에서 하나님에게 기도하는 것이다.

아무리 생활 현장 속 문제가 시급하여도 절대로 용납될 수 없는 일이 내게서 하나님의 이름이 거룩히 여김을 받는 대신에 다른 세상 것들의 이름이 거룩히 여김을 받는 일이다. 아무리 건강 문제가 시급하고 돈 문제가 시급하고 자녀 문제가 급해도 내 마음이 하나님 자신과 올바른 관계 안으로 발을 들여놔야 하는 일보다 더 급한 일은 없지 않겠는가 말이다. 일단 삶의 문제가 발생하여서 내 마음이 그 문제에 사로잡히면 그 문제의 이름이 내 마음에서는 거룩히 여김을 받게 된 상태이기 때문에 그 상태 그대로 유지하면서는 하나님과 관계 자체가 실제로 맺어질 수 없다. 그 문제의 존재감에 의해서 하나님의 존재감이 밀려 버린 상태이다. 그리고 그 문제 해결의 좋음에 하나님 자신의 좋음이 내 마음 안에서 뭉개져 버린 상태이다. 이렇게 하나님의 있음도 좋음도 다 밀쳐 버리고 이제 그 문제의 있음과 문제 해결의 좋음에만 마음의 의식과 욕구가 사로잡힌 채 하나님을 불러 대며 간구하는 일은 절대로 있어서는 안 되는 영적인 반란이고 영적인 간음이다.

대부분 예수님을 믿는다는 사람들의 마음에서 하나님의 이름은 이처럼 거룩히 여김을 받는 대신 아무런 거리낌도 없이 내팽개쳐진 지가 오래다. 그래서 하나님 이름 대신에 피조물들의 이름을 거룩히 여기는 저주의 상태가 뜨겁게 활성화되는 중이다. "피조물을 조물주보다 더 경배하고 섬김이라"(롬 1:25)라고 하신 사도 바울의 지적대로 마음의 의식 작용과 욕구 작용은 유일한 참과녁인 하나님을 빗나가고 있다. 그래서 "스스로 있는 자"(출 3:14)로서 유일한 '있음'이신 하나님에 의해서 '있게 된' 피조물의 존재감으로 창조주 하나님의 존재감을 깔아뭉개고, 피조물의 가짜 '좋음'으로 창조주 하나님의 유일하신 '좋음'을 짓눌러 버린다. 이렇게 극단적으로 죄와 저주가 활성화되는 상태를 유지하면서 그 상태 그대로 하나님을 아버지라고 불러 대는 망령됨이 보태진다. 이런 모든 그릇된 과정은 십자가에서 시작하는 그리스도 연쇄 과정을 날마다 따라가야만 한다는 복음의 본질적인 요구를 전혀 아랑곳하지 않고 있음으로써 나타나는 결과이다.

그리고 하나님의 이름이 거룩히 여김을 받지 못하는 상태에서 기도를 드릴 때 나타나는 마지막 난국은 이 세상 모든 문제는 상대적이라는 사실이 완전히 망각 된다는 점이다. 즉 내가 어떤 상태에 있느냐에 따라서 내가 맞닥뜨리는 문제의 성격이 완전히 다르게 규정된다. 같은 하나의 문제라도 하나님의 이름이 거룩히 여김을 받는 상태의 마음으로 마주 대하는 경우와 그 문제나 다른 대상의 이름이 거룩히 여김을 받는 중에 그 문제를 대하는 경우 그 문제의 무게감과 성격과 의미가 완전히 다른 것이 되어 버린다. 그러면 우리는 삶의 문제를 대하는 내내 전혀 그 문제의 본질을 알지 못한 채 내가 스스로 만들어 낸 무게감과 부담감을 안고 씨름하는 꼴이 된다. 즉 그냥 혼돈과 흑암 속에 빠져 있는 상태를 벗어날 수가 없다는 것이다. 이 문제를 좀 더 자세히 살펴보자.

하나님의 이름이 거룩히 여김을 받게 될 때 일어나는 파장

우리가 매일 생활 현장에서 만나는 모든 문제는 내가 반응하기도 전에 이미 하나님 우리 아버지는 그런 문제가 내게 올 것을 아시고, 온 것을 보시고, 앞으로 어떻게 될 것을 아시면서, 아버지로서 그다음 단계를 계획하고 이끄시려고 하신다. 이방인이 아니라면 반드시 기억하고 인정해야만 하는 팩트가 아닌가?

이렇게 내 삶을 놓치지 않고 보고 알고 사랑하시며 이끌고 계시는 하나님이 언제나 실시간으로 내 삶에서 내게 주어진 문제를 마주 대하여 생각하시는 중이다. 그렇다면 궁금하다. 이렇게 내 삶의 문제에 대해서 나보다 더 먼저 마주 대하시고 나보다 훨씬 더 긴 안목으로 백 수, 천 수, 만 수 앞을 내다보시는 하나님은 지금 당장 내 문제를 어떻게 보고 계실까? 혹시 내 삶의 문제를 하나도 놓치지 않으시고 보고 알고 이끌고 계시는 하나님 아버지의 생각과 태도에 가장 가까운 생각과 태도를 내가 가지고 유지하는 방법이 없을까? 있다.

그 방법이 바로 내 마음에서 하나님의 이름만이 거룩히 여김을 받게 하는 것이다. 창조주이시며 주권자이신 하나님이 아버지로서 내 삶에서 주어진 문제를 마주 대하실 때 가지시는 태도에 가장 가까운 태도를 내가 취할 수 있다. 하나님의 이름만이 거룩히 여김을 받는 상태가 마음에서 이루어지면 그런 마음으로 삶의 문제를 볼 때 창조주 하나님이 그 문제를 대하시는 태도에 가장 가까운 태도를 나도 취할 수가 있게 된다. 만약 그렇다면 과연 이름이 거룩히 여김을 받기 전과 후에 내 삶의 문제들의 무게감이 내게서 어떻게 변할까? 하나님의 이름이 내 마음에서 거룩히 여김을 받게만 되면 정말 이상하게 들릴지 모르지만, 창조주 하나님이 이 세상을 내려다보실 때 문제로 느끼시지 않는 한 내게도 전혀 문제로 느껴지지 않게 된다.

사실 지금 내 삶에서 주어지고 있는 모든 문제는 내 마음 안에서 하나님의 이름이 거룩히 여김을 받지 못하고 있기에 주어진 것들이라고 해도 틀린 말이 아닐 것이다. 더 정확히 말하자면 하나님의 이름이 거룩히 여김을 전혀 받지 못하고 있는 마음 상태로 그 문제를 대하고 있기에 그 문제가 문제다워졌고, 그토록 크고 무겁게만 느껴지게 된 것이다. 그러므로 삶의 문제가 발생했을 때 그 문제를 대하는 종래의 방식을 바꾸어야 한다.

이제까지처럼 삶에서 발생한 문제 자체를 마음을 다 쏟아서 붙잡고 해결하려 하는 것은 정말 미련한 짓이고 불신앙적인 몸부림이다. 그러지 말고 우선은 예수님의 십자가를 먼저 보며 문제를 등지고 마음을 전부 하나님께 드리도록 해야 한다. 즉 하나님의 이름이 문제의 이름을 이기고 내 마음에서 거룩히 여김을 받도록 예수님의 십자가에서 그 문제에 대해 죽기 위해서 치열하게 싸우라. 마음이 그리스도 연쇄 과정 속 예수님과 함께 하늘로 올라가라. 그러면 그러한 십자가 싸움을 통해 내 안에서 문제의 이름을 물리치고 하나님의 이름이 거룩히 여김을 받는다. 그러면 이제 내 마음은 문제의 존재감 대신에 하나님의 존재감을 먼저 느끼고, 문제 해결의 좋음보다 하나님 자신의 좋음을 더 우선하여 욕구하게 된다.

이렇게 하나님의 이름이 내 마음에서 거룩히 여김을 받게 되면 벌어지는 일이다. 이상하게 내 안에서 이름이 거룩히 여김을 받게 되신 하나님 자신에게 문제가 되지 않는 모든 것은 내게도 문제로 느껴지지 않게 된다. 내 마음에서 하나님의 이름만 거룩히 여김을 받는 중일 뿐 달라진 것이라고는 아무것도 없다. 그런데 세상의 삶의 모든 문제의 무게감이 완전히 달라진다. 이런 현상은 내 마음에서 하나님의 이름이 거룩히 여김을 받으시는 상태에서 세상 모든 사람과 사물과 사건과 문제를 대함으로써 나타나는 결과이다. 즉 내 마음에서 하나님의 이름이 거룩히 여김을 받으면 하나님께서 이 세상의 대상들을 대하시는 태도가 내게도 고스란히 옮겨 온다는 것이다.

그렇다. 내 마음에서 하나님의 이름이 온전하게 거룩히 여김을 받게 된다면, 그래서 오직 하나님 있음과 좋음에 대한 실감이 다른 모든 대상의 있음과 좋음에 대한 실감보다 더 강렬하면 그렇지 않을 때 엄청난 무게감으로 느껴지던 모든 이 세상의 문제가 완전히 다른 차원의 깃털같이 가벼운 문제 아닌 문제가 돼 버린다. 이 세상 안에서 환경적인 조건이나 객관적인 상황은 아무것도 바뀐 것이 없어도 내 마음에서 하나님의 이름이 거룩히 여김을 받게 되기만 하면 모든 이 세상 문제는 완전히 다른 차원의 일이 되어 버린다.

즉 내 마음에서 하나님의 이름이 거룩히 여김을 받게 되면, 그래서 내 의식이 하나님의 존재감만을 유일하게 느끼고 하나님의 좋음만을 유일하게 소망하게 되면 창조주 하나님 아버지에게 문제가 될 수 없는 모든 일들은 내게도 문제로 느껴지지 않게 된다는 뜻이다.

그런데 말씀으로만 만물을 무에서 유로 불러내신 창조주 하나님 우리 아버지에게 내가 세상에서 만나는 무겁고 심각한 문제 중에서 정말 문제로 여겨질 만한 일이 과연 있을 수 있을까? 당연히 없다. 이처럼 평생 세상에서 진행되는 매일의 삶에서 문제라고 느껴질 수 있는 일 자체가 있을 수 없게 되는 이런 엄청난 상황이 현실이 되게 하는 간구가 바로 "아버지의 이름이 거룩히 여김을 받으시옵소서!"라는 간구이다.

주의 기도를 가르쳐 주신 예수님은 나 자신을 나보다 더 잘 아신다. "우리에게 있는 대제사장은 우리의 연약함을 동정하지 못하실 이가 아니요"(히 4:15)라고 히브리서 기자는 말씀하신다. 우리가 모든 생활 현장에서 문제를 만나고 고통을 느끼고 괴로워하는 상황을 예수님이 모르실 리가 없지 않은가? 그런데 왜 '그런 문제를 마음에 안고 나와 기도하면 하나님 아버지께서 불쌍히 여겨서 들어주신다'라고 하지 않으셨을까? 왜 땅에서는 그런 삶의 문제가 끊임없이 주어질 것을 뻔히 아시면서 주의 기도의 첫머리를 땅에 계신 것이 아니라 하늘에 계신 하나님 아버지로 천명하시고 그 이름이 거룩히 여김을 받으시라는 간구로 정하셨을까?

그 이유는 분명하다. 하나님 아버지의 이름 대신에 내가 지금 당하고 있는 생활 문제의 이름이 내 마음에서 거룩히 여김을 받는 저주의 활성화 상황을 피하게 하려고 그러신 것이다. 그리고 또한 지금 당면한 문제뿐 아니라 아예 이 세상의 나의 삶에서 문제라는 것 일체를 뿌리 뽑는 길을 가르쳐 주신 것이다.

이제 이런 예수님의 의도를 잘 기억해야 한다. 그래서 문제가 생기면, 그래서 그 문제의 존재감이 무겁게 느껴지고 그 문제 해결이 좋음이라고 믿어져서 소원하고 바라는 마음이 생기면 지체하지 말고 주저 없이 십자가를 바라보면서 기도하자.

그 문제가 거룩히 여겨지는 마음의 상태인 내가 십자가에서 예수님과 함께 죽게 해 달라고, 그래서 내 마음이 그리스도 연쇄 과정 속 예수님을 따라 하늘로 올라가 하나님만을 직면하게 해 달라고, 그럼으로써 내 마음에서 오직 하나님의 이름만 거룩히 여김을 받게 해 달라고 말이다. 내 마음이 하나님의 있음과 좋음을 문제의 있음과 문제 해결의 좋음보다 더 강렬하게 실감하게 해 달라고 말이다.

어쨌든지 물러서면 안 된다. 이 세상 문제와 그와 관련된 이름들이 내 마음을 파고들어 와서 거룩히 여김을 받는 일을 막기 위하여 나는 예수님의 십자가를 붙잡고 전투를 치러야 한다. 그렇게 끊임없이 이 세상의 이름들이 안으로 파고들어 온 마음의 상태를 지닌 나를 십자가에서 예수님과 함께 죽은 자로 여기기 위한 전투가 바로 주의 기도 앞부분에서 이루어지지 않으면 그다음의 단계로 넘어가서 기도가 이어질 수 없다.

예수님을 믿는가? 그리스도로서 십자가에서 죽고 부활 승천 하여 지금 하나님 아버지의 보좌 우편에 앉아 계시는 예수님을 믿는가? 그렇다면 삶의 모든 문제 앞에서 문제 해결을 구하지 말고 하늘에 계시는 우리 친아버지의 이름이 그 문제 앞에 있는 내 마음에서 거룩히 여김을 받으시도록 기도하자. 그 문제의 이름이 하나님의 이름 대신에 내 마음에서 거룩히 여김을 받게 되는 일을 절대로 용납하여서는 안 된다. 일단 하나님의 이름이 내 안에서 거룩히 여김을 받게 하고 나서 다시 그 문제를 바라보라. 아마도 어느덧 그 문제의 문제성 자체가 봄바람에 눈 녹듯이 녹아 없어진 지가 오래되었을 것이다.

기도하자. 하나님의 이름이 거룩히 여김을 받도록.
'하늘에 계시는 우리 아버지! 아버지의 이름만 내 마음에서 거룩히 여김을 받게 되기를 바랍니다. 그러기 위해서 갖가지 다른 대상들의 이름이 들어와 있는 내 마음이 십자가에서 예수님과 함께 죽게 하여 주시옵소서! 그리하여 내 마음이 부활하신 예수님 안에서 순백의 상태가 되게 하시며 승천하여 보좌 우편 예수님 안에 머물게 하여 주시옵소서! 이제 그곳에 마음이 머물면서 오직 보좌에 앉으신 하나님 아버지만을 직면하게 하여 주시옵소서! 그래서 이 땅에서 내 몸이 어떤 생활 현장에 처하더라도 내 눈에 보이고 귀에 들리는 사람이 누구든지, 또 어떤 문제이든지, 또 어떤 사건이든지 그런 대상들의 있음의 존재감과 좋음에 대한 욕구 대신에 오직 아버지 있음의 존재감과 아버지 좋음의 소망만을 끊임없이 유지하게 하여 주시옵소서! 아버지만이 오직 내 마음에서 유일한 나의 기업이고 보물이십니다. 이 사실을 잠시도 잊지 않게 하여 주시옵소서!'

주의 기도는 순전히 하나님과 나를 위한 기도이다

우리는 아버지의 이름이 거룩히 여김을 받는다는 어절의 의미를 많이 오해한다. 이 세상에서 될 수 있는 대로 많은 사람이 하나님의 이름을 부르게 되는 상황이라고 생각한다. 복음이 널리 전파되는 일이라고 여긴다. 그리고 여기에 덧붙여서 그런 일이 바로 나 자신을 통해서 이루어지는 것이어야 한다는 것이다. 결국 하나님의 이름이 거룩히 여김을 받음은 나로 인해서 세상 사람들 앞에서 하나님의 이름에 영광이 돌아가는 일이라고 여긴다. 맞다, 진심으로 그렇게 되어야 한다. 그러나 좀 더 정확하고 세밀하게 이해할 필요가 있다.

주기도의 이 어절은 가리키는 초점이 나 자신에게로 맞추어져 있다. 하나님의 이름이 그 누구도 아닌 바로 내 안에서 지금 어떤 취급을 받고 있는가 하는 문제를 간과하면 안 된다. 우리는 하나님의 이름이 나 자신에게서는 아직 거룩히 여김을 받고 있지 못함에도 나의 한계를 뛰어넘어서 곧바로 세상에서 거룩히 여김을 받을 수 있도록 기도하거나 행할 수가 없다. 나에게서 최우선으로 하나님의 이름이 거룩히 여김을 받아야 한다. 그래야 비로소 내 옆에 있는 사람들에게서 같은 일이 일어나기를 바랄 수 있다.

골방에 들어가 기도하라는 예수님의 지시대로 나 홀로 은밀하게 기도하는 중에 하나님께서 나의 기도를 들으신다. 이때 하나님께서 가지시는 관심과 눈길은 앞으로 나로 인해서 세상 사람들 얼마나 많은 수가 하나님의 이름을 부르며 믿게 될 것인가 하는 점이 아니다. 내가 골방에서 드리는 은밀한 기도의 시간은 그야말로 하나님과 나만의 시간이고 은밀한 데이트 시간이다. 나의 관심이 하나님께만 집중하고 하나님의 관심이 또한 마치 나 한 사람만 관계하시듯이 쏠리는 시간이다. 그래서 은밀한 기도를 드렸을 때 주신다는 상도 은밀한 것이라 말씀하신 것이다.

예수님은 이렇게 말씀하신 셈이다. '네가 골방에 들어가서 내가 가르쳐 준 내용대로 하늘 아버지께 은밀하게 기도를 드리기 시작하면 너의 기도를 들으시는 하늘에 계시는 아버지의 우선적인 관심은 바로 너 자신이다'라고.

그러므로 하나님의 이름이 거룩히 여김을 받으시라는 간구는 하나님의 이름이 막연히 불특정 다수의 사람에게서 거룩히 여김을 받고 영광을 받으시라는 뜻이 아니라, '지금 기도하는 나 자신이 매일 처하게 되는 모든 삶의 현장에서 하늘에 계시는 아버지의 이름이 지속하여 거룩히 여김을 받으시옵소서!'라는 간구이다. 더 명확히는 하나님의 이름이 모든 삶의 현장에서 지속하여 '내 마음에서' 거룩히 여김을 받으시기를 바란다는 간구이다.

내 마음은 예수님 덕분에 삼위일체 하나님이 조성하시는 영적 환경을 허락받는다. 이제 삼위일체 하나님의 환경 안으로 들어오게 된 나에게 하늘에 계시는 아버지가 바라시는 일은 바로 적응이다. 나 자신이 마음으로 삼위의 일체 되심에 온전히 합류하는 것이다. 이렇게 내가 예수님 안에서 하나님 삼위의 일체 되심에 참여하여 사위일체를 이룸은 공생애를 마치시고 십자가를 지시기 직전에 예수님이 아버지께 드리셨던 마지막 간구였다. 주의 기도는 나를 위한 예수님의 이 마지막 간구를 나의 간구로 가져오는 일이기도 하다. 그래서 삼위 하나님의 일체 되심에 온전히 적응하기 위한 기도이다. 주님의 나를 위한 마지막 간구를 보자.

"내가 비옵는 것은 이 사람들만 위함이 아니요 또 그들의 말로 말미암아 나를 믿는 사람들도 위함이니 아버지여 아버지께서 내 안에 내가 아버지 안에 있는 것 같이 그들도 다 하나가 되어 우리 안에 있게 하사 세상으로 아버지께서 나를 보내신 것을 믿게 하옵소서 내게 주신 영광을 내가 그들에게 주었사오니 이는 우리가 하나가 된 것 같이 그들도 하나가 되게 하려 함이니이다 곧 내가 그들 안에 있고 아버지께서 내 안에 계시어 그들로 온전함을 이루어 하나가 되게 하려 함은 아버지께서 나를 보내신 것과 또 나를 사랑하심 같이 그들도 사랑하신 것을 세상으로 알게 하려 함이로소이다 아버지여 내게 주신 자도 나 있는 곳에 나와 함께 있어 아버지께서 창세 전부터 나를 사랑하시므로 내게 주신 나의 영광을 그들로 보게 하시기를 원하옵나이다"(요 17:20-24)

이처럼 예수님과 하나님 아버지의 관심은 우선 골방에 들어와 은밀한 중에 기도하는 나 자신이다. 삼위 하나님과 나 자신과의 관계이다. 삼위일체 되심에 내가 참여하여 사위일체를 이룸이다. 이 관계가 어떻게 진행되고 있고 어떻게 깊어지고 있는지를 이 세상 사람 아무도 모른다. 오직 세상에 대해서는 은밀하고 신비에 감추어진 일일 뿐이다. 이처럼 은밀하게 진행되는 가운데 삼위 하나님의 일체 되심에 내가 얼마나 잘 적응하느냐 하는 것이 주의 기도를 따라 기도하는 우리에 대한 하늘 아버지의 최우선적인 관심임을 잊지 말자.

하늘 아버지의 나를 향한 이런 우선적인 관심은 순전히 내가 독생자이신 예수님과 십자가에서 동일시를 통해서 연합하기 때문이다. 독생자 예수님과 연합하였기에 하나님 아버지의 시선은 나를 독생자 보듯 하신다. 내가 십자가에 못 박히신 예수님을 나 자신과 동일시함을 통하여 믿을 때 이런 나를 하나님 아버지는 마치 온 세상에 단 한 사람만 있듯이 관심하신다. 즉 내가 독생자라도 된 것처럼 여기시며 바라보신다.

십자가에서 예수님과 연합하는 동일시의 믿음을 가진 사람들이 하나님의 사랑과 관심을 1/n로 나누어 받는 것이 아니라는 뜻이다. 십자가에 못 박힌 예수님과 연합하는 사람이 수백, 수천, 수억 명이라도 하나님 아버지는 그 모든 사람 각자를 단 한 사람만 관심하듯이 관계하신다. 아버지의 이런 관심으로 나를 바라보시는 시선을 받으면서 나는 주의 기도를 하는 것이다. 그래서 삼위 하나님의 이런 시선 앞에서 내가 그 일체 되심에 적응하기 위하여 제일 먼저 해야 할 일이 바로 하나님의 이름이 내 마음에서 거룩히 여김을 받는 일이다.

VII. 아버지의 나라가 임하시옵소서

나의 나라와 아버지의 나라

　이렇게 예수님께서 그리스도로서 이루신 십자가 죽음과 부활과 승천과 보좌 우편에 이르는 연쇄 과정을 내 마음이 따라갈 수 있게 된 덕분에 내 마음에서 하나님의 이름이 거룩히 여김을 받게 되었다. 오직 보좌 우편 예수님 안에서만 내 마음은 하나님의 존재감만을 의식하고 하나님의 좋음만을 열망할 수 있다.

　그러면 이제 문제는 무엇인가?

　문제는 여전히 내 몸은 이 세상에 살아 있다는 사실이다. 그렇다면 이제 여전히 이렇게 이 세상 안에 남아 살아 있는 내 몸과 관련해서는 어떤 일이 일어나야 하는가? 그렇다. 이 땅에는 나의 나라가 없어지고 오직 아버지의 나라가 임하는 일이 일어나야 한다.

　나의 나라는 무엇이고 아버지의 나라란 무엇인가? 나의 나라는 내 주체성이 중심에 서 있는 나라이다. 아버지의 나라는 아버지의 주체성이 중심에 서 있는 나라이다. 나의 나라는 내가 책임지려는 나라이고 아버지의 나라는 책임이 온전히 아버지께만 주어져 있는 나라이다. 이 두 나라는 서로 대적한다. 나의 주체성과 아버지의 주체성이 동시에 하나의 중심에 서 있을 수는 없기 때문이다. 아버지의 주체성이 중심에 서서 당신의 주권적인 생각과 계획이 방해받음이 없이 막히지 않고 땅에서 이루어지는 상태가 아버지의 나라이다. 이렇게 아버지의 나라가 이 땅에 임하려면 절대적으로 나의 주체성은 이 땅에서 사라져야만 한다. 그래서 오직 아버지 홀로 왕이 되시고 임금이 되셔서 다스리시는 나라이다.

나의 나라와 아버지의 나라가 이렇게 충돌하는 이유는 무엇인가? 영토가 같기 때문이다. 나의 나라에든지 아버지의 나라에든지 공통으로 속한 영토란 대체 무엇을 가리키는 것인가?

바로 내 몸이 있어서 이 세상에서 맺어진 관계들 전체이다. 지금이라도 내 몸이 죽어서 없어지면 다 사라져 버릴 관계들. 그만큼 내 몸에 절대적으로 의존하여 있는 모든 다양한 관계들 전체가 바로 '내 나라'의 영토이며 '아버지의 나라'가 실제로 임하여야 할 영토이기도 하다.

가만히 한번 살펴보라. 내 몸이 있어 맺어진 관계에는 어떤 것들이 있는지를. 가족부터 시작하여 가깝거나 먼 모든 지인과의 관계들이 셀 수도 없이 많다. 내 인생은 결국 그런 다양한 관계들로 채워져 있다. 그리고 이제까지 내 삶은 내가 스스로 주체적으로 판단하고 생각하고 바람과 소원을 가지면서 가능한 한 이런 모든 관계로부터 만족과 기쁨을 얻기 위하여 노력하고 추구하면서 이루어진다. 이렇게 내가 주체적으로 판단하고 생각하고 소원하면서 붙잡고 있는 관계들 전체가 바로 내 나라의 영토이다.

그리고 이렇게 다양한 관계들로 이루어진 영토 위로 나의 주체성 대신에 하나님의 주체적인 판단과 생각과 바람과 소원이 임하여 이루어지는 상황이 바로 아버지의 나라가 이 땅에 임하는 것이다. 아버지의 나라가 임한다는 것은 그러므로 내 몸을 중심으로 맺어진 관계들 전체에서 아버지의 주체성이 나의 주체성을 완전히 대체해 버리는 상태이다.

우리는 잘못 생각할 수 있다. 아버지의 나라가 임한다는 것이 무슨 기존의 부패한 인간 사회가 완벽한 제도를 갖춘 복지사회나 유토피아와 같은 국가로 바뀌는 것이 아니다. 이 땅에 임하는 아버지의 나라는 그런 세상 제도나 정치적인 변화를 포함하지 않는다. 예수님의 공생애를 통해서 이 땅에 아버지의 나라가 임하였던 것과 같다. 예수님의 공생애 기간에 임한 아버지의 나라는 당시 로마 제국의 식민지였던 이스라엘 나라와 민족의 처지를 조금도 관심하지 않았으며 아예 건드리지도 않았다. 아버지의 나라는 한 사람의 마음에서 아버지 하나님의 이름이 거룩히 여김을 받을 때 그 사람의 몸이 이 땅에서 맺는 모든 관계 위로 임한다.

그래서 먼저 오해부터 제거하고 명확히 하자. 우리가 골방에 들어가 은밀한 중에 계시는 아버지께 임하기를 간구하는 '아버지의 나라'는 그냥 막연하게 이 세상에 임하라든지, 내가 사는 사회나 국가에 임하라고 간구할 수는 없다. 아버지의 나라가 임하여야 할 이 땅에서의 구체적인 영역은 내 몸이 이 땅에 살아 있어서 맺게 되는 모든 다양한 관계들이다. 이 땅에서 나와 맺어진 모든 관계 위에 아버지의 나라가 임하기를 간구하라는 말씀이다.

내가 몸이 있어서 맺게 되는 가장 우선하는 관계의 영역은 무엇인가? 사람들 대부분에게 있어서는 아마도 가족 관계일 것이다. 부모 배우자 자녀 형제자매 일가친척 그리고 관계는 확장된다. 친구와 이웃과 직장 동료 등등이다. 그리고 연쇄적으로 이어지는 관계의 영역을 더 크게 보면 비록 내 관심의 정도는 희미하지만, 나라와 민족에게까지 관계의 영역은 확장되어 간다. 그리고 더 멀리는 지금 하나의 지구 위에서 사는 동시대의 사람들 전체이다. 이런 모든 관계가 내 몸을 중심으로 이루어져 있다.

그런데 이렇게 다양한 관계들의 한가운데 내 몸이 있게 되는 '내 나라'의 자기중심성은 모든 사람에게 적용된다. 즉 모든 사람은 각자 자기 몸을 중심으로 이 세상에서 이렇게 관계들로 이루어진 '내 나라'의 영역을 가진다. 한 가정에서도 각각의 가족은 자기 몸을 중심으로 하는 '내 나라'를 가짐으로써 '내 나라'는 가족 수만큼 겹쳐 있다. 그 옛날 노예와 주인의 관계에서도 노예는 자기 몸을 중심으로 하는 자기의 나라를, 주인도 자기 몸을 중심으로 하는 자기의 나라를 각각 가지고 있다. 이처럼 몸을 입고 사는 사람이라면 지위고하에 상관없이 모두가 각각 자기 몸이 중심에 서 있는 다양한 관계들로 이루어진 나라를 가진다. 부부지간에도 남편의 나라와 아내의 나라가 동시에 성립한다. 아마 서로가 상대방의 나라 안으로 잠깐 들어갈 수 있다면 깜짝 놀랄 것이다. 자기 몸을 중심으로 바라보던 나라와 배우자의 몸이 중심인 나라가 그처럼 다른 나라라고는 상상조차 하지 못했을 것이기 때문이다.

그러므로 80억 명의 인구가 사는 이 지구에는 80억 명 각자의 몸을 중심으로 하는 80억 개의 '내 나라'가 동시에 존재한다. 그리고 각 나라는 모두 80억 명 전부를 포함한다. 그러므로 본래대로 하자면 하늘에 계시는 아버지의 나라가 이 땅에 임하게 되면 80억 개의 내 나라가 아버지의 나라가 되는 셈이다. 그러면 이제 예수님이 이 땅에 오셨다가 세상 탈출 천국 진입의 그리스도 연쇄 과정을 이루시고 하늘로 올라가신 지 이 천년이 지난 지금, 현존하는 지구 위의 80억 개의 '내 나라'들 중에서 과연 몇 개 정도나 '아버지의 나라'로 바뀌어 있을까?

예수님은 말씀하신다.
"그러나 내가 만일 하나님의 손을 힘입어 귀신을 쫓아낸다면 하나님

의 나라가 이미 너희에게 임하였느니라"(눅 11:20)

"아들이 아버지께서 하시는 일을 보지 않고는 아무것도 스스로 할 수 없나니 아버지께서 행하시는 그것을 아들도 그와 같이 행하느니라"(요 5:19)

예수님은 이처럼 모든 사람을 만나 하는 말과 행동이 다 아버지에게서 나오는 것들이었다. 즉 오직 아버지의 주체성을 당신 안으로 받아들여 표현되게 하셨다는 뜻이다. 예수님의 몸이 있어서 공생애 기간에 맺어진 수많은 관계로 이루어진 영토에서 예수님 자신의 주체성은 자취를 감추고 없어져 버린 셈이다. 2천 년 전 당시 지구의 인구가 몇 명인지는 몰라도 하여간 예수님 한 사람에게서만 창조주 하나님의 주체성이 땅에 임하여 모든 관계의 통로를 통해 뻗어 나가는 아버지의 나라가 임하여 있었다.

그리고 이렇게 예수님에게 임한 아버지의 나라 안으로 이제 예수님을 믿는 사람들이 들어온다. 그렇게 예수님의 나라 안으로 들어오는 사람 각자가 다 자기 몸을 중심으로 맺어진 관계들의 영토에 대해서 주체성을 발휘함으로써 '내 나라'를 가지고 있던 자들이다. 그러나 이제 예수님 안으로 들어오는 사람들 각자에게도 예수님에게서처럼 아버지의 나라가 임하는 일이 나타난다. 이렇게 해서 한 사람이 예수님을 믿는다는 것은 그 사람의 몸을 중심으로 하는 '내 나라' 하나가 온전히 '아버지의 나라'로 바뀐다는 뜻이다.

"나라가 임하시옵소서"라는 기도는 이렇게 바로 내 몸을 중심으로 맺어진 관계들로 가득 찬 내 나라에서 나의 주체성이 아버지의 주체성으로 대체되게 해 달라는 간구이다. 80억 개의 '내 나라'들 중에서 예수님을 믿는 나 한 사람에게만이라도 내 몸을 중심으로 다양한 관계들로 이루어진 영역 전체가 아버지의 나라가 되게 해 달라는 기도이다.

이렇게 하나님의 주권적인 생각과 계획이 나를 통해 임하게 되는 관계에는 제한이 없다. 아내 남편 부모 아들딸 그리고 형제자매 등 가족뿐 아니라 하다못해 전철에서 다섯 정류장을 옆에서 나란히 같이 가는 사람에게도 얼마든지 임할 수 있다. 그리고 넓고 크게는 내가 속한 나라 전체에도 세상 삶을 향한 내 주체성이 부인되고 있는 동안 나라와 국민의 한 사람이 맺는 관계를 통해서 하나님의 다스리심은 임할 수 있다.

아버지의 나라와 창조주의 주권적인 섭리의 차이

그런데 의문이 들지 않는가?

사실 만물의 창조주이시고 나라와 민족의 역사와 모든 개별적인 인생의 주권자이신 하나님 우리 아버지의 다스리심은 지금도 온 세상과 온 우주에 미치지 않는 곳이 없다. 참새 한 마리가 땅에 떨어지는 것조차, 내 머리털 하나가 나고 빠짐 역시 모두 다 하나님의 주권 안에서 일어나는 일이다. 그런데 새삼스럽게 굳이 하늘 아버지의 주권적 다스리심이 내 몸이 있어서 맺어진 모든 관계 안으로 임하기를 바라는 기도를 드려야 하는 이유가 무엇일까?

왜냐면 하나님 아버지의 창조주로서 가지시는 주권이 인간 안으로는 받아들여지지 않고 있기 때문이다. 온 세상에 실시간으로 물샐틈없이 내려오는 하나님 아버지의 주권이 만물 안으로 받아들여지고 있는 가운데 유독 죄와 저주로 가득 찬 인간 인격의 내부로는 들어올 수가 없다. 죄악으로 인해 저주에 찌든 결과 스스로 내 인생에 대해서 주체가 된 나의 인격 안으로 하늘 아버지의 주권적 다스리심은 조금도 받아들여지지 않는다. 그래서 창조주로서 하나님은 다만 죄악의 덩어리인 나의 인격 밖에서 나의 삶과 인생의 길을 주권적으로 이끄실 수밖에 없다. 이런 주권적인 섭리에서는 언제나 내 죄악 됨과 저주받음의 상태 그리고 그로 인해 나타나는 여파가 하나님이 주권을 행사하심에서 고려되고 계산될 수밖에 없다.

이렇게 내 죄악 됨과 저주에 찌듦이 고려되고 계산되어야 하는 한, 내 몸으로 살아야 하는 삶과 인생을 포함하여 내가 몸이 있어서 맺는 관계들을 향하는 하늘 아버지의 주권적 다스리심은 순수하게 창조적이고 전적으로 자발적으로 수립하신 계획을 따라갈 수가 없다. 즉 태초의 창조 때처럼 주권자로서 당신이 보시기에 좋은 대로 계획하시고 이끌어 가실 수가 없다. 온 세상에 대한 유일한 주권자로서 자발적이고 창조적으로 세우신 모든 계획은 하나님이 보시기에 좋은 대로 이 땅에서 이루어지는 대신에 나의 죄악과 저주받음으로 인해서 포기되고 수정되고 변경되어야만 한다.

왜냐면 창조주 하나님은 이 세상을 통치하심에서 인간의 자발적인 참여를 위하여 여백을 살려 두시기 때문이다. 즉 인간이 마치 예수님에게서처럼 자발적으로 하나님 자신을 좋아하고 기꺼이 하나님의 생각을 받아들여서 하나님의 이 땅을 다스리심에 참여하기를 바라신다는 것이다. 그러나 인간의 이러한 하나님을 향한 자발성은 이제 죄와 저주로 인해서 완전히 사라졌다. 그러니 이제부터 하나님은 인간의 자발적인 참여 아래 이루시려던 창조적인 계획을 하나도 이루어 갈 수 없게 되었다는 것이다. 이제 하나님의 주권 행사에는 이런 인간의 모든 죄악이 다 고려되고 계산된다.

그러나 만약에 주기도의 앞 구절에서처럼 하나님의 이름이 내 마음에서 거룩히 여김을 받으면 이런 인간의 죄악으로 인해 벌어진 불행한 사정이 어떻게 달라지나? 즉 내가 마음으로 예수님의 십자가에서 세상에 있는 모든 이름에 대해서 죽는다. 그리고 예수님과 연합하여 그리스도 연쇄 과정을 따라 하늘로 올라가서 하나님을 직면함으로써 하나님의 이름이 내 마음에서 거룩히 여김을 받게 된다. 그 결과 오직 하나님 한 분만의 존재감을 의식하고 하나님 한 분만의 좋음을 소망하게 되면 그래서 이제 내게서 죄악의 상태가 중지되면 이제 땅에서는 사정이 어떻게 달라지느냐는 것이다.

그렇게 되면 비로소 아버지 하나님이 당신의 창조적이고 자발적인 계획을 실현하실 수 있게 된다. 그러면 이 땅에서 내 몸은 창조주이신 하나님이 나의 아버지로서 당신의 주권을 방해받음 없이 펼치실 수 있는 거점이 되는 것이다.

내 마음이 이 세상에 머물러 있으면서 이 세상 피조물의 존재감을 더 먼저 느끼고 이 세상 피조물의 좋음을 열망하는 죄악의 상태에서는 절대로 안 되는 것이 있다. 하나님 아버지께서 나의 몸을 거점으로 삼아 내 몸이 있어 맺어지는 모든 관계를 향하여 당신의 창조적이고 자발적인 주권을 당신이 보시기에 좋을 대로 펼쳐 나가시는 일이다. 내 마음이 세상에 남아서 세상 것의 이름을 마음에 담아 두고 그 이름이 가리키는 대상을 욕구하여 소망하는 동안은 절대로 하나님의 주권이 내 안으로 들어와 내 몸이 맺는 관계들을 향하여 뻗어 나갈 수가 없다.

그러는 동안에는 하늘 아버지의 주권은 오직 내 밖에서 나와 내가 맺는 관계들을 이끌어 가실 수밖에 없다. 이런 방식으로 행사되는 하나님의 주권은 예수님을 은 삼십에 팔아 버린 가룟 유다에게도, 예수님을 십자가에 못 박는 일에 목숨을 걸었던 대제사장이나 유대 군중들에게도, 마지못해 예수님을 십자가에 못 박도록 승인한 로마의 총독 빌라도에게도 다 임한다. 내가 이러한 주권적 섭리 안에 있음은 분명하다. 그러나 이 상태로는 내게 하나님 아버지의 나라가 임한 것이 전혀 아니다. 나를 포함하여 죄악 된 인간들에 대한 주권적인 섭리만 작동하는 상태이다. 이런 상황에서 하나님의 주권은 창조적이고 자발적으로 실현되지 못한 채 오직 나를 포함한 인간들의 죄와 저주에 찌듦을 고려하고 계산에 넣어 실현될 수밖에 없다.

주의 기도에서 이 땅에 임하기를 바라는 아버지의 나라는 무엇인가?

아버지의 나라는 내 마음에서 다른 이름이 거룩히 여김을 받는 죄악의 활성화가 멈추어졌을 때 하나님의 창조적인 주권이 나를 통하여 내 몸으로 맺고 있는 모든 관계로 뻗어 나가는 상태이다.

교정적 주권과 창조적 주권

우리는 여기서 아버지 하나님의 교정적인 주권과 창조적 주권을 말할 수 있다. 내가 하나님 아버지가 태초에 예정하신 당신의 아들이라는 전제하에서만 이해될 수 있는 말이다. 그렇게 예정된 하나님의 아들인데도 나의 마음에서는 여전히 세상 피조물의 이름이 거룩히 여김을 받는 중이라면 어떻게 되는가? 그래서 하늘 아버지의 이름이 내 마음 안에서 거룩히 여김을 받지 못하는 상태라면 하나님 아버지의 주권은 내 나라의 영토 안에서 창조적으로 실행될 수 없다. 그 대신에 여전히 죄와 저주에 찌든 나를 하늘 아버지의 아들답게 바꾸시려는 의도를 띠고 나에게 임한다. 이런 경우에 하나님 아버지의 주권을 우리는 교정적인 주권이라고 부를 수 있을 것이다. 이런 교정적인 주권을 통해서 우리가 아들답게 되면, 그래서 내 마음에서 아버지의 이름이 거룩히 여김을 받는 일이 지속하면 그때 비로소 이 땅에 아버지의 나라가 임할 수 있게 된다.

하나님은 그 누구의 부탁이나 충고를 받아들여 이 무한한 우주의 그 수많은 피조물을 만들어서 지금처럼 있게 하신 것이 아니다. 그토록 무한히 다양한 만물은 모두 다 우리 하늘 아버지의 자발적인 창조성에 의해서 비롯된 것들이다. 나를 포함하여 내 주변의 모든 사람에 대해서도 하나님 아버지는 그 누구의 충고나 권고 없이 자발적으로 창조적인 계획을 수립하시고 이 세상에 있게 하신 것이다.

그런데 나를 포함하여 내 주변의 모든 사람은 죄와 저주에 찌들어 스스로 자기 인생에 대해 주권자가 되어서 하나님 이외의 대상들을 좋아하고, 그래서 그 대상들의 이름을 마음으로 붙잡고 살아간다. 이렇게 죄와 저주에 찌들어 있는 한 하나님은 나나 내 주변 사람들을 향하여 자발적이고 창조적으로 당신이 본래 원하시는 생각과 계획대로 주권을 펼쳐 가실 수가 없다.

궁금하지 않은가? 만약에 내가 죄악에 찌들지 않았다면 내 인생은 지금 어떤 모습일까? 죄악에 찌들어서 하나님 말고 다른 피조물의 존재감을 하나님의 존재감보다 더 먼저 의식하고, 다른 피조물을 하나님보다 더 좋아하는 저주받음의 특징을 드러내지 않았다면, 그래서 자발적이고 창조적인 하나님의 주권이 방해받음 없이 마음껏 내 삶을 이끌어 가셨다면 지금쯤 나의 생애는 어떤 상태일까? 분명히 창조주이시고 나의 아버지이신 하나님의 기준에 보시기에 좋게 이끄셨을 내 인생이 너무나 궁금하고 또한 아깝다. 내가 책임지고 내 인생을 얼마나 더 개선하고, 향상되게 하고, 발전하게 하며, 얼마나 많이 성취하며, 얼마나 더 높아지게 할 것인가 하는 일은 애당초 나의 관심거리가 되면 안 되는 것이었다. 본래 이 땅에서의 내 인생은 내 일이 아니기에 말이다.

하나님 우리 아버지의 나라가 임하기를 바라는 기도는 이처럼 내가 태어나기도 전에 나를 향해서 아버지께서 가지신 본래의 자발적이고 창조적인 주권적 계획을 나의 죄와 저주에 찌듦에 방해받음 없이 수행하시기를 간구하는 것이다. 그리고 이렇게 나의 죄로 인한 저주받음이 무력화되는 상태가 바로 아버지의 이름이 내 마음에서 거룩히 여김을 지속하여 받는 상태이다. 즉 십자가에 못 박히신 예수님과 나를 동일시함으로써 연합하여 부활 승천을 따라 하늘 보좌 우편에 내 마음이 와 있는 상태가 되어야 한다. 그래야 나를 향하시던 하나님의 교정적 주권이 비로소 창조적 주권으로 바뀔 수가 있다. 내 마음이 그리스도 연쇄 과정 속 예수님을 따라서 하늘에 올라와서 보좌에 계신 아버지에게 모두 쏟아질 때 내 몸은 이제 이 땅에 있는 나 자신과 내가 맺는 관계 영역 전체를 향하시는 하나님 아버지의 자발적이고 창조적인 생각과 계획이 이루어지기 위한 거점이 될 수 있다.

내 몸이 땅에 임하는 아버지 나라의 구심점이라는 의미

이렇게 이 땅에 살아 있는 내 몸을 거점으로 삼고 내려온 하늘 아버지의 자발적이고 창조적인 주권은 이제 내 몸이 있어 맺게 된 모든 관계로 그 뜻과 계획을 뻗어 나가신다. 이처럼 아버지의 나라가 이 땅에 임할 때 내 몸은 이 땅에서 내 몸이 있어서 맺게 된 모든 관계의 영역 전체의 중심점이다. 하나님 아버지의 자발적이고 창조적인 주권이 내려와 내가 맺는 모든 사람과의 관계를 다스리시는 구심점이고 중심점이다.

내 몸을 중심점으로 하여 하나님 아버지는 내 주변의 모든 사람 하나하나의 사람됨과 그 사람이 속한 환경과 조건을 속속들이 아시고 계산하시면서 당신의 통치를 확장해 나가신다. 내가 몸이 있어 맺은 관계의 대상, 그리고 그 대상이 맺는 또 다른 관계, 그리고 그 관계들의 대상들이 또다시 맺는 관계, 이렇게 나 한 사람을 거점으로 삼으시면 하나님 아버지의 통치는 연쇄적으로 이어지는 관계를 통로로 삼아 무한히 뻗어 나가실 수가 있다.

그러다 보면 이런 일도 얼마든지 생길 수 있다. 즉 태평양 건너 미국에서 나는 전혀 모르는 가운데 일어나는 일인데도 그런 일이 일어나는 이유가 한국에서 '내 나라'가 '아버지의 나라'가 되었기 때문일 수 있다는 뜻이다. 내 몸이 이처럼 하나님 아버지의 자발적이고 창조적인 주권의 거점이 되었을 때 도대체 이 세상에는 무슨 일이 일어날지 궁금하기 짝이 없다. 어차피 내 몸을 중심점으로 하는 관계의 영역 안에서 가까이 그리고 멀리, 짙게 그리고 희미하게, 연쇄적인 관계의 이어짐은 무한대로 뻗어 간다. 그래서 내게로 내려와 안으로 받아들여진 하늘 아버지의 주권적 다스리심은 내 몸이 있어 맺게 된 그 모든 관계의 통로로 흘러서 그 대상들의 삶으로 침투해서 들어가게 되니까 정말 무슨 일이 일어날지 궁금하다는 것이다.

만약에 이 지구 위에 현재 오직 나 한 사람만 마음으로 그리스도 연쇄 과정 속 예수님과 하나가 되어서 하늘 보좌 우편까지 갔다면, 그래서 내 마음이 하나님 아버지만을 직면하여 아버지의 이름이 나 한 사람 안에서만 거룩히 여김을 받는 중이라면 이 지구를 향한 하나님의 자발적이고 창조적인 주권적 다스리심의 중심은 나도 모르는 사이에 바로 나 한 사람이 된다. 수많은 나라가 있어서 대통령이 있고 왕들이 있어도 하나님의 이름이 거룩히 여김을 받는 나 한 사람이 이 세상의 유일하신 참되신 주권자 아버지의 다스리심이 세상으로 퍼져 나가는 중심점이다. 내가 원하든지 원하지 않든지 상관없이 벌어지는 일이다. 만약 다행스럽게 그보다는 더 많아서 하나님 아버지의 이름이 그 안에서 거룩히 여김을 받는 사람이 백 사람이면 그 백 사람이 자기들도 모르는 사이에 지구 곳곳에서 하늘 아버지의 자발적이고 창조적인 주권의 실현을 위한 백 개의 중심점이 된다. 서로 다른 백 개의 중심점을 통해 이 세상에 퍼져 나가는 아버지의 주권이 질서와 조화를 이룰 것은 새삼스럽게 말할 나위가 없다. 오직 단 한 분 전지전능하신 아버지의 주권이 백 개의 중심점을 통해 표현되는 것이니까 말이다.

이렇게 하나님의 나라가 내 모든 관계 위로 임하여야만 하기에 가정에서나 직장에서나 시장에서나 언제 어디서든지 우리 마음에서는 하나님 아버지의 이름만 거룩히 여김을 받아야 한다. 하나님의 이름을 기억하고 의식하면서 하나님의 존재감을 일등으로 느껴야만 하고, 마음 채움을 위하여 하나님의 좋음만을 소망하여야 한다. 이처럼 하늘로 올라가는 바람에 이 땅에 마음을 쏟을 수 없는 상태에서 내 몸이 있어 맺어진 모든 관계 위에 하나님의 자발적이고 창조적인 주권이 임하기를 위하여 우리는 기도한다. 즉 마음이 예수님 따라서 하늘로 올라가느라 내 팽개쳐진 듯 이 땅에 남게 된 모든 관계의 대상들 위에 아버지의 창조적인 주권적 다스리심이 내려오기를 기도하여야 한다.

내가 몸이 있어서 맺어진 관계의 대상 중에서 가족을 포함하여 모든 사람 즉 내가 좋아하는 사람이든 싫어하는 사람이든 친구든 원수든, 그 누구도 나의 친아버지이신 하나님의 주권 밖으로 튕겨 나가 밖에 있는 사람은 없다. 내 마음이 그리스도 연쇄 과정 속 예수님 따라서 하늘 보좌 우편에 머물러 하나님 아버지만을 직면하고 있다고 해서 내 몸이 있어서 맺어진 관계의 대상들이 끊어지거나 버려지는 것이 아니다. 모두 다 더욱 온전히 하나님 아버지의 주권적인 손으로 넘어간다. 그렇게 되면 오히려 내 몸이 있어 맺어진 모든 관계의 대상들에게는 내 관심과 내 능력과 내 수준이 아니라 하나님의 관심과 하나님의 능력과 하나님의 수준을 만나게 되는 기회가 제공되는 셈이다.

내 마음이 여전히 죄와 저주로 찌들어 땅에 남아서 뒹굴고 있으면 아버지의 주권은 나 자신과 내 몸이 관계하는 모든 대상 위에서 밖에 머무른 채 교정적인 섭리로서 나타나게 될 수밖에 없다. 그러나 내 안에서 하나님의 이름이 거룩히 여김을 받으며 죄와 저주의 활성화 상태가 정지되고 묶이게 되면 하나님의 주권은 내 안으로 들어온다. 그래서 내 몸이 맺고 있는 관계의 통로를 따라 흘러 상대방에게로 들어간다. 하나님의 주권이 내가 맺은 모든 관계의 대상들에게로 침투하여 들어갈 수 있는 거점과 통로를 확보하게 되는 것이다.

하나님 아버지의 이름 하나만이 내 안에서 거룩히 여김을 받으시게 됨에 따라 내 몸과 관련성 안에 들어와 있지만 내 마음에서 버려진 그 모든 이름이 가리키는 대상들과 맺어진 모든 관계 위에 하나님의 주권적 다스리심이 임하도록 기도하라고 하신 것이다. '이렇게 기도하라!' 하심은 하늘 아버지께서 내 삶의 모든 관계를 전적으로 책임지실 것임을 예수님께서 약속하시고 보증하시는 것이다.

내 몸으로 사는 이 세상 삶은 내 책임이 전혀 아니다

그런데 이러한 하나님 우리 아버지의 주권이 어디 내가 몸이 있어서 관계가 맺어진 사람에게만 임하겠는가? 하나님의 자발적이고 창조적인 주권은 사람뿐만 아니라 몸이 있어서 관계하게 된 사건, 사물, 상황, 문제, 과제 등 모든 영역에 임한다. 다만 내 마음에서 하나님 아버지의 이름이 거룩히 여김을 받음이 지속되기만 한다면 말이다. 내 마음이 예수님 안에서 하늘에 올라가 보좌 우편에서 아버지를 직면하는 상태가 유지되기만 한다면 말이다.

지금 당장 내 몸을 한 번 보고 내 몸 주위를 둘러보라. 내 몸과 내 몸 주변으로 보이는 모든 사람과 모든 사물과 사건과 상황 위로 우리 하늘 아버지의 주권은 햇살처럼 내려오고 있다. 공기가 모든 공간을 채우고 있듯이 아버지의 주권적 주체성은 내 주위를 온통 채우고 있다. 그런데 이렇게 엄연한 사실을 외면한 채 이러한 아버지의 주권에 대해서 내 의식이 꺼진 상태로 삶에 임하면 나는 어쩔 수 없어서라도 내 삶을 책임져야 하는 사람의 위치에 선다. 내 나라를 경영하는 책임자가 되어야 한다.

내 삶에 대한 성실한 책임감, 미래를 향한 건전한 비판 의식에서 나오는 염려와 적절한 부담감, 그런 속에서 생각해 낸 미래의 목표를 바라보며 갖는 기대감과 적절한 긴장감, 그래서 그 목표를 향하여 지금의 삶을 근면하고 부지런하고 열정적으로 주도하는 태도, 모범 시민이라면 마땅히 갖추어야 할 이런 덕목들, 모두 다 죄와 저주에 빠져서 하나님을 아버지로 관계할 수 없는 이방인 같은 영적인 고아들의 특징이다.

내 몸의 세포 하나하나까지 그리고 내 몸을 중심으로 하는 관계 영역 안으로 들어와 있는 그 어느 한 대상도 빠짐없이 나의 하늘 아버지의 주권적인 생각이 미치지 않는 틈새는 바늘 끝만큼도 없다. 내가 내 몸으로 사는 이 땅에서의 삶을 위하여 할 수 있는 가장 우선적인 일은 이렇게 치밀하게 빈틈없이 24시간 1년 365일 내 평생에 단 한 순간도 쉬지 않고 내려오는 하늘 아버지의 주권적인 주체성을 방해하지 않는 일이다. 내 삶을 내가 책임지려고 하자마자 나 스스로 하나님이 아버지로서 나를 위하여 생각하시면서 책임지시고 이루어 가실 모든 창조적이고 자발적인 계획을 방해하고 찢는다.

이 세상 삶은 내 책임이 아니며 내가 생각할 일도 아니다. 지금 순간에도 거의 무의식적으로 내 삶은 내 책임이라는 생각이 의식 저변에 깔린 채 살고 있는가? 그것이 바로 저주받은 자의 특성임을 잊지 말자. 내 몸으로 맺는 관계를 사는 내 삶이지만 하나님 아버지의 책임이며 하나님 아버지만이 이 땅에서의 내 삶을 생각하실 수 있는 합법적인 주체이시다. 내 책임과 내 생각은 땅이 아니라 전적으로 하늘을 향하여야 한다. 천국 보좌에 계시는 아버지 자신만이 내가 마음과 뜻과 힘을 다하여 사랑해야 하고, 생각해야 할 책임이 있는 대상이시다.

"그러므로 너희가 그리스도와 함께 다시 살리심을 받았으면 위의 것을 찾으라 거기는 그리스도께서 하나님 우편에 앉아 계시느니라 위의 것을 생각하고 땅의 것을 생각하지 말라 이는 너희가 죽었고 너희 생명이 그리스도와 함께 하나님 안에 감추어졌음이라"(골 3:1-3)

평생 유지해야 할 내 책임은 땅의 것이 아니라 위의 것을 생각하고 찾는 일이다.

앞에서 살펴보았듯이 기도할 때 이방인처럼 중언부언하지 말라고 하셨다. 중언부언이란 한 사안에 대해서 이미 필요한 말을 다 하고 나서 다시 또 같은 사안에 대하여 불필요하게 말을 덧붙이며 되풀이하는 것을 뜻한다. 내가 내 삶에 대해서 생각하고 기도하는 것이 중언부언이 되는 이유는 내 삶에서 내가 무엇을 관심하면서 생각하든지 이미 하나님 아버지가 앞서서 생각하지 않으시는 대상이나 일은 없기 때문이다. 내가 스스로 내 삶에 대해 책임감을 느끼는 주체가 되어서 방해하지만 않으면 이렇게 앞서서 하나님 아버지 자신이 생각하신 것은 아버지께서 스스로 다 알아서 당신이 정하신 계획대로 정하신 타이밍에 따라 이루어 가실 것이다.

그러므로 이 땅에서 영위되고 있는 내 인생의 성공은 내가 스스로 얼마나 대단한 성과를 이루느냐에 달린 일이 아니다. 내 인생의 성공은 얼마나 내가 철저히 삶의 모든 현장과 모든 때에 나의 주체성을 부인하고 오직 하늘 아버지의 주권적인 주체성을 인정해 드리느냐에 달려 있다. 아버지의 나라가 임하시라는 간구를 통해서 말이다.

하나님 우리 아버지는 당신이 보시기에 좋게 세상을 창조하셨다. "보시기에 좋았더라"라는 말씀은 하나님 아버지가 이 세상을 창조하실 때 당신의 기준이 있었다는 뜻이고, 만드신 만물이 그 기준에 맞아떨어지게 지어졌다는 뜻이다. 하나님 우리 아버지는 내 삶을 내가 태어나기 전에 평생의 모든 날을 다 내다보시고 계획하셨다. 이처럼 당신이 내 인생을 계획하실 때는 내 인생의 모든 날과 인생 전체의 모습을 당신이 가지고 계시는 기준에 맞추어 보시기에 좋도록 설계하셨다. 그러므로 우리는 아버지의 나라가 임하기를 바라는 기도를 통해서 하나님 우리 아버지의 내 삶을 향하시는 주권적인 주체성만 인정하도록 하자. 그냥 하나님 아버지가 마음대로 하시도록 내 주체성을 완전히 철수시키자. 하나님의 주권적 다스리심이 내 몸을 중심점으로 삼아서 나와 관련된 모든 대상 전체로 뻗어 나가기를 위하여 기도하자. 그러면 하나님 아버지가 보시기에 좋으실 대로 창조적이고 자발적인 주권 행사를 통해서 내 삶을 이끌어 가실 것이다.

그러면 이렇게 아버지의 나라가 임하기를 기도함에서 실제로 맞닥뜨리는 문제는 무엇인가? 실제로 내 나라가 아버지의 나라로 바뀌는 일을 방해하는 주된 요인이 무엇인가? 바로 내 죄와 저주에 찌든 체질이다. 이 땅에서의 삶을 스스로 판단하고 생각하며 책임지는 주체적인 자리에 서려는 나의 죄적인 체질을 어떻게 끊어 내느냐 하는 것이 관건이다. 우리는 나의 주체적인 역량을 총동원하여서 행하라고 명하신, 마음을 다한 하나님 사랑에 몰입하지 않는다. 그 대신에 내 마음은 체질적으로 습관이 돼 버린 대로 이 땅에서의 삶에 마음을 쏟아붓는다. 내 삶의 상황이나 문제를 나 스스로 좋다 혹은 나쁘다고 판단하고 그에 이어 스스로 개선책을 생각한다. 그래서 잘 안되면 고민하고 근심하며 걱정과 불안에 싸이는 등 세상 삶의 주체가 되어서 매일을 살고 평생을 산다. 그러는 동안 하나님의 내 삶을 향하시는 주체성은 완전히 끊기고 찢기고 버려지고 만다. 사실 이제까지 이어 왔던 기도 생활도 따지고 보면 내가 내 삶을 책임지는 주체적인 입장에서 하나님의 주체성을 외면하고 무시하고 경멸하면서 하나님을 내 수하처럼 부리려는 의도에서 나온 기도였다.

그래서 어쨌든지 중요한 점은 거의 자동으로 내 삶에 대해서 주체가 되려는, 자동으로 내 삶을 스스로 판단하고 생각하고 해답을 찾고 추구하려는 이 고래 심줄보다 더 질긴 저주받은 체질을 실제로 중단시키고 저지할 수 있어야만 한다. 아버지의 나라가 임하기를 바라는 기도는 이처럼 아버지의 주체성을 인정하되 말로만 하는 것이 아니라 실제로 이 세상을 향하는 내 주체성을 땅으로부터 제거함으로써 인정하는 일이다.

아버지의 나라가 임하려면 십자가가 열쇠다

그러면 어떻게 우리는 내 삶에 대해서 스스로 책임지려는 죄와 저주에 찌든 체질적 습관으로부터 온전히 벗어날 수 있을까? 내 삶은 내가 주체적인 자리에 들어서지만 않으면 된다. 내 삶은 책임지려는 나만 없으면 된다. 그래서 아버지의 주체성만 유일한 삶의 책임자로서 인정하고 받아들일 수만 있으면 된다. 왜냐하면 하나님 아버지가 살아 계신 분이라는 것, 하나님 아버지가 창조주요 주권자시라는 것, 그 창조주요 주권자 되시는 분이 독생자를 아끼지 않고 나를 사랑하신다는 것, 그 하늘 아버지의 주권과 사랑이 지금도 햇빛처럼 공기처럼 내 몸으로 사는 삶의 모든 영역 구석구석까지 내려오고 있다는 것, 하나님의 주권적인 사랑과 지혜가 내가 내 삶을 책임질 때의 사랑과 지혜보다 너무나 월등하다는 것 이 모든 것이 다 엄연한 사실(Fact)이기 때문이다.

내가 내 삶을 책임지려는 태도나 기미를 조금이라도 보인다면 그것은 앞에서 열거한 모든 엄연한 사실들에 정면으로 반(反)하는 것이다. 이보다 더 큰 손해를 자초하는 어리석음이 어디 있겠는가? 그러나 안타깝게도 모든 사람은 이런 어리석음에 길들여 있다. 이런 어리석음이 체질이 되어 있다. 심지어 자기 삶을 스스로 온전히 책임지려는 의식을 어리석음으로 여기기는커녕 훌륭한 인간다움의 모범으로 찬양하며 기리고 있다. 이런 모든 엄연한 영적 사실들을 다 포기하고 반하는 궁극적 어리석음을 자긍심으로 여기는 이 상태를 어떻게 벗어날 수가 있을까? 이런 엄연한 영적인 사실들을 물이 높은 곳에서부터 낮은 곳으로 흐르듯이 자연스럽게 그냥 인정하면서 그 사실에 반하는 태도로 방해하지만 않으면 이 땅에서의 삶은 저절로 하나님 아버지의 계획대로 그분의 지혜와 능력을 따라 진행될 것이다.

그래서 일어난 사건이 바로 예수님의 십자가 사건이다. 예수님의 십자가는 이 땅에서 내 몸이 있어서 맺어진 전체 관계로 이루어진 전 영역에 걸쳐 아버지의 나라가 임하게 하는 열쇠이다. 십자가는 내 마음의 깊은 곳에 아버지의 이름 말고 다른 이름이 들어와서 내 인격 전체를 더럽히는 상태를 종식하고, 오직 아버지의 이름만이 내 마음 안에 있게 됨으로써 거룩히 여김을 받게 하는 유일한 열쇠다. 이와 마찬가지로 예수님의 십자가는 이 땅에서의 내 삶의 전 영역으로 아버지의 주권적 다스리심이 방해받음 없이 내려오게 하는 열쇠이다.

그러므로 "아버지의 나라가 임하시옵소서!"라는 기도는 '내 삶을 스스로 책임지려고 하는 죄와 저주에 찌든 나의 주체성이 십자가에서 예수님과 함께 죽게 하여 주시옵소서!'라는 간구와 함께 가야만 한다. "아버지의 나라가 임하시옵소서!"라는 기도는 내가 주체가 되어 이끌어 가는 내 나라는 십자가를 통해서 종식되어 없어지고, 대신에 하나님 아버지가 주체가 되어 이끌어 가시는 아버지의 나라가 임하기를 구하는 기도이다.

 내 삶을 나 스스로 판단하고 생각하고 그에 따라서 해답을 찾아내고 그 해답대로 추구하며 해결하려는 태도를 유지하는 한 아버지의 나라는 내 삶을 이루는 모든 관계 위에 임할 수가 없다. 내가 주체가 되어서 내 인생을 이끌며 모든 삶의 문제에 대한 해답을 내 호불호의 기준을 따라서 스스로 정한 내 나라 위에 하나님 아버지의 지혜와 능력을 덧붙이려고 하는 기도는 가장 심각한 오류이고 영적인 간음이며 더러운 죄악이다. 이런 태도를 유지하는 한 통째로 없어져야 마땅한 내 나라도 내가 뜻하는 대로 끌어갈 수 없고, 또한 마땅히 임하여야 할 아버지의 나라도 방해받아 사라진다. 그러므로 너무나 자연스럽게 여겨지고 익숙한 내 삶을 이렇게 내가 스스로 책임지려는 저주받은 습성이 체질이 된 나를 통째로 예수님의 십자가에 못 박지 않으면 안 된다. 내 삶을 책임지려는 나의 주체성만 없으면 내 삶은 정말 어느 모로도 걱정할 일이 없다.

 지금 삶의 문제가 많은가? 그러면 기도하라. 그런 모든 문제에 대해서 내가 생각한 해답을 하나님께 구하는 기도 말고, 그런 문제를 내가 책임지려는 저주받은 내가 십자가에서 예수님과 함께 죽은 자가 되게 해 달라고 기도하라.

 십자가에서 죽음이 없이 기도하면 할수록 내 생애 속 악순환의 골은 깊어만 간다. 예를 들어서 건강 문제, 부부 문제, 자녀 문제, 재정 문제, 인간관계 문제, 결혼 문제, 취직 문제, 집 문제, 자동차 문제, 보험 문제 등등 영역과 분야를 가릴 필요 없다. 지금도 하나님 아버지의 사랑과 주권은 그 모든 삶의 분야에서 일어나는 모든 문제에 중단 없이 내려오고 있다. 다만 나 역시 중단 없이 그 모든 문제에 임하는 하나님 아버지의 사랑과 주권적인 뜻과 계획을 가로막고 방해하기를 있는 힘을 다해 버티듯이 유지하여 나가는 중이다. 이렇게 스스로 주체가 되어서 하나님 아버지의 주권을 방해하면서 스스로 삶의 무게를 견디는 어리석은 버티기만 중지하면 불행의 악순환은 근본에서부터 끊기게 된다.

삶을 향해서는 하려고 함이 언제나 문제다. 하려고 함을 중단하라. 하지 않음이 답이다. 다만 게을러서 하지 않는 것이 아니라 예수님의 십자가에 머물러 있느라 못 하는 것이어야 한다.

이제 기도하자. 이렇게 나의 죄와 저주받음의 상태를 고스란히 드러내므로 삶의 영역 구석구석 다 망가져 버리고 혼돈과 공허와 흑암으로 뒤덮여 버린 내 인생과 삶의 형편에 대해서 이제부터라도 아버지의 주권이 방해받음 없이 내려오시도록 기도하자. 내 삶에 임한 혼돈과 공허와 흑암은 그 자체로는 전혀 문제가 안 된다. 우리의 하늘 아버지는 혼돈 공허 흑암에 아름다운 조화와 질서 그리고 꽉 찬 결실과 광명의 상황을 만들어 내시는 전문가이시다.

우리가 삶에서 겪는 진짜 불행의 원인은 생활 현장에서 실제로 벌어진 문제가 아니다. 그 문제로 인해서 내 삶과 내 마음까지도 짙게 덮어 버린 혼돈과 공허와 흑암 자체가 아니다. 내 책임감 때문이다. 내 나라를 지탱하려는 의지 때문이다. 불행함 속에서 겪는 불안과 두려움과 우울함과 근심과 절망의 근본 원인은 내 삶을 덮어 버린 혼돈과 공허와 흑암의 상태를 스스로 책임지면서 혼돈을 질서로, 공허를 결실로, 흑암을 광명으로 바꾸려는 내 주체적인 태도이다. 이 세상에 존재하고 있는 한 아무리 상태가 망가지고 아무리 깊이 혼돈 속으로 휘말려 들어갔어도, 아버지의 주권은 중단 없이 혼돈과 공허함과 흑암 위로 내려오고 계신다. 다만 그 삶에 대해서 주체성을 띠려는 바보 멍청이 같은 나만 십자가에서 죽어 없어짐으로써 아버지 주권의 나라가 임하는 길을 막지만 않으면 된다.

아버지에게는 본래 처음부터 이 피조물의 영역 안에 발생한 혼돈과 공허와 흑암을 물리치시고 당신이 보시기에 좋을 만큼 질서와 결실과 광명으로 바꾸시는 일이 전공임을 잊지 말자. 그리고 나의 전공과목은 내 육체로 사는 이 땅에서의 삶이 아니다. 그러면 내 전공과목과 내 책임은 무엇인가?

내 전문 분야와 내가 책임져야 할 영역은 몸으로 사는 이 땅이 아니다. 내 전공 분야는 예수님이 그리스도 연쇄 과정 끝에 도달하여 계시는 하늘이고 천국이다. 나는 이 세상 내 삶의 전문가가 아니라 천국 전문가가 되어야 한다. 그러기 위해서는 절대로 십자가를 붙잡아야 한다. 즉 이 세상 내 삶에 대해서 중단 없이 내려오고 있는 하늘 아버지의 사랑과 주권을 뿌리치고, 스스로 이 땅에서의 삶을 주관하며 참여하고 간섭하려는 바보 멍청이 같은 나를 반드시 예수님과 함께 십자가에 못 박혀 죽은 자로 여겨야만 한다.

그러므로 내 전공 분야는 소극적인 측면으로는 세상에 대해서는 자꾸 함부로 나대려는 내가 무조건 예수님의 십자가에서 죽는 일이어야 한다. 적극적인 측면에서는 부활 승천 하여 보좌 우편에 계시는 예수님을 떠나지 않고 그 안에 머물면서 하늘 보좌까지 따라 올라가서 하늘에 계시는 하나님 아버지와 깊은 사귐과 일체 되는 교제를 갖는 일이 진정한 내 전공 분야이다. 즉 마음의 존재감을 느끼는 의식과 채움을 욕구하는 공백 안으로 하나님 한 분만을 모셔 들이기 위해서 전력을 다하는 일이 내 전문이어야 한다. 예수님을 믿는 사람으로서 내가 평생 전력을 다하여 상대하여야 할 유일한 '너'이자 '당신'은 오로지 하늘 아버지뿐이시다. 예수님을 믿는 한 하늘 아버지가 유일하게 내 전공이어야 한다. 나는 오직 하늘에 계시는 하나님 전문가가 되어야 한다.

기도하자. 그동안 저주에 걸려 스스로 책임지는 자리에서 붙잡고 있던 땅의 삶은 십자가에서 예수님과 함께 세상에 대해서 죽음으로써 하나님의 주권에 돌려드리고, 그동안 까마득하게 잃어버렸던 하늘의 삶은 부활 승천 하여 보좌 우편에 앉으신 예수님 안에서 다시 찾게 해 달라고 기도하자.

그래서 어쩔 수 없이 아버지의 나라가 이 땅에 임하기를 바라는 기도는 일종의 유언이 될 수밖에 없게 된다.

날마다 모든 생활 현장에서 하는 유언 기도

아버지의 나라가 임하기를 구하는 기도는 어쩔 수 없이 하늘에 계시는 아버지의 이름이 거룩히 여김을 받으시라는 기도와 떼려야 뗄 수 없이 연결되어 있다. 이 이름을 위한 간구는 아버지의 이름만이 있음을 의식하는 존재감과 좋음을 흡입하려는 욕구의 대상이 되게 해 달라는 간구이다.

이처럼 하늘에 계시는 하나님 아버지의 존재감이 실제로 내 마음에서 일등의 존재감이 되고 하나님 아버지의 좋음이 내 마음에서 유일한 소망의 대상이 되려면 조건이 있다. 내 마음이 이 땅을 떠나 하나님 아버지 계시는 천국 보좌까지 올라가야만 한다. 마음이 이 땅을 떠나 천국으로 들어가서 아버지를 직면하지 못하는 한 절대로 내 마음에서 아버지의 존재감과 좋음이 일등이 되실 수가 없다. 마음이 땅에 머무는 한 하나님의 있음과 좋음은 반드시 몸의 오감을 통해 들어와서 내 마음 안으로 뚫고 들어오는 이 땅 위의 다른 대상의 존재감이나 좋음에 밀려날 수밖에 없다.

그래서 반드시 내 마음이 오감을 가진 몸이 처하는 이 땅을 떠나야만 하기에 예수님은 그리스도로서 십자가에 못 박히셔서 세상을 탈출하시고 부활 승천 하셔서 천국을 진입하여 보좌 우편에 이르신 것이다. 이 길을 따라 세상을 떠나 천국으로 들어가야만 우리 마음은 하늘 아버지를 직면할 수 있고, 그래야만 내 마음에서 아버지의 이름은 거룩히 여김을 받으실 수가 있다. 아버지의 이름이 가리키는 실제 하늘에 살아 계시는 하나님 아버지의 존재감과 좋음이 내 마음에서 일등이 되실 수 있는 것이다.

여기서 필연적으로 유언이 등장한다. 하늘 아버지의 이름이 거룩히 여김을 받으시는 일은 내 마음에서 날마다 일어나야 하는 일이다. 은밀한 중에 골방에서 기도할 때는 물론이고 하루 중에도 몸이 처하는 모든 생활 현장에서 일어나야 한다.

즉 가족을 앞두고도 하늘 아버지의 이름은 내 마음에서 거룩히 여김을 받아서 그 존재감이 가족들의 존재감을 이겨야 하고, 사장님이나 전무님이나 이사님 등 상사 앞에서도 하늘 아버지의 존재감은 내 마음에서 일등이 되어야 한다. 대통령이나 왕 앞에서도 하나님의 존재감은 내 마음에서 일등을 하셔야만 한다. 그리고 이 세상 모든 삶의 문제 앞에서도 하나님의 존재감은 그 모든 문제의 존재감을 이기셔야 한다.

하나님의 좋으심도 마찬가지이다. 건강과 돈과 명예와 권력과 당선과 승진과 합격과 각종 소유 등에 대한 사람들의 욕구가 만연한 모든 삶의 현장 한가운데서 나는 오직 하늘에 계시는 하나님 아버지를 유일한 좋음으로 소망하여야 한다.

그러자니 반드시 일어나야 할 일이 바로 내 마음이 이 세상을 떠나 하늘로 들어감이다. 하나님의 이름이 내 마음에서 거룩히 여김을 받으려면 반드시 내 마음은 그 이름이 가리키는 하늘에 계시는 하나님을 직면하여야 하고, 그러려면 내 마음은 이 세상에서 종적을 감추고 그 이름이 가리키는 실제 하나님이 계시는 하늘로 가야 한다.

이때 내가 마음으로 등지고 떠나는 이 세상에 남길 유언이 무엇인가? 바로 내 마음이 떠난 이 땅 위에 있는 나의 모든 관계 위로 아버지의 나라가 임하시라는 간구이다. 아버지의 주체적인 사랑과 다스리심이 내가 등지고 떠남으로써 나로서는 더 이상 책임질 수 없는 모든 삶의 영역 전체 위로 임하여 달라는 유언이다.

사도 바울은 말씀하신다. "쉬지 말고 기도하라"(살전 5:17)라고. 골방에 들어가서도 해야 하고 또한 모든 생활 현장에서도 쉬지 말고 기도하여야 할 내용 중에 반드시 이 두 가지가 포함되어야 한다. 모든 생활 현장에서 언제나 하늘에 계시는 아버지의 이름이 내 마음에서 거룩히 여김을 받도록 쉬지 말고 기도하며, 그러기 위해 십자가에서 예수님과 연합하여 그리스도 연쇄 과정을 따라 하늘로 올라가기를 쉬지 말아야 한다.

그리고 또한 그렇게 땅을 떠나 하늘로 올라가는 모든 순간에 쉬지 말고 유언처럼 기도하여야 할 내용이 바로 "내 마음이 예수님과 함께 하늘로 올라가면, 그 뒤에 땅에 남는 이 생활 현장의 모든 관계에 아버지의 창조적인 사랑과 주권적 다스리심이 임하시옵소서!"라는 기도이다. "아버지의 나라가 임하시옵소서!"라는 기도이다.

언제 어디서든지 내 마음에서 아버지의 이름이 거룩히 여김을 받으시려면 언제 어디서든지 이 모든 순간에 우리는 마음으로 떠나는 이 세상에 유언을 남긴다.

이 세상에서 가장 위대한 유언이다. 가장 위대한 상속이다. 내가 몸이 있어서 맺은 모든 관계 앞으로 창조주이시고 주권자이신 하나님 아버지의 다스리심의 손길을 유산으로 상속하고 세상을 떠나는 것이다. 십자가 생활화를 하면서 날마다 죽는 자는 날마다 유언하는 자이다. 이 유언이 정말 대단한 이유는 나 같은 무력하고 죄악 된 존재의 형편없는 주체성 대신에 날마다 전지전능하시고 사랑이 충만하신 창조주요 주권자이신 하나님 아버지의 다스리시는 손길을 자기 삶의 모든 영역을 위하여 유산으로 상속하는 일이기 때문이다. 십자가에 못 박히신 독생자 예수님을 그리스도로 믿어 마음으로 연합하는 사람에게 하나님 아버지가 허락하시는 특권이다. 모든 생활 현장에서 이 특권을 사용하라. 그래서 모든 삶의 영역이 하늘 아버지의 나라로 충만해지도록 하자. 내가 스스로 책임져야 할 부분은 내 삶의 전 영역에서 좁쌀만큼도 없다.

"아버지의 나라가 임하시옵소서!"라는 유언의 기도를 남용하다시피 하라. 언제 어디서든지 입에 달고 살아라. 다른 모든 사람이 죄와 저주

속에서 태어나 이 세상에서 주어진 삶을 스스로 책임지고 얼굴에 비지땀을 흘리면서 수고하며 탈진하는 힘겨운 생애를 이어 갈 때, 이런 사람들 사이에서 십자가에서 예수님과 연합하여 하늘로 올라가며 단지 이 세상 삶의 현장을 향하여 유언하라. "아버지의 나라가 임하시옵소서!"라고.

이런 유언을 남기는 일에서는 모든 크고 작은 일을 가리지 말자. 아버지의 나라는 크고 대단하게 보이는 일에만 임하는 것은 아니다. 크든, 작든, 중대하든, 사소하든 내 이 땅에서의 삶에 속한 것이면 무엇에든지 무차별적으로 이 유언의 기도를 퍼부어라. 왜 이래야 할까? 사소하거나, 중대하거나, 크거나, 작거나 상관없이 모든 삶의 문제 앞에서 모든 생활 현장에서 우리 마음에서는 항상 하늘에 계시는 아버지의 이름이 거룩히 여김을 받아야 하기 때문이다. 그 모든 크고 작은, 중대하고 사소한 다양한 일의 이름들이 내 안에서 거룩히 여김을 받으면 되겠는가? 그러므로 그런 일들 앞에서 내 마음은 반드시 하늘로 올라가 하나님을 직면해야만 한다. 하나님을 직면하기 위하여 하늘로 올라가려면 이 세상에 대해서는 무조건 유언을 남발하듯이(물론 진심을 담아서) 하여야만 한다. "아버지의 나라가 임하시옵소서!"

이 유언으로서의 간구가 이 세상을 대하는 내 전가(傳家)의 보도(寶刀)이다. 어떤 상황 어떤 문제 어떤 대상이든지 이 세상에서 내 몸이 있기에 주어진 것이라면 무조건이다. 내 마음을 그 문제들에 빼앗기지 말라. 내 마음은 하늘로 올라가 하나님 아버지를 직면하여 아버지의 존재감과 좋음에 몰입하여야 한다. 그때 세상의 모든 문제를 상대로 휘두르면 되는 전가의 보도가 바로 이 유언으로서의 기도이다. "아버지의 나라가 임하시옵소서!" 이렇게 유언으로서 기도하고 마음이 이 세상을 떠나면 된다. 얼마나 기가 막히게 좋은 기도인가. 왜 이 기도를 삶의 현장에서 써먹지 않는 것인가.

이 세상에서 내게 일어난 일을 위하여 이 유언하는 기도 이외에 더 이상 내가 할 일이 없다. 더 이상 최선이 없고 또한 더 이상 하면 다 죄악이다. 더 이상 무엇이라도 내가 하면 이 세상 삶을 하나님의 주체성을 제치고 나 스스로 책임지려는 저주에 찌든 내 습성이 나타나는 셈이다. 이렇게 저주받음의 특징인 이 세상 삶에 대한 책임감은 하나님을 전혀 모르는 사람에게나 나타나는 인격적인 이상 현상이다. 세상 삶에 대한 책임감은 창조주요 주권자이신 분을 아버지로서 관계한다는 엄청난 사실을 꿈에도 알 수 없는 이방인들에게나 어울리는 것이다.

창조주요 주권자이신 하나님을 독생자 예수님 안에서 아버지로 관계하는가? 그러면 이 세상을 향해서는 "아버지의 나라가 임하시옵소서!"라는 유언으로서의 간구와 함께 마음은 이 세상을 떠나 하늘 아버지께로 가는 일 이상으로 내가 더 잘할 수 있는 일은 없다는 사실을 기억하자.

세상을 향해 나의 최선을 다하고 싶은가? 그러면 그리스도 연쇄 과정 속 예수님을 따라서 이 세상을 떠나라! 아버지 계시는 하늘로 올라가라. 세상을 등지고 떠나 하늘로 아버지를 찾아가는 일보다 세상을 위해서 더 잘할 수 있는 일은 없다. 나를 위해서도 세상에서 내가 맺는 모든 관계를 위해서도 하나님 아버지를 위해서도 예수님을 위해서도 이보다 더 잘하는 일은 없다. 그렇게 마음이 모든 생활 현장에서 십자가 예수님과 함께 하늘로 떠나며 "아버지의 나라가 이 땅에 임하시옵소서!"라고 기도하기를 쉬지 않는다면 그야말로 금상첨화이다.

VIII. 아버지의 뜻이 하늘에서 이루어진 것같이 땅에서도 이루어지이다

삶에서 해야 할 나의 모든 말과 행동은 이미 하늘에서 정해져 있다

이 간구는 이 땅에서 이루어져야 할 우리의 행위에 관한 기도이다.

마음이 십자가에서 시작하여 그리스도 연쇄 과정을 통해 예수님 따라 하늘 보좌 우편에 올라간다. 그러면 그곳에서 하나님을 직면하여 상대하는 중에 하나님의 있음과 좋음에만 반응한다. 땅에서 눈에 보이는 그 어떤 대상의 있음과 좋음보다 더 강렬하게 실감하는 것이다. 이렇게 해서 내 마음에서 하나님의 이름이 거룩히 여김을 받게 된다.

그러면 이렇게 예수님을 따라서 이 세상을 떠나면서 내 마음은 유언을 남기듯이 기도한다. 즉 내 마음이 세상을 탈출하여 하늘로 올라가느라 전혀 신경을 쓰지 못하는 이 세상 모든 관계 위로 하나님의 주권적인 뜻이 내려오는 아버지의 나라가 임하기를 기도하는 것이다.

그런데 이렇게 하는 것만으로 실제 삶이 진행될 수는 없지 않은가? 내 마음은 하늘로 올라가 있고, 세상을 향하시는 하나님의 주권적인 다스리심이 내 모든 관계 위로 내려온다고 해도 어쨌든지 내가 직접 몸으로 움직여서 말하고 행동해야 하는 순간이 내 삶의 현장에서는 계속해서 다가오지 않는가?

그래서 기도하는 것이다. "아버지의 뜻이 하늘에서 이루어진 것같이 땅에서도 이루어지이다"라고 말이다. 이 간구는 이처럼 반드시 하나님의 이름이 거룩히 여김을 받는 상태가 유지되고, 내 몸이 있어 맺어진 모든 관계로 하나님의 나라가 임하는 상태가 전제되는 한에서 이제 내가 해야 할 말과 행동에 관한 기도이다.

"뜻이 하늘에서 이루어진 것같이"라는 어절의 의미가 무엇인가? 우리 생애 동안 모든 날 모든 장소에서 해야 할 모든 나의 말과 행동은 이미 하늘에 계시는 아버지의 뜻 안에서 다 이루어져 있다는 사실을 예수님은 우리에게 천명하시는 것이다. 그에 이어서 "땅에서도 이루어지이다"라는 간구는 이처럼 하늘에서 이미 이루어진 아버지의 뜻이 이 땅의 삶의 현장에서 실시간으로 내게 임함으로써 내 말과 행동을 통해 실현되기를 바라는 간구이다.

하늘 아버지는 내 삶의 모든 현장을 향하여 살아 계시고 보고 계시고 알고 계시고 나를 사랑하시면서 미리 모든 것을 생각하시며 이끌어 가신다. 이때 내가 내 몸을 움직여서 해야 할 말과 행동이 필요한 부분에 대해선 단 한 가지도 예외 없이 하늘에서 이미 다 뜻을 정해 놓으셨다는 말씀이다.

그러므로 본래 한 사람이 피조물로서 이 땅에서 삶을 산다는 일은 이렇게 하늘에서 하늘 아버지에 의해 이미 결정된 뜻을 자발적으로 그대로 따라 말하고 행동함이어야 했다. 선악과를 따 먹지 말라는 에덴에서의 금지령 안에는 바로 이런 의미가 들어 있었다. 선악과를 따 먹지 않음으로써 스스로 판단할 수 없는 한, 사람은 단 한마디의 말도 단 하나의 행동도 할 수 없다. 판단이 들어 있지 않은 말은 소리에 불과하며 판단이 들어 있지 않은 행위는 몸짓에 불과하기에 그렇다.

그래서 선악과 열매를 따 먹고 타락하기 이전에 아담은 오로지 창조주 하나님께서 아담의 삶과 관련하여 정하신 뜻과 생각을 받아들여서 그 뜻대로 말하고 행동할 수밖에 없었다. 그러니까 아담은 타락 전에도 얼마든지 스스로 생각할 수 있는 언어적 능력이 있었다. 그러나 그 능력으로 스스로 판단하고 생각하는 대신에 자발적으로 하나님의 생각을 호흡하여야만 자기의 삶을 살아 낼 수가 있었다. 그리고 이렇게 하나님의 생각을 실시간으로 호흡하면서 생각을 받아서 삶을 사는 상태가 바로 '에덴'이라는 이름의 뜻대로 기쁨의 삶이었다.

지금까지 우리의 경우는 어떤가? 날마다 수없이 말하고 행동하면서 단 한 번도 이렇게 실시간으로 하나님이 하늘에서 미리 정하신 뜻을 땅에서 말과 행동으로 옮기며 살아 본 적이 있는가? 만약 그런 적이 전혀 없었다면, 어떻게 그렇게 할 수 있는지조차 모른다면 우리는 아직 타락 이전에 본래 에덴에서 인간이 누리던 기쁨이 어떤 것인지를 전혀 모르는 셈이다.

이런 상황을 비유로 말하자면 하나님은 내 생애 모든 날 모든 삶의 현장에서 내가 몸으로 움직여서 이루어야 할 말과 행동을 이미 하늘에서 점선으로 다 그려 놓으신 셈이다. 그러니까 이 구절은 '하늘에서 뜻이 점선으로 이루어진 것처럼 땅에서도 실선으로 이루어지이다'라는 내용의 간구이다.

마치 어린아이들이 글씨 쓰기를 익히기 위해 이용하는 글씨본과 같다. 어린아이들은 글씨본을 펴고 점선으로 그려진 글씨 위를 펜이나 연필로 실선을 그어 가며 글씨 쓰기를 익힌다. 이때 글쓰기를 제대로 익히기 위해 아이들이 주의를 집중해야 할 일은 바로 점선에서 펜이나 연필 자국이 벗어나지 않도록 하는 것이다. 바로 인간의 모든 말과 행동이 하나님이 그려 놓으신 점선을 조심스럽게 따라가야만 한다는 것이다.

또 다른 비유를 들어 보자면 캐나다 밴쿠버에서 볼 수 있었듯이 정해진 노선 위에 설치된 전기선을 따라 움직이는 버스와도 같다. 버스의 지붕 위로는 긴 안테나 같은 접촉 막대가 달려서 노선을 따라 설치된 전깃줄에 연결되어 전기 동력을 받는다. 그러나 실제로 땅 위를 버스가 달려가게 하는 운동 장치는 타이어 바퀴이다. 기차나 전철처럼 레일이 고정되어 놓여 있는 것이 아니다. 그래서 생각하기에 따라서는 타이어 바퀴가 달려 있으니 멋대로 아무 도로든지 갈 수 있을 것만 같다. 그러나 버스 지붕 위에 있는 전기 막대가 접촉할 수 있는 전기선이 설치되어 있지 않은 도로로는 들어설 수조차 없다. 아무 데로나 굴러갈 수 있는 타이어 바퀴의 자유가 전기선에 의해서 철저히 제한되고 있다.

하늘에서 이루어진 뜻을 땅에서 이루는 일도 마찬가지이다. 이제 내가 날마다 이 땅의 생활 현장에서 처하게 되는 모든 상황에서 내 몸을 움직여 말하거나 행동하는 일은 얼마든지 내 판단대로 내 뜻에 따라 자유롭게 해도 괜찮은 것이 아니다. 반드시 하늘에서 하나님 아버지가 이미 그려 놓으신 뜻의 점선을 땅에서 내 말과 행동을 통해 실선으로 바꾸어야 한다. 내 몸이라는 연필로 하늘 점선을 땅의 실선으로 바꾸는 일이 바로 우리의 언행이 되어야 한다. 또한 하늘에서 전깃줄처럼 이어진 하나님의 뜻의 전깃줄을 따라서만 내 몸이라는 타이어가 움직여야 한다. 반드시 기억하자. 내 모든 생활 현장에서 실제로 내가 몸을 움직여서 해야 할 모든 생각과 말과 행동은 하늘에서 이미 아버지의 뜻 안에 정해져 있지 않은 것이 단 하나도 없다는 사실을 말이다.

선악과를 따 먹고 타락하여 그 죄가 유전되는 상황에서도 하나님께서 모든 사람이 매일 해야 할 모든 말과 행동을 하늘에서 뜻으로 결정해 놓으시는 일을 멈추지 않으신다. 이 사실을 믿지 않으면 얼마든지 지금처럼 해 온 대로 하면 될 것이다. 또 온 천하의 사람들이 그렇게 하늘에서 이루어진 점선의 뜻을 아랑곳하지 않고 스스로 판단하고 생각하는 대로 말하고 행동하면서 살고 있음이 사실이기도 하다.

그러나 분명히 하자. 아버지 하나님을 진정한 주권자로서 믿는가? 그렇다면 하나님은 말로만 주권자가 아니시다. 하나님은 아무 생각 없이 그저 땅을 내려다보시다가 내가 하는 말과 행동을 보시면 그때야 비로소 내 말과 행동에 대해서 즉흥적으로 옳다 그르다 판단하면서 반응하시는 분이 아니시다. '아 이런 상황에서 아무개가 저렇게 말하고 행동하는구나! 뭐 그래도 괜찮겠는데? 저렇게 꽤 괜찮은 말과 행동을 하리라고는 나도 미처 생각하지 못했네! 그러고 보면 아무개, 너 참 대단하다!' 등의 반응을 하나님이 보이시는 일은 있을 수가 없다.

하나님은 내 평생의 모든 날과 모든 순간에 내가 해야 할 말과 행동을 다 점선으로 정해 놓으셨다. 이 점선의 뜻에서 벗어나는 내 말과 행동은 모두가 다 불법이고 거짓이다. 이 세상에서는 모든 세상 나라의 흥망성쇠에서부터 참새 한 마리 땅에 떨어짐과 내 머리털 한 오라기가 나고 빠지는 일까지 온통 하나님 아버지의 주권이 임하지 않는 틈새란 있을 수가 없다.

이렇게 하나님의 주권이 물샐틈없이 내려오는 현장에서 우리는 절대로 단 한 가지도 스스로 판단하고 생각하여 말하고 행동하면 안 된다. 그러면 내 말과 행동은 단 한 가지도 예외 없이 죄와 저주에 찌듦에서 나오는 범죄로서 하나님 생각을 담고 있는 주권의 그물망을 충돌하면서 마구 찢어 대는 칼부림의 난동이 된다.

선악과를 따 먹은 결과로 주어진 교리상의 죄와 저주는 실제 생활 현장에서 어떻게 나타나는가? 내가 땅에서 하도록 하늘 아버지가 이미 정하신 뜻의 점선을 전혀 아랑곳하지 않으면서 스스로 판단하고 생각하면서 말하고 행동함으로써 표현된다. 사람은 피조물인 인간인 한 세상을 사는 동안에는 반드시 하나님이 하늘에서 정해 놓으신 뜻의 점선을 자발적으로 실선으로 바꿈으로써만 말하고 행동해야만 한다.

그래서 몸을 입고 인간으로 오셔서 우리처럼 몸으로 말하고 행동해야 했던 예수님도 다음과 같이 말씀하신 것이었다.

"그러므로 예수께서 그들에게 이르시되 내가 진실로 진실로 너희에게 이르노니 아들이 아버지께서 하시는 일을 보지 않고는 아무것도 스스로 할 수 없나니 아버지께서 행하시는 그것을 아들도 그와 같이 행하느니라"(요 5:19)

우리 같은 무지렁이도 스스로 얼마나 많은 말과 행동을 아무런 거리낌 없이 마구 해 대는데 영원하신 하나님 되시는 예수님은 '아버지께서 하시는 일을 보지 않고는 아무것도 스스로 할 수 없다'라고 하신다. 아무것도 스스로는 절대로 못 하신단다. 우리 무지한 사람들의 기준에서 보자면 정말 '스스로 아무것도 못 한다'라는 말씀이 어떻게 성립할까 싶다.

또 말씀하신다.

"이에 예수께서 이르시되 너희가 인자를 든 후에 내가 그인 줄을 알고 또 내가 스스로 아무것도 하지 아니하고 오직 아버지께서 가르치신 대

로 이런 것을 말하는 줄도 알리라"(요 8:28)

인간으로 오셔서 이 세상을 사는 동안 스스로 하나님이신 예수님조차 말도 행동도, 오직 아버지께서 하늘에서 뜻으로 이미 정하셔서 이루신 일을 보시고 들으시고 가르침을 받으시는 그대로만 하셨다는 말씀이다. 이 세상 그 누구도 그렇게 하지 않으면서 사는 세상에서 말이다.

그렇다고 예수님 말고 나머지 사람들이 자기의 생활 현장에서 해야 할 말과 행동을 하늘 아버지가 하늘에서 미리 뜻으로 정해 놓지 않으신 것이 아니다. 그러나 예수님은 그 점선을 실선으로 바꾸셨고, 나머지 모든 사람은 그렇게 그려진 하늘의 점선을 아랑곳하지 않고 제멋대로 별도의 실선을 땅에 그려 버리면서 살았다는 뜻이다. 우리는 이러한 예수님의 태도를 너무나 등한시했고 무관심했다. 이 땅에서의 삶을 위하여 말하고 행동하시는 예수님의 이러한 태도는 예수님을 믿는 사람들에게 고스란히 옮겨 왔어야 했던 것 아닌가? 왜냐면 예수님을 믿음으로써 그리스도 연쇄 과정을 통하여 우리 각자도 실시간으로 하늘에 계시는 아버지와 연결될 수 있게 핑계할 수 없을 정도로 모든 조건이 이루어졌기 때문이다.

여기서 혹시 있을 수도 있을 오해를 짚고 넘어가야 한다. 이처럼 하늘에서 이미 점선으로 결정된 아버지의 뜻은 내 말과 행동의 정답이고 진리이다. 그러나 소위 내 의지와 무관하게 이루어지는 운명은 아니다. 하늘에서 이미 이루어진 아버지의 뜻이 운명이라면 그 뜻이 땅에서도 이루어지기를 기도하라고 가르치실 필요도 없다. 하늘에서 이루어진 뜻은 내가 자발적으로 사모하며 받아들여야만 한다. 그러니까 이 땅에 대해서 내 속에서 발생하는 내 뜻을 버리고, 이미 점선으로 그려진 아버지의 뜻을 자발적으로 사모하여 구하여야만 한다. 이렇게 간구하는 자발성이 없으면 하늘에서 점선으로 뜻이 이루어진 것처럼 땅에서도 실선으로 이루어질 수가 없다.

그래서 하늘에서 내 모든 말과 행동이 점선으로 그려진 것은 운명은 아니다. 그러나 그 점선을 따라 실선으로 그려지지 않는 내 말과 행동으로 인해서 우리의 죄악은 모든 생활 현장에서 수미산처럼 쌓여만 간다.

지금 이 세상이 당면한 근본적인 문제는 무엇일까? 사람들은 일상적인 생활 현장에서 자기가 해야 하는 말과 행동이 단 하나도 예외 없이 하나님에 의해 이미 점선의 뜻으로 하늘에서 이루어져 있다는 사실조차도 모르며 살고 있다는 점이다. 그러나 더 큰 문제는 기독교 종교인들에게 있다. 어차피 하나님의 이름을 부르지도 않는 세상 사람들이 이런 사실을 모르는 것이야 어찌 보면 당연하다. 그러나 주의 기도를 형식적인 예배나 의식에서 기회만 있으면 줄줄 외워 대는 기독교 종교인들도 이런 사실에 대해 무지하기는 마찬가지라는 사실은 정말 큰일이 아닌가?

지금도 인류는 각자의 말과 행동을 하는 모든 순간에 하늘에서 하늘 아버지가 점선으로 이루어 놓으신 뜻을 매일 모든 생활 현장에서 마치 휴지처럼 거리낌 없이 내버리고 있다. 그 대신 멋대로 이룬 자기의 뜻을 따라 행동하며 그릇된 실선의 삶을 살아가고 있다. 너나 할 것 없이 우리 모두도 이 대세의 흐름을 따라서 이제까지 그렇게 살아왔다. 그러나 이제 더는 안 된다.

간구하자.

"뜻이 하늘에서 이루어진 것같이 땅에서도 이루어지이다"라고 말이다. 아버지가 뜻을 하늘에서 점선으로 이루어 놓으신 그대로 이 땅에서 내 몸이 움직이게 됨으로써 그 점선을 하나도 남김없이 실선으로 바꾸는 삶을 살게 해 달라고 말이다. 나의 몸이 움직일 때 하늘에서 이루어진 점선을 기준으로 볼 때 그 점선에서 삐죽빼죽 사방으로 삐져나오며 멀어지는 실선들을 그리면서 사는 삶을 멈추게 해 달라고 말이다. 아니다, 우리의 말과 행동은 하늘에서 이루어진 아버지 뜻의 점선에서 삐져나오는 정도의 것들이 아니었다. 아예 점선들로 밑그림이 그려진 종이 위에 그런 점선들이 있다는 사실조차 전혀 고려하지 않은 채 연필과 볼펜으로 마구 갈겨 대듯이 하는 말과 행동들이었다.

우리의 삶이 혼란에 빠지고 결실 없는 허무함으로 채워지며 어둠에 덮이는 이유가 무엇일까? 다른 사람의 탓이 아니다. 환경과 조건이 열악해서가 아니다. 아무리 큰 원수를 만났더라도, 아무리 열악한 환경과 조건을 맞닥뜨렸더라도, 내가 내 멋대로 판단하며 반응하여 말하고 행동하는 대신에 그냥 그 순간 하나님이 하늘에서 이미 이루어 놓으신 뜻의 점선을 실선으로 바꾸는 말과 행동을 할 수만 있었다면 우리의 평강은 깨어지지 않았을 것이다. 우리 삶에서 평강이 부서지는 이유는 바로 내 모든 행동이 아버지가 하늘에서 이루신 점선을 전혀 아랑곳하지 않는 마구잡이의 말과 행동들이기 때문이다.

골방에서 그리고 모든 생활 현장에서 실제로 행동하게 될 때면 쉬지 말고 기도하자. 지금 이미 하늘에서 그려져 있는 아버지 뜻의 점선을 따라서만 이 땅에서 실선을 그려 가는 말과 행동이 되게 해 달라고 말이다.

그런데 우리가 이렇게 "뜻이 하늘에서 이루어진 것같이 땅에서도 이루어지이다"라고 기도할 때 중요한 질문을 마주하게 된다. 그래야 한다는 당위성을 인정하고 그렇게 하겠다는 결심까지 하게 되었다면 실천적인 차원에서 반드시 나타나는 질문이다.

'우리는 도대체 어떻게 하늘에서 점선으로 그려진 아버지의 뜻을 알 수가 있을까?'라는 질문이다.

뜻이 하늘에서 이루어진 것처럼 땅에서도 이루어지려면 하늘에서 이루어진 아버지 뜻의 점선이 내가 이 땅에서 말하고 행위하려는 때와 장소에서 실시간으로 내게 알려져야 하지 않는가? 어떻게 예수님처럼 그때그때 하늘에 계시는 아버지가 행하시는 것을 볼 수 있거나, 아니면 가르쳐 주시는 뜻을 알아듣고 받아들일 수가 있는가 말이다.

이제부터 이렇게 하늘에서 이루어진 아버지의 뜻이 땅에서 이루어질 수 있도록 내게 알려지기 위한 상황을 여러 측면에서 조명하여 보자. 이런 모든 측면이 우리가 "뜻이 하늘에서 이루어진 것같이 땅에서도 이루어지이다"라고 기도할 때 함께 간구할 수 있는 내용들이 될 것이다. 그리고 이 내용들은 하늘 아버지가 하늘에서 생각하시는 바를 이 땅에서 받아들이기 위해 우리에게 꼭 필요한 언어 체계에 관한 이야기이기도 한 셈이다.

하늘에서 이루어진 뜻이 내 안에서는 소원이 되어야 한다

이렇게 하늘에서 하나님이 앞서서 이루신 뜻이 땅에서 내게 받아들여지는 상황을 사도 바울은 다음과 같이 말씀하신다.

"너희 안에서 행하시는 이는 하나님이시니 자기의 기쁘신 뜻을 위하여 너희에게 소원을 두고 행하게 하시나니"(빌 2:13)

내가 소원을 품게 되었는데, 그런 나의 소원은 알고 보면 하나님이 땅에서 이루고자 하시는 기쁘신 뜻이 내 안으로 들어와 생긴 것이라는 의미이다. 즉 하늘에서 이루어진 뜻이 땅에 있는 내 안으로 소원의 형태를 취하고 들어왔다는 말씀이다. 실제로 하나님께서 뜻하시는 내용을 나는 내가 이루고 싶은 소원으로 느끼게 되었다는 의미이기도 하겠다.

그러면 또 질문이 생긴다. 어떻게 우리같이 뼛속까지 죄와 저주로 찌든 인격 안에서 발생하는 소원이 하늘에 계신 아버지가 땅에서 이루고자 하시는 기쁘신 뜻일 수가 있을까?

바로 앞 절에 나오는 "두렵고 떨림으로 너희 구원을 이루라"(빌 2:12)는 말씀 속에 답이 있다. 두렵고 떨림으로 구원을 이룬 상태에서 그런 일이 일어난다는 것이다. 그러면 구원을 이룸이 무엇인가? 모세의 출애굽 사건으로 예표 되는 예수님을 통한 구원은 기본적으로 '탈출'이다. 내 '마음의 탈출'이 구원이다. 그러므로 구원을 이룸은 마음이 십자가에 못 박혀 죽은 예수님과 나를 동일시하는 믿음을 통하여 세상을 빠져나가 탈출함이다. 그렇게 세상을 탈출한 마음이 기필코 그리스도 연쇄 과정 속 예수님과 함께 하늘 보좌 우편까지 따라가서 하나님만을 직면하는 상태이다. 그러면 어떤 일이 벌어지나? 하나님을 '유일한 있음'으로 그리고 '유일한 좋음'으로 관계하는 상태가 이루어진다.

그래서 결국 구원받음이 유지되는 구원을 이룸의 상태는 이처럼 내 마음이 이 세상에서 육체의 눈에 보이고 귀에 들리는 그 어떤 대상의 있음과 좋음보다 더 강렬하게 하나님의 있음과 좋음을 실감하는 상태이다. 즉 하나님의 이름이 내게서 거룩히 여김을 받음으로써 하나님의 있음과 좋음에 대한 실감이 육체로 마주하는 이 세상 그 어느 것의 있음과 좋음보다 더 강렬하게 실감되는 상태이다.

그리고 또한 정말 구원을 이루었다면 이 땅의 삶을 향해서 책임지려는 나의 주체성을 나 스스로 부인할 정도로 하나님의 주체성이 강렬하게 실감 나는 상태이다. 그래서 이 세상을 향해서는 내 책임 의식이 십자가에서 완전히 죽은 상태여야 한다. 이런 상태에서는 하지 않을 수 없는 간구가 바로 "아버지의 나라가 임하시옵소서"라는 것이다.

결국 예수님 믿어서 얻는 구원의 온전한 이룸은 주의 기도 앞에 나오는 두 구절의 의미가 충족되는 일임을 알 수 있다. 그렇다면 왜 이렇게 구원을 이루는 일이 하나님의 뜻이 내 소원이 되는 일을 위해서 꼭 필요한가? 그렇다. 그 이유는 이러한 내용의 구원이 실제로 내게서 이루어져야만 이 세상을 향한 내 멋대로의 뜻이 내 안에서 발생할 여지가 사라지기 때문이다.

하늘에 계시는 아버지의 이름이 거룩히 여김을 받는 일과 아버지의 나라가 임하기를 간절히 바라는 마음 상태가 유지된다면 이제 하늘에서 이루어진 뜻이 땅에서도 이루어지기 위하여 내 안으로 소원의 형태로 들어올 준비가 되는 셈이다.

이렇게 하늘에 올라간 마음이 하나님을 직면하여 사귐을 이어 가는 상태가 되고, 땅으로는 하나님의 주체성만을 인정하게 되면 이 땅을 향해 내게 생긴 소원이 내게서 발생한 소원인 경우는 없다는 것이다. 다 하나님 아버지의 뜻이라는 것이다. 그렇지 않겠는가? 일반적으로 소원이란 마음 채움을 위하여 좋다고 여기는 대상을 향할 수밖에 없다. 그런데 구원이 이루어진 상태에서는 내 마음이 예수님과 함께 하늘로 올라가서 하나님만을 유일한 좋음으로써 마주하여 소원하게 된다. 이런 상태에서 내 마음 채움을 위하여 이 세상 것을 소원하는 일은 생길 수가 없지 않겠는가 말이다. 그런데 이렇게 구원을 이룬 상태에서 하나님만을 유일한 좋음으로 열망하고 있는데도 이 세상을 향하여 내게 무엇인가를 이루고자 하는 소원이 생긴다면 그것은 무조건 하나님의 기쁘신 뜻이 내 안에 들어왔기 때문이라는 말씀이다.

즉 실제로 하나님 한 분만을 가지고 싶어 열망하는 것이 나의 본심인데, 그런 상태에서도 나 자신의 유익을 위해서는 전혀 가지고 싶지도 이루고 싶지도 않은 이 세상의 일을 내가 소원하는 일이 발생하는 일이 생긴다. 사정이 이렇다면 하늘에서 이루어진 하나님의 기쁘신 뜻이 내 안으로 들어왔기에 벌어지는 일이다. 그래서 이렇게 말씀하신 것이었다.

"너희 안에서 행하시는 이는 하나님이시니 자기의 기쁘신 뜻을 위하여 너희에게 소원을 두고 행하게 하시나니"

또 이와 비슷한 내용의 말씀을 다윗은 다음과 같이 노래한다.
"또 여호와를 기뻐하라 그가 네 마음의 소원을 네게 이루어 주시리로다"(시 37:4)

무슨 의미의 말씀인가? 여호와 하나님 자신을 기뻐할 수 있으려면 마음이 하늘에 올라가 하나님을 직면하여야 한다. 마음과 하나님 사이에 그 아무런 다른 대상도 끼어들어 와서는 안 된다. 오직 내 마음이 하나님을 직면하여야만 한다. 이렇게 하나님을 직면함으로써 실제로 사귐과 교제를 이루며 기뻐한다면 그런 마음의 조건에서 발생하는 소원은 다 하나님 아버지의 뜻과 다를 수가 없다는 의미이다. 그래서 하나님 한 분을 진심으로 기뻐하는 마음 바탕에서 나오는 모든 소원은 하늘에서 이루어진 뜻과 동일하기에 다 이루어 주신다는 의미이다.

  그렇다 이 세상 것이 아니라 하늘에 계시는 하나님 자신이 진정으로 내게 기쁨이 되시면, 그래서 지금 다른 좋음을 거들떠볼 겨를 없이 하나님 자신만으로 기뻐하면서 하나님 부자가 되고자 열망하고 있다면 이 상태에서 생기는 세상을 향한 나의 소원은 다 하늘에서 이루어진 하나님의 뜻이다. 뜻이 하늘에서 이루어진 것처럼 땅에서도 이루어지기를 바라는가? 그래서 하늘에서 이루어진 뜻을 정말 간절히 알고 싶은가? 그러면 먼저 하늘에 계시는 하나님 한 분만을 유일한 좋음으로 열망하고 기뻐하면 된다. 진정으로 하나님 아버지의 이름이 내 안에서 거룩히 여김을 받으면 된다.

  나 자신을 살펴보자. 지금 이 세상에서는 아무것도 바라지 않을 정도로 하늘에 계시는 하나님으로 기뻐하고 있는가? 그래서 이 세상에 대해서는 따로 나 자신의 소원이 없는가? 그렇다면 진정으로 구원이 이루어진 상태이다. 그런데 이런 상태에서 내심으로 바라지도 않는 일을 내가 소원하게 된다면 그것이 바로 하늘에서 점선으로 이루어진 하나님의 뜻이다. 그 소원대로 하기만 하면 하늘에서 점선으로 이루어진 뜻이 땅에서 실선으로 이루어지게 된다. 이런 소원은 크고 작고 상관이 없다. 점심 메뉴를 정하는 일에서부터 물건 하나 사는 일, 그리고 사람을 만나는 일, 어디를 가는 일, 때를 따라 하고 싶은 말이나 질문이나 충고나 위로, 아니면 인생의 방향을 바꿀 만한 중대한 일 등등 그때그때 모든 말과 행동을 하고 싶은 소원에 따라 그대로 하면 된다. 단 하나님만이 진정한 기쁨인 상태에서 말이다.

하늘과 땅 사이의 낙차가 생기면
하늘의 뜻이 명확해진다

하늘에 계시는 아버지의 이름이 내게서 거룩히 여김을 받으려면 우리 마음이 십자가 죽음으로 시작하는 그리스도 연쇄 과정 속 예수님과 함께 보좌 우편까지 올라와야 한다. 이것이 구원을 이룸이기도 하기 때문이다. 그래서 내 마음이 하나님과 사이에 아무것도 끼어들지 않는 상태로 하나님 아버지를 직면하여야 한다. 그렇게 함으로써 내 마음에서 하늘에 계시는 아버지 하나님의 존재감이 모든 존재감을 물리치고 일등으로 실감되어야 한다. 또한 이처럼 마음이 하늘에 계시는 하나님 아버지를 직면하는 상태에서 아버지 자신이 내 마음에서 모든 좋음을 물리치고 일등 좋음이 되심으로써 유일한 소망의 대상이 되어야 한다. 이런 상태를 사도 요한은 "하나님과의 사귐"(요일 1:6)이라고 표현하신다. 이렇게 직면함으로써 하나님과 사귐이 유지되어야만 아버지의 이름이 거룩히 여김을 받으시는 것이다.

우리는 바로 이 '아버지의 이름이 거룩히 여김을 받으시라'라는 간구를 골방에 들어가 은밀하게 깊이 기도드릴 때뿐만 아니라 모든 생활 현장에서 순간순간 쉬지 않는 기도로도 하여야 한다. 왜냐면 오감을 열어 놓고 사는 동안 하나님 있음의 존재감과 하나님 좋음에 대한 욕구는 언제든지 이 세상 다른 존재감과 다른 좋음에 의해서 끊임없이 내 마음의 일등 자리로부터 축출될 위험에 놓이기 때문이다.

그래서 더욱 '이름이 거룩히 여김을 받는 일'과 같이 간구하여야 할 기도가 바로 '아버지의 나라가 임하옵소서'라는 바람이다. 내 마음이 이 땅에 얽매이지 않기 위해서라도 등지고 올라가야 할 모든 생활 현장에서 쉬지 않고 유언처럼 기도하여야 한다. 내 마음이 예수님 따라 하늘로 떠나는 지금 이 생활 현장으로 하늘 아버지의 나라가 임하여 달라고 기도하여야 한다. 특히 내가 몸이 여럿이 아니라서 동시에 다 관여할 수 없지만, 이미 항상 맺어져 있는 모든 각각의 관계 위로 내 마음과 뜻과 힘은 다 하늘로 올라가지만 아버지의 주권적 다스리심은 계속하여 임하여 달라고 간구하여야 한다. 그렇게 기도함으로써 내 삶에 대해서 내가 책임지는 위치에 있는 존재가 아니라는 사실을 스스로 일깨우며 진심으로 삶의 모든 영역으로 임할 아버지의 주권적 다스리심을 자발적으로 사모하여야 한다. 이렇게 이 땅의 삶에 대한 책임 소재가 완전히 그리고 철저히 아버지의 주권으로 넘어가야만 내 마음이 하늘 보좌 우편에서 머무름이 그만큼 완전하고 철저할 수 있다.

이런 상황을 사도 바울은 하나님 아버지가 나를 그리스도 연쇄 과정 속 예수님과 함께 하늘에 앉히셨다고 말씀하신다.

"허물로 죽은 우리를 그리스도와 함께 살리셨고 (너희는 은혜로 구원을 받은 것이라) 또 함께 일으키사 그리스도 예수 안에서 함께 하늘에 앉히시니"(엡 2:5-6)

그러므로 하늘에 계시는 아버지의 이름이 거룩히 여김을 받으시라는 간구와 이 땅에 아버지의 나라가 임하시라는 간구는 이처럼 내 마음이 그리스도 연쇄 과정 속 예수님 안에서 하늘에 머무르는 결과를 가져다준다.

그런데 이렇게 앞선 두 가지의 간구가 가져다주는 결과 속에서 벌어지는 상황이 신비하고 놀랍다. 내 인격 안에서 내 마음은 예수님을 따라서 하늘에 올라가 아버지 보좌 우편에 머무르고 내 몸은 이 땅에 거한다. 그럼으로써 '나'라는 인격적 사건 안에는 하늘과 땅이 동시에 포함되면서 하늘과 땅의 낙차가 생긴다. 이 낙차가 하늘에서 이루어진 뜻을 내가 실시간으로 땅에서 받아 낼 수 있기 위해서 너무 중요하다.

왜 그럴까?

이 땅을 내 마음이 하늘에 있는 동안 바라보며 관계하게 되는 이상한 일이 벌어지기 때문이다. 내 인격 안에 하늘에서 이 세상을 바라보게 되는 뷰 포인트(View Point)가 생겨나는 것이다. 즉 하늘에 계시는 하나님의 존재감을 일등으로 느끼며 하나님 자신이 내 마음 채움을 위한 유일한 좋음이라는 확신과 느낌이 실감되는 동안 이 땅을 바라보게 된다. 마음이 이렇게 예수님 안에서 하늘에 머물러 아버지의 존재감을 일등으로 의식하고 아버지의 좋음만을 유일하게 소망함으로써 아버지와의 실제 연합과 사귐을 가지는 상태에서 아직 몸이 살아 있는 이 땅을 내려다보는 것이다.

그러면 이제 어떤 일이 벌어지나? 마음이 예수님 안에 들어 있으므로 하늘로 올라가서 머물러 있는 보좌 우편의 자리는 바로 창조주요 주권자이신 하나님 아버지의 옆자리요, 하나님 아버지가 세상을 내려다보시는 그 높이와 같은 자리이다. 그러므로 우리 마음이 예수님 안에 머물러 있음이 확실하다면, 바로 그 보좌 우편의 자리에서 우리는 세상을 향하여 가지시는 하나님 아버지의 관점과 태도를 공유할 수 있게 된다.

예수님은 이 세상의 주인으로서 왜 머리 둘 곳도 없이 사셨을까? 왜냐면 마음이 하늘의 아버지와 하나이신 상태에서 이 세상을 내려다보면 이 땅에서 머리 둘 곳 없는 형편이나 왕궁의 형편이 거의 차이가 없기 때문이었다.

하나님의 좋음은 이 세상 것들의 좋음과는 정도가 다른 것이 아니라 아예 차원이 다른 좋음이다. 차원이 다른 하나님의 좋음을 실감하시는 예수님 앞에서는 어차피 이 세상에 속한 왕궁의 형편과 머리 둘 곳도 없는 형편의 차이는 너무 미세해서 차이라고 느껴지지도 않았다는 것이다. 비유컨대 천억 원을 가진 사람 앞에서 십 원 가진 사람이 왕궁에 거하는 사람의 형편이라면 일 원 가진 사람이 머리 둘 곳도 없는 형편에 처한 사람인 셈이다. 천억 원을 가진 사람에게 십 원과 일 원의 차이를 가려서 좋은 쪽을 선택하라는 것이 무슨 의미가 있는가?

그렇다. 피조물들의 세계인 이 세상의 진면목(眞面目)은 세상 안에서 피조물의 입장에 서서 보면 알 수 없다. 세상은 세상 밖 천국에서 창조주요 주권자이신 하나님 아버지의 높이에서 내려다보아야만 올바로 볼 수 있다. 세상을 천국에서 내려다볼 수 없다면 세상에 대해서 올바른 관점도 태도도 취할 수 없고 때와 장소와 상황에 따라 적절하고 합당한 말과 행동도 할 수 없다.

예를 들어 보자. 땅에 발을 딛고 서서 정면을 보면 캐나다의 로키산맥은 그야말로 압도적으로 웅장하다. 그런데 비행기를 탄 채 내려다보면 로키산맥은 그냥 비행기 좌석 테이블 위에 놓인 볼펜보다 더 작다. 그러면 나는 로키산맥의 존재감을 어느 크기로 느끼는 것이 합당하고 맞는 것인가? 땅에서 보는 대로의 존재감이 진실인가 아니면 비행기에서 내려다볼 때의 존재감이 진실인가? 더구나 꼭 염두에 두어야 할 상황은, 나는 십자가에서 독생자이신 예수님 안에 들어감으로써 하늘 보좌 우편까지 올라오도록 하늘 아버지께 허락받은 사람이라는 것이다. 그리고 어차피 로키산맥은 창조주 하나님이신 우리의 친아버지가 지으신 것이 아닌가? 그러면 로키산맥의 진정한 존재감은 창조주 하나님의 자리에서만 제대로 느낄 수가 있지 않겠는가?

자기들이 귀신을 쫓아내지 못한 이유를 묻는 제자들에게 예수님은 다음과 같이 말씀하셨다.

"이르시되 너희 믿음이 작은 까닭이니라 진실로 너희에게 이르노니 만일 너희에게 믿음이 겨자씨 한 알 만큼만 있어도 이 산을 명하여 여기서 저기로 옮겨지라 하면 옮겨질 것이요 또 너희가 못할 것이 없으리라"(마 17:20)

산도 옮길 수 있는 믿음에 관한 말씀의 참된 의미도 바로 이렇게 내 마음이 하늘로 올라가 하나님을 직면하는 상태를 유지함을 배경으로 삼고서야 이해할 수 있는 것이 아니겠는가?

내가 삶에서 만나는 모든 로키산맥같이 거대하게 보이는 문제들은 땅에 발을 딛고 보는 로키산맥의 크기가 본래의 크기인가, 아니면 비행기를 타고 볼 때의 볼펜보다 작은 크기가 본래의 크기인가? 그리고 땅에서 볼 때 땅의 것에 대해 웅장한 존재감을 느끼면서 하는 말과 행동이 하늘에서 볼 때 볼펜보다 작은 존재감을 느끼면서 말하고 행동하는 내용과 얼마나 다르겠는가? 그리고 어느 쪽의 말과 행동이 하늘에서 점선으로 이루어져 있는 아버지의 뜻에 더 가깝겠는가?

그렇다. 하늘에서 이루어진 뜻이 땅에서도 이루어지려면 제일 먼저 하늘에서 땅을 내려다보시는 창조주 하늘 아버지의 관점을 공유해야만 한다. 이렇게 관점이 같아야 언어가 같아지고 그래야 세상을 향하여 가지시는 하나님의 생각을 내가 알아들을 수 있고 받아들일 수가 있다.

그러기 위해서 이제 우리는 비행기 대신에 그리스도 연쇄 과정 속 예수님을 탔다고 해 보자. 내 마음이 올라탄 예수님은 세상을 탈출하여 하늘로 진입하심으로써 보좌 우편까지 올라가 계신다. 그러면 땅에 발을 딛고 볼 때 로키산맥처럼 웅장해 보이던 내 삶의 모든 문제가 예수님을 타고 그 안에 머물며 하늘 보좌 우편에서 보면 어떤 크기로 보이겠는가? 그리고 어디서 보는 크기가 본래의 크기이겠는가?

예수님은 진리이시다. 하늘 보좌 우편에 계신 진리이신 예수님 안에 머물면서 내려다보는 크기가 본래의 크기가 아니겠는가? 그러므로 진리이신 그리스도 연쇄 과정 속 예수님 밖에 머물러 있는 한 하늘 아버지가 이 세상을 내려다보시는 관점과 동떨어질 수밖에 없다. 이렇게 되면 하늘에서 이루신 점선의 뜻을 이 땅에서 실선으로 바꿀 수 없음은 당연한 일이다. 서로 다른 관점은 소통을 불가능하게 하는 전혀 다른 두 의미 체계의 언어를 만들어 낸다.

이처럼 예수님께서 '하늘에서 이루어진 뜻이 땅에서도 이루어지이다'라고 기도하기를 가르쳐 주셨다는 사실은 분명한 전제가 있다. 우리 마음이 얼마든지 예수님을 믿음으로써 하늘 아버지께서 세상을 내려다보시는 관점을 공유할 수 있다는 사실이다.

그런데 진리이신 예수님 안에 마음이 머무르면 단지 '이 세상을 바라보는 관점'만 올바르게 되는 것만이 아니다. 보좌 우편에 머무름으로써 비로소 '하나님 아버지의 크기'를 본래 크기대로 느끼게도 되는 것이다.

마음이 이 땅을 탈출하지 못해 묶인 채로 생활 현장에 임하면 정말 사소한 이 땅의 일 하나만 만나도 우리는 너무 쉽게 하나님 아버지의 존재감과 좋음을 의식에서 놓치고 잊어버린다. 순식간에 이방인의 심리 상태가 되어 버린다. 이렇게 하늘 아버지의 존재감이 잊히고 아버지 자신을 유일한 좋음으로 소망함이 중단된 상태에서는 절대로 아버지가 이미 이루신 점선의 뜻이 이 땅에서 몸을 움직여 행동하여야 하는 나에게 알려질 수가 없다. 오직 십자가에서 세상에 대해 함께 죽은 자가 됨으로써 예수님과 연합하여 그 안에 머물며 하늘까지 따라 올라가 보좌 우편에 머무르지 않는 한, 우리는 세상에 대해서도 하늘에 계신 아버지에 대해서도 올바른 관점과 태도를 유지할 수 없다. 그러면 내가 몸으로 해야 할 행동은 절대로 하늘에서 아버지가 이미 이루신 점선의 뜻을 따라 이 땅에서 실선을 이루는 것들일 수가 없게 된다.

실제로는 세상 모든 것은 작고 하늘에 계신 하나님만 크시다. 그런데 사람들이 이 두 대상을 향해서 반응하는 실제 상황은 정반대로 흘러간다. 지금도 지구 위에 사는 모든 사람은 예수님 밖에 마음이 머물면서 하늘에 마음이 머물고 있었더라면 좁쌀 크기도 안 되는 인생의 문제들을 땅에서 보는 웅장한 로키산맥처럼 큰 것으로 느끼며 떠안고, 그 해결을 위해서 씨름하며 살고 있다. 그러는 동안 실제로 우주보다 더 크신 하늘 아버지의 존재감과 유일하신 좋음은 티끌처럼 여겨지면서 의식에서 사라졌다.

이런 상황에서 모든 사람의 행동은 그야말로 하늘에서 이루어진 아버지의 뜻과는 아무런 상관도 없는 일들이 돼 버린다. 사람의 마음은 맞닥뜨린 대상의 실제 객관적인 크기에 무관하게 주관적으로 느끼는 크기 그대로 반응한다. 즉 자기 마음이 주관적으로 실감하는 대로 반응한다는 뜻이다. 마음이 하늘로 올라가지 못해서 이 땅에 머물면 몸으로 맞닥뜨린 인생의 모든 과제와 문제와 상황의 진정한 의미에 대해 정확한 파악 자체가 안 된다. 바로 이런 상태로 모든 사람은 근본적인 오류 속에 머물면서 오해로 범벅된 주관적인 느낌을 따라 오답만을 추구하면서 사는 셈이다. 세상에 대한 실감은 괴상할 정도로 과도하게 팽창되어 있고, 하나님에 대한 실감은 정말 너무하다 싶을 만큼 위축되어 축소되었다.

이렇게 예수님을 믿음으로써 주어진 영적 환경은 믿기 이전과는 철저하게 다른 상황이 된다. 그리스도 연쇄 과정 속 예수님과의 연합이 중단되지 않음이 곧 믿음이다. 그러면 반드시 내 인격 안에서 마음은 하늘에 거하고 몸은 땅에 있게 되는 하늘과 땅의 낙차가 생겨난다. 이 하늘과 땅의 낙차는 십자가에서 예수님과 함께 이 세상에 대해 죽은 자라는 자아의식을 유지하는 사람이라면 누구에게나 발생하는 정말 신비하고 신비한 일이다.

이런 하늘과 땅의 낙차가 내 인격 안에서 형성되어야만 일어날 수 있는 일을 놓치면 안 된다. 하늘에 계시는 아버지의 존재감과 좋음을 본래의 크기대로 직면하게 되어야 한다. 그리고 동시에 하늘 아버지가 세상을 내려다보시는 관점을 나도 가지게 되어야만 한다. 이렇게 하늘에 계시는 아버지 자신과 땅에 있는 세상 존재들에 대해 아버지와 같은 관점을 가지면 어떤 일이 일어나나?

하늘에 계시는 창조주 하나님 우리 아버지께 문제가 아니면 내게도 문제가 아니게 된다. 창조주 하나님 아버지께 별것이 아니면 내게도 별것이 아니게 된다. 하나님께 큰일이면 나에게도 큰일로 느껴진다. 이처럼 같은 관점을 가지고 있어야만 비로소 가능한 일이 바로 하늘에서 이루어진 아버지의 뜻이 땅에서도 이루어지는 일이다.

예수님께는 대제사장도 로마 총독 빌라도도 별로 대단한 존재가 아니었다. 그러나 유대인들이 버렸던 이방 땅 사마리아성에서조차 또다시 버려진 여자였던 수가성 우물가 여인의 경우에서는 특이한 반응을 보이신다. 이처럼 세상적으로 너무나 보잘것없는 한 여인이 예수님을 그리스도로 받아들인 상황에 대해서는 정말 과도하다 싶은 정도로 크게 반응하신다. 중동 땅 정오의 열기에 지치셨던 몸에 원기를 회복하실 정도로 큰 기쁨을 누리신다. 인간 세상에서 사람들이 변두리로 밀어냈던 세리와 죄인들을 친구 삼으신다. 사람을 내려다보시는 하늘 아버지의 관점이 그대로 이식되었기 때문이었다.

예수님의 모든 행동에서는 이렇게 하늘 아버지가 세상을 내려다보실 때의 관점이 드러난다. 그래서 세리와 창녀 등이 유대인들에 의해서 죄인이라고 멸시받게 된 이유와 유대인들이 자신들을 의롭다고 여기는 이유가 하나님과 예수님에게는 정말 아무것도 아닌 것들이었다. 이러한 유대인들의 기준과는 무관하게 하나님과 예수님에게는 모두가 다 죄인이었을 뿐이다. 아니 오히려 그런 어쭙잖은 의로움의 기준으로 자신을 의인으로 착각하는 죄인보다는 자기 스스로 자기를 죄인으로 보는 죄인이 구원의 은혜를 받을 수 있는 자리에 훨씬 더 가까이 있었던 셈이었다.

예수님 안에 들어간 내 마음이 하늘로 올라가서 하나님 아버지와 사귐과 교제를 유지하는 가운데 이 땅에서 내 몸으로 인해 맺어진 모든 관계 위로 아버지의 주권적인 나라가 임한다. 그리고 이제 내 몸 자체는 하늘에서 아버지가 결정하신 뜻에 따라 행동하며 그 뜻을 땅에서 이룰 수 있게 된다.

마음이 하늘로 올라가 하나님과 사귐을 가지지 못하면 하늘에서 내려다보시면서 세상을 향하여 품으시는 아버지의 관점을 공유할 수 없고, 그러면 하늘에서 아버지가 세상을 내려다보시면서 이루신 뜻이 내 안으로 받아들여질 수 없으며, 그러면 땅에서 이루어질 수도 없다.

그리고 이처럼 하늘에서 땅을 내려다보는 낙차가 유지되는 인격 안에서는 반드시 동반되는 현상이 있다. 바로 사랑이다.

하늘에서 이루어진 뜻은 그 바탕이 사랑이다

"하나님이 세상을 이처럼 사랑하사 독생자를 주셨으니 이는 그를 믿는 자마다 멸망하지 않고 영생을 얻게 하려 하심이라"(요 3:16)

하나님이 세상을 사랑하셨다. 그리고 또 사도 요한은 말씀하신다.

"사랑하는 자들아 우리가 서로 사랑하자 사랑은 하나님께 속한 것이니 사랑하는 자마다 하나님으로부터 나서 하나님을 알고 사랑하지 아니하는 자는 하나님을 알지 못하나니 이는 하나님은 사랑이심이라"(요일 4:7-8)

하나님이 사랑이시다. 이 말씀은 특별히 사람과의 관계 안에서 가지시는 하나님의 속성을 말씀하심이다. 하나님이 사랑이심을 마귀와 귀신들에 대한 관계에서도 말할 수는 없지 않은가?

하나님이 세상에서 사는 사람들을 향하여 사랑이신 이유는 하나님은 하늘에 계시고 사람들은 땅에 있기 때문이다. 즉 하나님이 계시는 천국과 사람들이 사는 땅 사이에 성립하는 낙차는 무한한 격차를 만들기 때문이다. 변화산에서 잠깐 보인 천국에서의 예수님의 신령한 모습 앞에 베드로는 황홀경에 빠지면서 세상 전체를 망각해 버린다. 돌연히 눈앞에 나타난 천국 좋음에 비하면 평생 열망하며 추구하던 세상의 가치들은 좋음 축에도 들 수 없었기 때문이었다. 그리고 하나님 자신이 인간에게 마음 공백을 채울 수 있는 유일한 좋음이시다. 이 세상에는 그렇게 인간의 마음을 채울 수 있는 진짜 좋음이 하나님 자신 말고는 없다. 그러므로 하나님의 사람 사랑은 천국에서 땅을 내려다보시면서 가지는 낙차로 인한 측은지심이고 내리사랑이다.

내리사랑이란 하나님 아버지 자신이 이 세상을 내려다보시면서 이 세상으로부터 무엇인가를 얻어 당신의 채움과 만족을 이루어야 할 필요가 전혀 없으신 분이시라는 사실을 전제한다. 하나님은 전적으로 그리고 일방적으로 사람에게 진짜 좋음을 주시기만을 원하신다. 하나님이 이 세상을 향해 가지시는 모든 뜻에는 바로 이렇게 하늘에서 땅을 내려다보시는 낙차에 의해 만들어지는 자비와 사랑이 기본 바탕으로 깔려 있다.

그러니 하늘에서 이 땅을 내려다보시면서 내가 몸을 움직여 이루어야 할 뜻을 점선으로 결정하실 때 그 바탕에는 언제나 이렇게 내가 만나서 상대해야 하는 모든 사람에 대한 내리사랑이 바탕에 깔려 있게 된다. 그러므로 이처럼 하늘에서 이루어진 뜻의 바탕에 깔린 하늘과 땅의 낙차가 만들어 내는 내리사랑을 나 또한 가질 수 없다면 아버지의 뜻은 내게 알려질 수가 없다. 아버지가 땅을 향하여 하늘에서 이루신 뜻의 기본 성분을 내가 소화할 수가 없는 셈이다.

결국 이 땅에서 내 몸을 움직여서 하게 되는 거의 모든 행위는 직간접으로 사람을 관계하는 중에 일어나는 것이다. 그런데 하나님은 창조주로서 내가 몸으로 만나야 하는 당신의 피조물인 사람에 대해서 기본적으로 하늘과 땅의 낙차를 두시고 내리사랑을 하신다. 이러한 내리사랑의 바탕에서 만들어지는 점선의 뜻을 받아 내가 이 땅에서 몸을 움직여 실선으로 바꾸려면 내 마음 또한 이 세상 사람들에 대해서 내리사랑의 바탕이 되어야 한다.

그런데 얼마나 다행인가? 하여간 우리가 예수님을 믿으려면 내 마음은 어쨌든지 그리스도 연쇄 과정 속 예수님과 연합함으로써 땅을 떠나 하늘 보좌 우편까지 올라가 머물러야만 한다. 그러면서 오직 하나님 아버지를 직면하여 존재감을 의식함과 좋음을 소망하는 문제를 하나님 아버지께만 고정하는 방식으로 종결해야만 한다. 그렇게 마음이 하늘에 머무름이 이루어지면 내 마음에도 이 세상에 있는 모든 사람을 향하여 내리사랑의 바탕이 깔린다.

마음이 십자가 예수님 안에서 땅을 떠남, 부활 승천 예수님 안에서 하늘로 올라감, 보좌 우편 예수님 안에서 하나님 아버지를 직면함, 이 모든 단계가 분명할수록 이 땅에서 몸으로 만나는 모든 사람을 향하여 내리사랑이 관계의 바탕을 이루게 된다. 왜냐면 예수님을 따라 하늘로 올라가 버린 내 마음은 공백의 채움을 위하여 이 땅에서 만나는 사람에게서는 얻어 가질 것이 아무것도 없기 때문이다. 내 마음은 하늘에서 하나님 아버지 한 분만을 직면하여 소망함으로 충분하다. 그러면 내 몸이 땅에서 만나는 모든 사람을 향하여 나는 아버지 하나님이 가지시는 내리사랑의 바탕을 가지게 되는 것이다.

이 내리사랑의 바탕이 내게 없으면 하늘과 땅이라는 낙차를 통해 이루어진 내리사랑을 바탕으로 이루어진 아버지의 뜻이 내게도 알려져 땅에서도 내 몸의 행동을 통하여 이루어지는 일은 절대로 일어날 수 없다.

그러므로 뜻이 하늘에서처럼 땅에서도 이루어지기를 바라는 간구는 땅을 내려다보시는 아버지의 내리사랑을 나에게도 허락하여 달라는 간구를 밑에 깔고 있다.

즉 하늘에서 창조주로서 이 세상을 내려다보시는 관점을 가지게 해 주시옵고, 하늘에서 땅을 내려다보실 때의 내리사랑의 마음 바탕을 내게도 허락해 달라는 의미가 포함되어 있다. 이런 간구가 얼마든지 가능한 이유는 어차피 예수님을 믿어야만 한다면 내 마음은 예수님 안에서 이 땅을 탈출하여 하늘로 가서 머물러야만 하기 때문이다. 하여간 그리스도 연쇄 과정 속 예수님이 없으면 우리는 정말 영적으로는 아무것도 할 수 없다.

그래서 이렇게 하늘에서 이루어진 뜻을 위한 간구 안에는 하늘에 내 마음의 머무름을 확실하게 하고 싶은 간구가 포함된다.

'뜻이 하늘에서 이루어지듯 땅에서도 이루어지게 하여 주시옵소서! 그러기 위해서라도 내 마음이 십자가에서 연합한 예수님을 보좌 우편까지 따라가 하늘에 머물면서 아버지와 사귐이 깊어지게 하여 주시옵소서! 그럼으로써 하늘 아버지가 땅을 보시는 관점과 땅을 향하여 가지시는 내리사랑이 내게서도 나타나게 하여 주시옵소서!'라는 간구가 같이 드려져야 한다는 말씀이다.

세상에서 배운 모든 행동 원칙을 다 버려라

몸이 살아 움직이기에 산 사람이다. 그러면 내 몸은 멀쩡하게 살아서 모든 생활 현장을 대할 때 어떻게 움직여야 하나? 살아 있는 한 내 몸을 움직여서 삶을 살아야 함은 피할 수 없는 사실이 아닌가?

그런데 아버지의 이름이 거룩히 여김을 받으시라는 간구와 실제로 거룩히 여김을 받음이 이루어지는 상황을 위해서는 내 마음이 예수님과 함께 하늘로 가야 하는 것이 문제지 내 몸이 움직일 일이 없다.

또한 아버지의 나라가 내 몸이 있어 맺어진 모든 관계 위로 24시간 임하기를 바라는 간구와 실제로 그렇게 아버지의 나라가 주권적 다스리심으로써 이미 형성된 관계들 위로 임하는 일 역시도 그야말로 아버지가 책임지실 일이지 내 몸이 움직이지 않아도 얼마든지 이루어질 수 있다.

그러나 당장 내 몸으로 만나는 모든 구체적인 삶의 현장에서 나는 실제로 몸을 움직여야만 한다. 그것도 아주 적절하고 유효하게 움직여야 한다. 모든 사람은 자기가 원하는 목표를 이루기 위해서 몸을 움직여 행동한다. 그 대상이 무엇이든지 각자 자기 마음에서 일등으로 느끼는 존재감의 대상과 관계하며, 우선하여 좋다고 여겨지는 좋음의 가치들을 소원하면서 손에 넣기 위하여 몸을 움직인다.

여기서 우리가 꼭 짚고 넘어가야 할 것이 있다. 이렇게 실시간으로 하늘 아버지의 뜻이 명령과 지시와 소원의 형태로 내게 전달되어 그대로 행동하며 현장을 산다는 것은 그동안 모든 사람에게서 절대적인 습관이 돼 버린 태도와는 너무나 상반되는 일이라는 점이다. 모든 사람에게 너무나 당연한 일은 대부분 행동해야 하는 순간이 되면 자기들이 기억하고 있는 정해진 행위 원칙에 따라 습관적으로 거의 자동으로 행동한다는 것이다. 특별히 같은 행동을 반복하면서 살아온 정해진 일상을 대할 때는 더욱 그렇다. 그런데 이처럼 습관적으로 내가 기억하고 있는 행위 원칙에 따라 행동하는 한, 실시간으로 하늘에 계시는 아버지와 연결된 상태에서 내려오는 명령과 지시를 따라 행동할 수 없다. 이미 정해진 행동 원칙을 따라 행동이 습관적으로 나오는 한, 살아 계신 하늘 아버지와 지금 연결된 상태에서 주어지는 뜻을 따를 수가 없다.

스스로 하나님이신 예수님이 먼저 이 땅에서 그렇게 사셨다. 다시 예수님의 말씀을 본다.

"아들이 아버지께서 하시는 일을 보지 않고는 아무것도 스스로 할 수 없나니 아버지께서 행하시는 그것을 아들도 그와 같이 행하느니라"(요 5:19)

그리고 또한 말씀하신다.

"이에 예수께서 이르시되 너희가 인자를 든 후에 내가 그인 줄을 알고 또 내가 스스로 아무것도 하지 아니하고 오직 아버지께서 가르치신 대로 이런 것을 말하는 줄도 알리라"(요 8:28)

이렇게 실시간으로 하늘 아버지에게서 오는 명령과 지시를 따라서 말하고 행동하셨음으로 예수님이 이 땅에서 움직이시는 모든 시간에는 하늘에서 하나님 아버지가 움직이고 계셨다. 아버지가 하늘에서 이루시는 움직임이 땅에서 예수님의 움직임으로 고스란히 바뀌어서 나타난 것이다.

"예수께서 그들에게 이르시되 내 아버지께서 이제까지 일하시니 나도 일한다 하시매"(요 5:17)

그리고 행동하시는 모든 순간에 일어나는 하나님 아버지와의 밀접한 관계를 더욱 직접적으로 다음과 같이 말씀하신다.

"내가 아버지 안에 거하고 아버지는 내 안에 계신 것을 네가 믿지 아니하느냐 내가 너희에게 이르는 말은 스스로 하는 것이 아니라 아버지께서 내 안에 계셔서 그의 일을 하시는 것이라"(요 14:10)

이처럼 예수님은 인간이라면 누구라도 가지고 있을 법한 상식적이고 대중적으로 합의된 습관적인 행위 원칙을 따라 말하며 행동하지 않으셨다. 그 대신 하늘에서 이루어진 아버지의 뜻을 실시간으로 받아 땅에서 이루셨다. 먼저 우리는 분명히 인지하여야 한다. 내게서도 몸에 붙어 습관이 돼 버린 행위 원칙들을 따라 무의식적으로 행동하는 일이 일어나고 있음부터 자각해야 한다. 이렇게 습관적으로 행동하는 모든 순간에 우리는 살아 계셔서 내 삶에 대해서 매 순간 실시간으로 생각하시는 하나님 아버지를 기억할 필요가 없고 그러므로 당연히 내 모든 말과 행동이 실시간으로 하나님의 점선의 뜻에 연결되어야 한다는 생각조차 들지 않게 된다.

예를 들어 가장 대표적인 좋음의 가치들로서 건강이나 돈이나 승진이나 대중적인 인기 등이 있다. 그래서 사람들은 이런 좋음의 가치들을 추구하여 손에 넣기 위해서 대중적으로 합의가 이루어진 수많은 행동 규칙을 정하고 시도해 본다. 건강 유지 비법이나 주식 투자 비법이나 인간관계를 잘하는 방법 등등 모든 분야의 모든 바람직한 목표를 달성하기 위한 행동 원칙을 사람들은 추구한다. 가령 대기업 직원은 사장님의 존재감이나 상사의 존재감을 일등으로 느끼는 중에 어떻게 행동함으로써 그 사장님이나 상사에게 인정받아 승진할 수 있을까를 고민하고 그에 적절한 행동 원칙을 찾는다. 또 자녀의 존재감이 일등인 엄마는 그 자녀에게 가장 좋은 일이 무엇인가를 정하여 놓고 그 가치가 자녀에게 이루어지게 하려고 할 수 있는 모든 자원을 동원하며 유효하다고 여겨지는 행동 원칙에 따라 수고한다.

이런 등등의 요구에 부응하여 분야별로 수많은 이론과 강연이 난무하고 자기 계발서들이 서점의 책장을 가득 메우고 있다. 모두가 건강과 돈과 명예와 인기 등의 이 세상의 가치를 조금 더 많이 가지고, 그래서 조금 더 높이 오르려면 내가 어떻게 행동해야 하는가에 답하고 있는 책들이다. 이 세상에서 원하는 것을 손에 넣기 위한 행동 규칙, 행위 원칙에 관한 가르침들이다. 그리고 다양한 분야의 수많은 전문가가 이처럼 쇄도하는 요청과 질문들에 대해 답하기 위해 다양한 행위 원칙들을 답으로 준비하고 대기 중이다.

그래서 사실 엄밀히 따지고 보면 이렇게 세상에서 좋다는 가치들을 얻을 목적을 위하여 어떤 행동을 해야 하는가를 가르치는 모든 이론과 강연과 책들이 다 율법주의의 산물인 셈이다. 율법은 무엇이며 율법주의는 무엇인가? 본래 성경이 말씀하시는 율법의 근본 취지는 무엇인가? 하나님 자신을 최고의 좋음으로써 선물받은 선민들이 그 하나님이 너무 좋아서 하나님이 하라시는 행동을 즐거움으로 이행하려고 붙잡는 행동 원칙이다. 그래서 율법은 하나님이 제일 좋은 대상으로 마음에서 느껴진 결과 행하게 되는 행동 원칙이다. 하나님 자신으로 인한 만족함과 기쁨이 하나님이 주신 율법이라는 행동 원칙을 수행하기 위한 원천적 에너지가 되는 셈이다. 하나님 자신이라는 보상이 먼저 주어지고 그 기쁨으로 율법이라는 행동 원칙을 따르게 된다.

그러나 이와는 반대로 율법주의는 하나님 자신을 기쁨으로 받지 않는다. 대신에 이 세상에 있는 좋은 가치들을 좋아한다. 그런데 그런 가치들을 얻는 한 방법으로 율법을 지키는 것이다. 즉 율법주의는 율법을 지킴으로써 자신이 좋아하는 이 세상의 가치들을 하나님으로부터 보상으로 얻을 것을 겨냥하는 사상이다. 하나님께서 당신을 내어 주셨음에도 불구하고 하나님 자신을 좋음의 대상에서 제쳐 둔다. 율법주의 안에서 하나님은 스스로 유일한 좋음의 대상이 아니다. 단지 사람이 하는 행위의 잘잘못을 따지며 그에 따라 이 세상에 있는 좋음으로써 상 주시는 분으로서만 역할을 해야 한다. 율법주의는 이처럼 행위를 자기가 원하는 가치를 얻기 위한 하나의 수단으로 삼는 것이다.

그러나 꼭 이렇게 하나님으로부터 행위에 대한 칭찬으로서 이 세상 가치를 상으로 받는다는 종교적인 율법주의가 아니더라도 좀 더 크게 보면 자기가 행동함으로써 그 결과 자기가 원하는 좋음을 보상으로 얻는다고 믿는 모든 사람이 율법주의자인 셈이다. 만족과 기쁨을 얻기 위하여 몸을 움직여 하는 행위를 수단화하는 자들이다. 그렇게 보면 온 세상 거의 모든 사람은 자기들이 좋아하는 이런 세상 가치들을 얻기 위하여 자기들 나름대로 각양각색의 행동 원칙을 신뢰하면서 그것을 따라 몸을 움직이며 매진하는 율법주의자들이다.

그러므로 하늘에서 뜻이 이루어진 것처럼 땅에서도 뜻이 이루어지게 하려면 우선 율법주의적인 삶의 태도부터 십자가에서 죽어야만 한다. 습관적으로 그래서 자동으로 반응하면서 말과 행동이 튀어나오게 하는 너무나 익숙한 행동 원칙들을 끊어 내야만 한다. 하늘에서 이루어진 뜻을 땅에서도 내 몸을 움직여 이루는 일은 이 세상 가치를 얻고 싶은 마음으로 정해진 행위 원칙을 기억하면서 지키는 태도로는 할 수 없다. 오히려 삶의 상황마다 자동으로 대처하게 될 정도로 강하게 기억되고 있는 모든 행위 원칙을 다 십자가에 못 박아 죽여야 한다. 마음으로 하늘에 계시는 아버지를 만나는 일보다 이 땅에서 내가 스스로 움직이려고 행위 원칙을 먼저 생각하는 한, 하늘에서 이루어진 뜻은 절대로 땅에서 이루어질 수가 없다. 하늘에서 뜻이 이루어진 것같이 땅에서도 이루어지기를 바라는가? 그러면 무조건 제일 먼저 하늘로 올라가라.

일상에서 내가 행동해야 하는 순간이 되면 이미 하늘에 계신 아버지께서 당신의 뜻을 점선으로 정해 놓지 않은 일은 절대로 없음을 한시도 잊지 말자. 이런 사실 앞에서 우리는 우리 자신을 스스로 깨우쳐야 한다. 나는 하늘의 뜻과는 별도로 스스로 이 세상 현장에 대처하기 위한 행위 원칙이라고는 단 한 가지도 모르는 무식하고 경험 없는 자라는 사실을 말이다. 그러기 위해서 진짜로 내 마음과 의식은 십자가에서 세상에 대해서는 죽은 자라는 신분 의식이 살아나야만 한다. 십자가의 죽음은 실제 생활 현장에서 '스스로는 아무것도 할 수 없다'라는 예수님의 상태를 내게 옮겨 심어 주신다.

십자가에서 세상에 대해 죽은 자라는 신분 의식으로 나는 스스로 아무것도 할 수 없다는 자기 고백이 왜 절대적으로 필요한가? 이렇게 세상 현장에 대해서 가지는 예수님과 함께 죽은 자라는 신분 의식은 결국 내 말과 행동이 나오기 전에 내 마음을 하늘로 이끌어 가게 된다. 그래서 하늘에서 하나님을 상대하게 된다. 항상 이렇게 하나님을 내 마음이 마주 대하는 상황이 내가 말과 행동을 하기에 앞서 반드시 이루어져야만 한다.

아니면 더 좋은 일은 아예 이렇게 하나님을 마주하는 상황을 앞서서 유지한 채로 삶의 현장으로 나가는 것이다. 그래야만 우리는 비로소 하나님의 뜻이 하늘에서처럼 땅에서도 이루어질 수 있을 조건을 충족하게 된다. 뜻이 하늘에서 이루어진 것처럼 땅에서도 이루어지려면 그에 앞서 반드시 나는 십자가 입구를 통과해야 하늘로 가야만 하는데, 이 과정에서 나는 피할 수 없이 하늘에 계신 하나님께로 가서 하나님만을 상대하며 하나님 자신만으로 충만한 상태를 이루게 된다는 것이다. 즉 언제나 익숙하거나 아니면 스스로 필요하다고 여기는 행동 원칙이 앞서면 그 순간 하나님과의 만남과 연결은 끊어지고, 하나님이 하늘에서 먼저 이루신 뜻 역시 내게서 완전히 단절되고 만다.

물론 일상적으로 판에 박힌 행동을 반복해야 하는 경우도 얼마든지 있다. 그러나 마음이 하늘로 가서 하나님을 마주하는 상태가 유지되면, 그렇게 판에 박힌 반복적인 행동 하나하나가 습관을 따라서 하는 것이 아니라 지금 하나님이 허락하셔서 하는 행동이 된다. 즉 매번 같은 동작이 반복될 때마다 하나님이 하늘에서 정해 주신 점선의 뜻을 따라 행하는 완전히 새로운 행동이 된다는 뜻이다. 마음이 실제로 살아 계신 하나님을 먼저 만나 보라. 실제로 하나님을 만나는 동안 이런 일이 일어나서 스스로 경험하지 못하면 천 번 만 번 말해도 모를 일이다.

사정이 이렇기에 하늘에서처럼 땅에서도 뜻이 이루어지는 삶을 위해 행위해야 하는 모든 순간에 우리가 기억해야 할 일은 어떤 종류의, 소위 적절한 행위 원칙이 아니다. 행동해야 할 모든 순간에 우리는 예수님의 십자가에서 지금 놓인 현장에 대해서 죽은 자라는 사실을 기억해 내거나 이미 그런 죽은 자의 자아의식이 유지되고 있어야만 한다.

그리고 앞으로 내가 이 세상 삶의 현장에서 행위함으로써 새삼스럽게 얻게 될 기쁨은 없다는 사실 역시 스스로 거듭거듭 반복하여 깨우쳐야 한다. 왜냐면 내 마음은 예수님과 함께 하늘에서 하나님을 직면하고 있어야만 하기 때문이다. 내 마음은 하여간 만족과 기쁨에 관련해서는 하나님하고 사이에서 상황을 온전히 매듭지어야만 한다. 이렇게 내 마음이 하늘에 올라가 있기에 이제 이 땅의 생활 현장에서 행위해야 하는 순간에 나의 과제는 내 기쁨을 얻기 위한 것도 아니고 내 유익이나 내 채움을 위한 것도 아니다. 행위해야만 하는 이 순간에 내가 할 일은 지금 내가 만나는 사람이나 사건이나 상황을 향하여 하나님 아버지가 하늘에서 미리 이루신 뜻을 받아 내 몸으로 이루어 내는 것이다.

그러기 위해 거의 반사적이고 자동으로 나에게서 말과 행동이 나오게 하는 그동안 기억한 모든 경험과 지식과 처세술과 행위 원칙을 다 십자가 죽음을 통하여 버려야 한다. 그렇게 함으로써 그런 틀에 박힌 행위 원칙들 대신 하늘에서 이루어진 뜻이 지금 실시간으로 안으로 받아들여져야 한다. 뜻이 하늘에서 이루어진 것처럼 땅에서도 이루어지기를 바라는 기도는 이렇게 삶의 방식을 뿌리부터 근본적으로 바꾸는 것이다.

그래서 이러한 간구가 아버지의 이름이 거룩히 여김을 받으시라는 간구와 그에 이어지는 아버지의 나라가 이 땅에 임하시라는 간구에 뒤이어서 나온다는 점이 중요하다. 앞선 두 개의 간구가 이루어짐이 전제되어야만 의미가 있고 유효한 간구가 바로 뜻이 하늘에서 이루어진 것처럼 땅에서도 이루어지기를 바라는 것이다. 그래서 이번에는 이 세 가지 간구를 이어서 생각해 보자. 그래야 실제로 내가 생활 현장에서 실시간으로 하늘 아버지의 뜻의 점선을 받아 실선으로 바꾸어 내는 일이 더 쉽고 구체적일 수 있기 때문이다.

기억하는 행동 원칙 대신
땅으로 외출 나온 하나님의 주체성이신 성령님

결국 이렇게 뿌리부터 달라진 삶을 우리가 일상적으로 영위함에서 겉으로 눈에 띄게 나타나야 하는 증상이 바로 우리의 행위이다. 예수님이 그리스도로서 이루신 그리스도 연쇄 과정 덕분에 일어난 일이 무엇인가? 다른 것이 아니다. 삶의 현장에서 몸을 움직여 행동해야만 하는 모든 순간에 내 마음이 올라가 마주하는 하늘에 계시는 아버지로부터 실시간 명령과 지시가 내려올 수 있게 되었다는 것이다.

더 이상 문자로 기록된 율법과 같은 행위 원칙에 내가 행동을 맞추어 가면서 살지 않는다. 또한 나 자신이 내 삶을 책임지는 위치에 서서 그때그때 적절하다고 판단되는 어떤 행동 규칙을 따라서 내 몸을 움직이며 사는 것이 아니다. 모든 장소 모든 때에 모든 사건과 상황과 문제와 사람에 대해서 그때그때 실시간으로 내려오는 하나님의 명령과 지시에 따라 몸을 움직일 수 있게 되었다는 것이다.

마치 이어폰을 낀 채 팀장의 명령에 따라 그때그때 변하는 상황에 대처하여 민첩하게 움직이는 경호원들처럼 말이다.

우선 우리는 예수님을 믿음으로써 그 믿음을 포기하거나 잠시라도 중단하지 않는 한 언제 어디서나 절대적으로 지켜 내야만 하는 일이 생겼다. 마음이 하늘로 올라가 하나님을 직면해야 하는 것이 피할 수 없는 팔자(?)가 되어 버렸다. 그래서 하나님 있음에 대한 존재감과 하나님 자신의 좋음에 대한 욕구가 항상 하늘로 올라간 마음에서 일등 자리를 차지하며 유지하여야 한다. 그런데 이처럼 내 마음으로 그리스도 연쇄 과정 속 예수님과 함께 하늘로 올라가 하나님 존재감을 일등으로 느끼며 하나님 자신의 좋음을 추구하기 위해서는 이 땅에서 내 몸으로는 전혀 할 일이 없다.

그리고 근본적으로 이 세상의 삶은 전체적으로 내가 몸을 움직여서 하는 행동을 통해 책임질 일이 전혀 아니다. 그리스도 연쇄 과정 속 예수님을 따라가는 믿음을 유지하는 한 이 세상 삶을 위해서는 내 몸을 내가 움직여야 할 이유 자체가 없어졌다는 말씀이다.

그러나 내 몸은 여전히 이 땅에 남아서 움직이며 말하고 행위해야만 한다. 이때 세상에서 좋음을 추구할 일도 없고 책임질 일도 없는 상황이 내게서 분명하게 이루어졌다면 모든 생활 현장에서 내 몸을 실제로 움직이는 주체는 바로 성령님이시다. 하늘 아버지로부터 외출 나오신 하늘 아버지의 주체성이신 성령님이 내 몸을 움직이신다. 성령님은 하늘 아버지의 주체성의 복사판 영이시다. 그래서 성령님은 아버지가 이 세상을 향하여 가지시는 모든 생각과 뜻을 다 자신 안에 담고 계신다.

이런 성령님께서 바로 내 마음이 예수님을 따라 하늘로 올라가 하나님을 직면하느라 세상에서 떠나 버린 그 빈자리로 내려오신다. 하늘로 올라가 버린 내 마음 대신에 하늘 아버지의 주체성의 복사판이신 성령께서 내려와 내 몸과 그 몸에 유기적으로 연결된 지성과 감정과 의지의 기능을 장악하신다. 즉 하늘로 떠나가 버린 내 마음이 있던 빈자리로 내려오신 성령께서 지정의 기능과 유기적으로 연결된 내 몸을 장갑처럼 끼시는 것이다. 그러고는 하늘에서 아버지가 결정하신 뜻을 이 땅에서도 내 몸을 통해 이루어 가신다.

아버지의 뜻이 외출 나오신 상태의 성령께서 사람의 몸을 장갑으로 끼신 예는 바로 예수님에게서 찾아 볼 수 있다.

"그러나 내가 만일 하나님의 손을 힘입어 귀신을 쫓아낸다면 하나님의 나라가 이미 너희에게 임하였느니라"(눅 11:20)

이 구절에서 "하나님의 손"은 본래 '하나님의 손가락'이라는 뜻이다.

하나님의 손가락이 예수님을 장갑으로 끼시고 귀신을 쫓아내신 형국을 묘사하신 말씀이다. 그리고 그런 상황을 예수님은 하나님의 나라가 임하신 것이라고 말씀하신다.

그러므로 "뜻이 하늘에서 이루어진 것같이 땅에서도 이루어지이다"라는 간구는, '이 세상 삶에 대한 나의 주체성은 십자가에서 예수님과 함께 죽었사오니 대신 하늘 아버지의 주체성이 외출 나오신 성령께서 내 몸과 지정의 기능을 장갑으로 끼시고 움직이시는 주체가 되어 주시옵소서!'라는 간구이다. '내 몸을 하나님 아버지의 손이신 성령께 온전히 장갑으로 내어 드리오니 끼시옵소서!'라는 간구이다.

행위하는 몸을 거룩한 산 제물로 드려라

이와 관련하여 사도 바울은 다음과 같이 말씀하신다.

"그러므로 형제들아 내가 하나님의 모든 자비하심으로 너희를 권하노니 너희 몸을 하나님이 기뻐하시는 거룩한 산 제물로 드리라 이는 너희가 드릴 영적 예배니라"(롬 12:1)

내 몸을 하나님께 제물로 드리되 산 채로 드리라고 하신다. 번제처럼 죽여서 불로 태워 드리는 대신에 산 채로 드리라신다. 왜냐면 내 몸이 산 채로 아버지의 뜻이 실시간으로 외출 나오신 성령님의 장갑이 되어야 하기 때문이다. 그래서 성령님이 끼시고 내 몸을 움직이면 내 삶 자체가 영적인 예배가 된다. 성령님이 장갑으로 끼신 내 몸으로 밥을 먹어도 예배이고 직장을 나가 일상의 업무를 처리해도 예배이다. 장사를 해도 예배이고 공부를 해도 예배이다. 배우자가 서로 마주하여도 예배고 부모 자식이 대화하는 순간도 예배. 애인끼리 만나 데이트해도 예배가 된다.

이처럼 예수님을 믿음으로써 우리에게 주어진 삼위일체 하나님의 영적 환경 속에서 내 몸의 역할은 분명하다. 내 몸은 반드시 이 땅에서 하늘 아버지의 손이신 성령님의 장갑이 되어야 한다. 그래야만 내 몸을 중심으로 맺어진 모든 관계 위로 임하시는 하늘 아버지의 주권적 다스리심과 내 지정의 기능과 몸의 움직임이 갈등을 피하고 충돌을 일으키지 않는다.

그 대신 나의 마음을 다 쏟는 주체성은 철저히 내 몸으로 사는 이 지상의 삶에서 빠져나와 있어야 한다. 내 주체성은 그리스도 연쇄 과정 속 예수님 안에서 하늘 보좌 우편까지 따라가 그곳에 머무르며 하나님 한 분에게만 전적으로 몰입하여야 한다. 내 주체성이 내 몸을 통해 이 땅에서의 삶에 조금이라도 관여하면 안 된다. 내가 스스로 생각하고 좋아하여 얻고자 추진하는 주체성을 조금이라도 이 땅의 삶에 쏟는 일은 마치 삶을 추진하는 휘발유 엔진에 디젤 연료를 붓는 것과 같다.

"뜻이 하늘에서 이루어진 것같이 땅에서도 이루어지이다"

이 간구는 이렇게 예수님 믿어서 주어지는 삼위일체 하나님으로 조성되는 영적 환경에 적극적인 참여가 있음으로써 내 몸이 거룩한 산 제물로 드려져야만 이루어질 수 있다. 즉 내 몸이 거룩한 산 제물로 드려지려면 우선 그리스도 연쇄 과정 속 예수님과 하나가 되어서 내 마음이 세상을 떠나야 하고, 그렇게 떠난 내 마음은 하늘에서 하나님만을 유일한 상대자로 삼아 사귐을 지속하여야 한다. 그래서 내 몸으로 맺어진 모든 관계 위로 하나님 아버지의 주권적인 나라가 임하는 상황에서 내 몸 자체도 비로소 산 제물로 드려져 하늘 아버지가 정하신 점선의 뜻을 따라서만 움직이시는 성령님의 장갑이 된다.

아버지는 하늘에서 나의 땅에서의 삶을 위하여 창조적이고 자발적으로 준비하신 뜻을 강제 집행하지 않으신다. 그래서 하늘에서 이루어진 뜻은 내 의지와 상관없이 이루어지는 운명과 같은 것이 아니라고 했다. 실제로 얼마든지 모든 사람은 오늘도 자기 주체성을 이 땅의 삶을 위하여 쏟아부으면서 하늘에서 이루어진 뜻을 저버리고 자기 뜻대로 행동하며 살고 있다. 하늘에서 이루어진 아버지의 모든 뜻은 지금도 모든 사람의 생활 현장에서 단지 유산되고 있고 낭비되고 있을 뿐이다.

그래서 가장 우선하여 필요한 일이 바로 나에게서 활성화되어 있는 나의 죄악과 저주에 찌든 본성이 일단 십자가를 통해 못 박히지 않으면 안 된다. 하나님 아버지의 주권이 물샐틈없이 내려오는 삶에 대해서 자기 스스로 자동으로 판단하고 생각하면서 주체적으로 개입해 들어가려는 정말 악한 본성적인 기질이다. 그래서 이런 죄악 된 본성이 십자가에서 죽는 과정이 하나님의 이름이 거룩히 여김을 받으라는 간구와 아버지의 나라가 임하기를 바라는 간구를 통해서 철저히 이루어져야 한다. 그래서 자발적으로 이 세상 삶에 대한 내 뜻을 부인하고 하늘에서 이루어진 아버지의 뜻을 사모하여 이루어지기를 바람으로써만 이 땅에서도 그 뜻이 실제로 그대로 이루어질 수가 있다. 그리고 이러한 바람이 진실이라면 내 몸은 거룩한 산 제물로 하나님의 손이신 성령님에게 온전히 바쳐져야 한다.

내 몸은 성령님이 착용하시는 장갑이라는 비유처럼 동시에 거룩한 산 제물로 드려짐으로써 성령님이 쥐시는 연필이어야 한다. 성령님이 쥐고 삶의 현장이라는 종이 위에 하늘에서 이루어진 아버지의 점선의 뜻을 따라 실선으로 바꾸어 가는 연필이 곧 내 몸이 되어야 한다.

이 하늘에서 점선으로 이루어진 아버지의 뜻이 바로 내 몸의 행동에 대해서는 유일한 진리이다. 즉 유일한 정답이라는 것이다. 글씨본에서 쓰인 점선이 어린아이가 손으로 쥐고 있는 연필이 따라가야 하는 진리이고 정답이며, 기차에 대해서는 기차 레일이 진리인 것과 같다. 그러므로 뜻이 하늘에서 이루어진 것처럼 땅에서도 이루어지기를 바라는 기도는 내 몸이 오직 하늘에서 이미 점선으로 그려져 있는 아버지의 뜻을 진리의 레일로 삼아 그 위에서 움직이게 해 달라는 간구이다. 즉 하늘에서 결정하신 유일한 정답에 따라 움직이게 해 달라는 간구이다.

이런 상황을 한 번 예를 들어 살펴보자.

만약에 지금 내가 심각한 재정 문제를 당하고 있다고 하자. 그러면 내가 그 문제를 내 마음으로 붙잡고 행동하는 것은 절대로 정답이 아니다. 진리에서 벗어난 행동이다. 그 문제에 마음을 쏟아부으면서 기도하고 부지런히 하나님 아버지의 뜻을 묻는 것도 정답이 아니다. 이럴 때 아버지는 단지 우리 인생 문제의 상담사밖에 안 된다. 그러나 그런 하나님은 실제로는 그 어디에도 없다. 그런 하나님은 단지 종교적인 환상이다. 우리는 내 삶에서 만나는 그 어떤 문제에 대해서도 내가 판단하고 생각하는 답과 해결을 추구할 필요가 없다. 또 그래서도 절대로 안 된다. 그러면 하나님을 아버지로 관계하지 않는 이방인의 상태로 전락하는 일이다. 왜냐면 내 삶에서 발생하는 그 어떤 문제도 근본적으로 하늘 아버지가 살아 계시는 한 내 책임이 아니기 때문이다. 내 책임은 하늘에 올라가서 보좌의 하나님 한 분만을 직면하여 아버지의 존재감으로 충만하고 아버지로 채워지는 소망으로 충만하게 되는 일이다.

잊지 말자. 예를 들었듯이 만약에 돈 문제가 생겨서 내 마음이 쏠리면 내 마음에서 하나님의 이름이 거룩히 여김을 받지 못하는 상태가 되었다는 사실을 말이다. 아버지의 이름 대신에 돈의 이름이 내 마음에서 거룩히 여김을 받는 중이다. 왜냐면 돈의 존재감과 좋음이 내 마음속에서 최고 일등의 자리에 들어서기 때문이다.

그러면 제일 먼저 할 일은 돈 문제 해결을 모색하는 대신에 먼저 그렇게 돈의 이름이 거룩히 여김을 받는 나의 상태가 십자가에서 예수님과 함께 죽어야 한다. 그래서 돈 문제가 벌어지는 상황에서 떠나야 한다. 그래도 된다. 왜냐면 아버지가 보고 계시고 알고 계시고 사랑하시면서 미리 다 생각하고 계시기 때문이다. 그러므로 이제 나는 마음으로 십자가 죽음을 통해서 돈 문제가 벌어지는 이 세상으로부터 탈출하듯 빠져나와 그리스도 연쇄 과정 속 예수님과 함께 하늘 보좌 우편까지 가서 하나님을 직면하여야 한다.

기도하라. 싸우듯이 기도하라. 전쟁하듯 돈 문제를 해결하려 하지 마라. 오히려 전쟁하듯 치열하게 싸워서라도 마음은 반드시 돈 문제의 억압과 사슬을 끊고 이 삶의 현장을 떠나서 하늘로 올라가야 한다. 그래서 돈 문제의 존재감이나 돈의 좋음이 하나님의 존재감과 하나님의 좋음에 밀려서 내 마음에서 사라져야 한다. 그렇지 않으면 당장 벌어진 돈 문제에 관련된 제반 사항 위로 아버지의 나라가 임하지도 못하고, 그에 따르는 결과로 내 삶 전반에 걸쳐 돈이 개입되는 모든 영역에서 하나님의 주권적 다스리심이 임하지도 못한다. 여전히 저주받은 특성인 세상 삶에 대하여 스스로 책임지려는 주체성이 활성화되고 있기 때문이다.

이렇게 돈 문제 앞에서 내가 할 일은 기도이다. 하나님의 이름이 거룩히 여김을 받으시라는 기도이고 돈 문제를 포함한 모든 삶의 관련성 위로 아버지의 나라가 임하시라는 기도이다. 아무리 돈 문제가 급하여도 우선 골방에 들어가 기도하라. 이렇게 주기도의 앞선 두 구절의 의미를 깊이 음미하면서 기도하라.

기도의 목표는 분명하다. 하나님의 유일한 존재감이 돈 문제의 존재감을 사소한 것으로 느끼게 할 정도로 내 의식 안에서 커져야 한다. 그리고 오직 하나님의 좋음을 크게 느껴 돈의 좋음이 사소하게 느껴지도록 기도해야 한다. 그리고 돈 문제는 정말 이리되든, 저리되든 아버지의 뜻대로만 이루어지기를 바란다. 돈 문제에 대해 책임지는 자리에서 내가 벗어나지 않으면 절대로 아버지의 주권적 다스리심은 내려올 수 없다.

이렇게 주기도의 앞선 두 구절을 붙잡고 기도하면 이제 길이 열린다. 지금 바로 이 순간을 위해서 하늘에서 이루어진 점선으로서의 아버지의 뜻이 실선으로 바뀌는 일이 가능하게 된다. 즉 하늘에서 외출 나온 분이신 성령님께서 내 마음이 하늘로 올라가고 난 빈자리로 오셔서 내 지정의(知情意) 기능과 몸을 장갑 삼아 달라고 간구하는 것이 의미 있고 유효한 일이 된다.

반드시 하늘 아버지의 이름이 내 마음에서 거룩히 여김을 받으심과 아버지의 나라가 내 삶의 모든 관련성 위로 임하시기를 바라는 간구를 드림으로써 결과적으로 이 땅에 남게 된 내 몸을 산 제물로 드리는 일이 일어나야 한다. 즉 성령께서 내 몸을 마음대로 주장하셔서 하늘에서 이루어진 아버지의 점선의 뜻을 땅에서 이루셔야만 한다.

내 몸을 한번 보라. 그리고 그 몸을 생살 장갑이나 연필이라고 여기

라. 하늘 아버지의 손이신 성령님께서 끼셔야 하는 장갑이고 쥐셔야 하는 연필이다. 내 몸은 나의 자의대로 움직여도 되는 것이 아니라 거룩한 산 제물로 바쳐짐으로써 하늘에서 아버지가 그리신 점선의 뜻을 땅에서 실선으로 바꾸는 하늘 아버지의 도구여야 한다.

"뜻이 하늘에서 이루어진 것같이 땅에서도 이루어지이다."
"하늘에서 아버지가 이미 점선으로 그려 놓으신 뜻을 이 땅에서 내 몸을 움직임으로써 실선으로 바꿀 수 있게 하여 주시옵소서."
골방에 들어가서 기도할 때마다 주기도의 앞선 두 개의 간구와 함께 이 간구를 그 속에 들어 있는 의미를 깊이 곱씹으면서 해야만 한다. 그리고 이렇게 의미를 숙지하는 중에 모든 생활 현장에서 행위를 해야만 하는 모든 순간에 쉬지 않고 드려야 하는 간구이다.

IX. 오늘날 우리에게 일용할 양식을 주옵소서

일용할 양식을 먹고 내 몸이 살아야 하는 이유

"오늘날 우리에게 일용할 양식을 주옵소서!" 이 간구를 문자 그대로 하늘 아버지께 "일용할 양식"을 구하는 기도라고 이해하면 정말 대책 없는 난센스다. 예수님은 주의 기도를 구체적으로 언급하시기 전에 이방인들이 구하는 것과 하늘 아버지의 자녀가 구하는 것은 그 내용상 뚜렷한 차이가 있어야 함을 명확히 말씀하셨다.

"또 기도할 때에 이방인과 같이 중언부언하지 말라 그들은 말을 많이 하여야 들으실 줄 생각하느니라 그러므로 그들을 본받지 말라 구하기 전에 너희에게 있어야 할 것을 하나님 너희 아버지께서 아시느니라"(마 6:7-8)

어디 그뿐인가? 같은 마태복음 6장 마지막 부분에서 아예 구체적으로 예를 드시면서 못을 박듯이 말씀하신다.

"그러므로 염려하여 이르기를 무엇을 먹을까 무엇을 마실까 무엇을 입을까 하지 말라 이는 다 이방인들이 구하는 것이라 너희 하늘 아버지께서 이 모든 것이 너희에게 있어야 할 줄을 아시느니라 그런즉 너희는 먼저 그의 나라와 그의 의를 구하라 그리하면 이 모든 것을 너희에게 더하시리라"(마 6:31-33)

그렇다면 이러한 말씀들을 고려할 때 "오늘날 우리에게 일용할 양식을 주옵소서!"라는 간구의 진짜 의미는 무엇일까? 우선 생각할 수 있는 사실은 이 간구가 일용할 양식을 직접 가리키는 간구라기보다는 일용할 양식이 있어야 생존하는 몸을 간접적으로 가리키는 것이라는 점이다.

그리고 이어서 생각할 수 있는 것은 이 일용할 양식에 대한 간구가 주기도의 앞에서 하게 된 세 가지 간구와 무관할 수 없다는 사실이다. 하늘에 계시는 아버지의 이름이 내게서 거룩히 여김을 받으시는 일과 하늘 아버지의 주권적인 다스리심의 나라가 내 삶의 모든 관계 위로 내려오는 일, 그리고 하늘에서 이루어진 아버지의 뜻이 땅에서도 내 몸의 행위를 통해서 이루어지는 일이다.

이 세 가지 일을 간구한 뒤에 일용할 양식을 주시기를 간구하는 일은 당연히 어떤 관련성이 있을 수밖에 없지 않겠나? 왜냐면 이 앞선 세 가지 간구는 그냥 한 번 입으로 간구하고 나면 그것으로 관심을 끊고 잊어도 되는 일들이 아니기 때문이다. 내 생활 현장 언제 어디서나 하나님의 이름은 계속하여 내게서 거룩히 여김을 받으셔야 하고, 또한 언제 어디서나 아버지의 나라는 내 생활 현장 위로 임하셔야 하며, 마찬가지로 하늘에서 이루어진 뜻의 점선은 언제 어디서나 땅에서도 내 몸의 말과 행동을 통하여 실선으로 바뀌어야 한다.

이런 세 가지 간구는 그러므로 간절한 열망이 되어서 실제 생활 현장까지 이어져서 지속하여 이루어져야 한다. 그렇지 않다면 주의 기도를 따라 드리는 기도는 그냥 주문 외듯이 문자를 입으로 반복하는 일 이외에 아무런 의미가 없다. 예수님은 주의 기도를 통해 하늘 아버지의 아들로서 이 땅을 살 때 우리가 가져야 할 가장 우선적이고 강력한 관심거리와 열망의 내용이 무엇이어야 하는가를 명확히 규정하여 주신 셈이다.

그러니까 "오늘날 우리에게 일용할 양식을 주옵소서!"라는 간구는 모든 생활 현장에서 이 세 가지 일이 일어나기를 간구하는 열망이 지속하는 중에 드리는 기도라는 점이 매우 중요하다. 그렇게 보면 결국 이러한 세 가지 간구를 위하여 일용할 양식을 구하는 셈이 된다. 세 가지 간구가 이루어지기를 바라면서 구하는 일용할 양식. 그렇다면 이런 일용할 양식의 의미는 또 무엇일까?

일용할 양식은 몸이 생존하면서 하루의 삶을 살기 위해서 반드시 섭취해야만 하는 음식을 뜻한다. 앞선 세 가지 간구에 이어 갑자기 일용할 양식을 달라고 간구하는 일은 이 땅에서 하루하루 몸으로 사는 삶의 목적을 분명히 하는 취지를 담고 있다.

즉 '바로 앞에서 간구한 세 가지 일을 위하여 하루하루 먹고살게 하여 주시옵소서!'라는 간구다. 몸은 음식을 먹어야만 살아 있을 수 있고 움직일 수 있다. 그런 몸이 죽지 않고 오늘 하루도 살아 있다. 그렇다면 그 목적은 하나님의 이름이 내게서 거룩히 여김을 받는 것과 하나님의 나라가 내가 몸이 있어 맺게 된 모든 관계 위로 임하는 것과 하나님 아버지의 뜻이 하늘에서처럼 땅에서도 이루어지는 일을 위해서라는 사실을 나 스스로 확인하고 마음에 새겨 넣는 의미를 지닌 간구이기도 하다.

그래서 이 간구는 달리 표현하면 이렇다.

'하나님 아버지 일용할 양식을 주시옵소서! 그래서 오늘 하루 양식을 먹고 살아 있는 동안 오직 아버지의 이름이 거룩히 여김을 받는 일이 일어나게 하여 주시옵고, 제가 살아서 맺게 된 모든 관계 위로 아버지의 나라가 임하는 일이 일어나게 하시며, 살아서 몸을 움직이는 대로 하늘에서 이루어진 뜻이 땅에서도 이루어지게 하여 주시옵소서!'

혹은 더 간단히 할 수도 있다.

'하늘에 계시는 하나님 아버지! 오늘 하루 오직 아버지의 이름과 나라와 뜻을 위하여서만 살도록 일용할 양식을 주시옵소서!'

몸으로 사는 매일매일의 궁극적인 목적이 오직 하늘 아버지의 이름과 나라와 뜻을 위함이라는 사실을 스스로 고백하며 다짐하듯 마음에 새기는 의미를 담고 있는 간구이다.

이방인들이 무엇을 먹을까 무엇을 마실까 염려하며 구할 때는 관심의 대상이 그야말로 양식 그 자체이다. 그러나 하늘 아버지의 아들들이 양식을 구할 때의 관심은 아버지의 이름과 나라와 뜻이다. 일용할 양식을 구하는 간구는 그러므로 이 세 가지 하늘 아버지의 이름과 하늘 아버지의 나라와 하늘 아버지의 뜻을 육체로 사는 인생의 사명으로 확인하는 일이다.

어쨌든 우리 몸은 일용할 양식을 먹어야 생존할 수 있다. 이런 몸으로 반드시 살아 내야 하는 삶의 목적과 사명이 하나님 아버지의 이름과 나라와 뜻을 위함이다. 일용할 양식을 구하는 기도는 그러므로 이런 사실을 자기 스스로 다짐하며 마음에 새겨 넣는 간구이다.

이 간구를 고쳐서 써 보면 다음처럼 될 수도 있겠다.
'하나님 아버지가 오늘도 저를 하늘로 데려가지 않으시고 살려 두셨습니다. 이제 허락하신 오늘 하루도 양식을 허락하여 주시옵소서. 그래서 이 몸으로 오로지 아버지의 이름과 나라와 뜻만을 위하여 매진하는 삶을 살게 하여 주시옵소서.'

오직 하늘 아버지의 이름과 나라와 뜻을 위하여

하나님 아버지가 이 세상에 나를 몸으로 태어나게 하신 이유를 우리는 주의 기도를 통하여 명확히 안다. 내게 가정을 허락하신 이유는 가정의 화목과 가족들의 건강 그리고 각 가족이 하는 일의 형통 등을 도모하라 하심이 아니다. 가정에서 가족들과 더불어 사는 동안 내 마음에서 하나님의 이름이 거룩히 여김을 받게 되길 원하셨기 때문이다. 가족 그 누구의 존재감이나 좋음보다 더 먼저 하나님의 존재감이 항상 일등으로 유지되며, 오직 하나님 자신의 좋음만을 소망하는 상태가 가정에서 머무는 동안 내 마음에서 유지되기를 바라셔서 가정에 태어나게 하신 것이다. 즉 가정에서 지내는 동안에 오직 모든 가족의 존재감과 좋음을 제치고 언제나 하나님 한 분만이 마음에서 유일한 관심의 대상으로 상대하라는 것이다.

그리고 내 마음이 이렇게 이 땅에 있는 가족들을 등지고 하늘의 하나님을 향함으로써 가정을 내가 책임지지 않는 대신에 오직 내 몸으로 맺어진 모든 가족 한 사람 한 사람과의 관계 위로 아버지의 나라가 임하기 위하여 간구하기를 바라신다. 그러니까 내 책임과 내 주체적인 판단이나 생각을 죽임으로써 하나님의 책임과 주권적 다스리심 아래로 가족들이 놓이게 하는 것이다. 모든 가족 한 사람 한 사람과의 관계 위로 아버지의 주권적 다스리심이 임하는 나라가 되기를 간구함으로써 이루어지는 일이다. 매일 가정에서 모든 가족 관계 위로 하늘 아버지의 나라가 임하기를 바라는 일이 내가 가정에서 가족으로 살아 있게 하시는 이유이다.

또한 나는 몸이 있어서 가정에서 내가 직접 행위해야만 하는 순간들을 끊임없이 마주한다. 나는 어쩔 수 없어서라도 말하고 행동하여야 한다. 이때 가정 안에서 내가 해야 할 모든 말과 행동은 이미 하늘에서 아버지가 점선으로 그려 놓으셨다. 내가 가정에서 가족 한 사람 한 사람을 대하여 하는 모든 말과 행동은 바로 이렇게 하늘에서 점선으로 이루어진 뜻을 이 땅에 있는 가정에서 실선으로 바꾸는 일이 되어야 한다. 이것이 내가 살아서 몸으로 하는 가정생활의 목적이다.

이렇게 주기도의 앞선 세 가지 간구가 삶에서 실제로 적용되어야 하는 상황은 비단 가정이라는 생활 현장에만 해당하는 것은 아니지 않겠는가? 그리스도 연쇄 과정 속 예수님을 믿음으로써 우리의 마음은 천지가 개벽하도록 새로운 영적 환경에 놓이게 되었다. 삼위 하나님에 의해 둘러싸이게 된 것이다. 이 영적인 환경에 실제로 맞추어서 삶을 사는 유일한 길이 바로 십자가 생활화이다. 그러면 우리는 예수님의 십자가를 생활화하여야 하는 모든 현장에서 그곳이 직장이든 학교든 군대든 시장이든 관공서든 지하철 안이든 버스 안이든 모든 곳에서 마음이 예수님과 함께 십자가에서 그 현장에 대해 죽음으로써 하늘 보좌까지 올라가게 된다. 그러면 이런 과정이 진행하는 중에 어차피 주기도의 세 가지 간구는 반드시 쉬지 않고 반복적으로 수반될 수밖에 없다.

하늘로 올라간 마음은 하나님을 직면한 상태에서 아버지의 이름이 거룩히 여김을 받게 된다. 마음이 떠난 뒤 땅에 남게 된 모든 관계에는 아버지의 주권적인 다스리심의 나라가 임하여야 하고, 또한 땅에 남게 된 내 몸은 성령님의 장갑이 되어서 하늘에서 이루어진 뜻을 땅에서도 이루어야 한다. 이처럼 십자가를 생활화하는 우리의 삶은 모든 생활 현장에서 이 세 가지 간구의 내용이 실제로 이루어지는 과정으로서만 의미를 지니게 된다.

십자가에 못 박히신 예수님을 그리스도로 믿으며 그 십자가를 생활화하는 우리는 이 세상에서 세상 사람들의 기준대로 소위 성공하며 번영하기 위해서 살지 않는다. 세상적인 성공과 번영을 위하여 살고 싶으면 십자가에 못 박히신 예수님을 믿으면 절대로 안 된다. 십자가의 자리는 마음으로 느끼고 즐길 수 있는 이 세상의 성공과 번영이 없는 곳이다. 오직 하늘에 계시는 하나님 아버지만이 유일한 만족이고 기쁨이 되시는 자리이다. 세상적인 성공과 번영이 간절하면 예수님 믿으면 안 된다. 주소를 잘못 찾았다. 당장이라도 다른 종교로 가야 한다. 오늘도 일용할 양식을 먹고 다양한 삶의 현장에서 몸을 움직여 사는 이유는 내가 어디에 있든지 언제든지 우리 하늘 아버지의 이름과 나라와 뜻을 위하기 때문이어야만 한다.

남편과 아내의 자리에서 나는 무엇을 하는 사람인가? 배우자 노릇을 잘하는 사람이 아니다. 배우자 앞에서 예수님의 십자가를 기억하면서 하늘 아버지의 이름과 나라와 뜻을 위하여 사는 자이다. 부모로서 자녀 앞에서 나는 무엇을 하는 사람인가? 자녀를 잘 양육하는 사람이 아니다. 자녀 앞에서 십자가를 기억하여 자녀에 대해서는 스스로 죽은 자의 자아의식을 유지하면서 오직 하늘 아버지의 이름과 나라와 뜻을 위하여 사는 사람이다.

내가 왜 지금의 직장을 나가야 하는가? 부지런히 일하고 성과를 올려서 사장님이나 상사에게 잘 보여 월급 많이 받고 승진하기 위함이 아니다. 그 직장에서 있는 동안 예수님과 함께 십자가에서 죽은 자로서 오직 하늘에 계신 하나님 우리 아버지의 이름과 나라와 뜻을 위해서만 살기 위함이다.

내가 아니면 그 직장 안에서 하늘 아버지의 이름이 거룩히 여김을 받을 마음을 가질 자가 누구냐? 내 마음이 아니면 사장님이나 상사의 존재감보다 하나님의 존재감이 더 크게 느껴지는 일이 누구의 마음에서 일어나겠는가? 내가 아니면 그 직장 안에서 직장 모든 사람과 모든 일들 위로 하늘 아버지의 주권적 다스리심이 임하기를 기도할 자가 누구냐? 내가 아니면 직장에 있는 사람 중에서 누가 하늘에서 아버지가 미리 그려 놓으신 점선의 뜻을 실선으로 바꾸는 일을 위하여 말하고 행동하겠는가?

예수님은 십자가에서 사명을 마치시고 부활 후 제자들을 만나는 시간만을 가지신 뒤엔 더는 세상에서 지체하지 않으시고 곧바로 승천하셨다. 아버지의 집에 단 1초라도 더 빨리 가고 싶어 하시던 마음이 여실히 드러난다. 그런데 내가 그렇게 곧장 하늘로 올라가 버리신 예수님을 믿게 된 이후로도 여전히 이 세상에 남아 있는 이유가 무엇인가? 도대체 왜 아버지가 곧바로 나를 그 좋고 좋은 아버지의 집 천국으로 지금 당장 데리고 가지 않으시는가? 십자가 죽음을 통하여 이 세상에서 탈출하셔서 승천하신 예수님과 내가 날마다 마음으로 연합하여 세상 탈출 천국 진입의 과정을 반복하고 있음에도 불구하고 왜 양식을 먹어야만 생존할 수 있는 몸을 이 땅에 여전히 살아 있도록 하시는가?

그 이유는 분명하다. 하늘 아버지를 전혀 모르는 이방인들과 더불어 사는 모든 생활 현장에서 오직 나는 주변의 사람들과는 너무나도 다르게 하늘 아버지의 이름과 나라와 뜻만을 위하여서 살라는 하늘 아버지의 바람 때문이다.

그래서 "오늘날 우리에게 일용할 양식을 주옵소서!"라는 간구를 또 풀어서 써 보면 이렇다.

'하늘에 계시는 우리 아버지! 제게 오늘도 일용할 양식을 주시옵소서! 그리하여 양식을 먹음으로써 힘을 얻어 몸이 사는 동안, 오늘도 어디에서든지 언제든지 오직 아버지의 이름과 나라와 뜻만을 위하여서 살게 하여 주시옵소서!'

일용할 양식을 먹어야 하는 내 몸은 불사신이다

　일용할 양식을 먹지 못하면 내 몸은 죽는다. 하나님의 이름과 나라와 뜻에 관한 간구들은 어쨌든지 내 몸이 이 땅에 살아 있어야 내게서 이루어질 수가 있다. 그러나 이렇게 생존을 위하여 절대적으로 양식 의존적인 몸의 속성에도 불구하고 내 몸은 불사신이다. 어떤 면에서 불사신이라는 뜻일까?

　하늘 아버지의 이름과 나라와 뜻을 위하여 내 몸이 이 땅에서 살아 있게 될 기간은 내가 태어나기도 전에 이미 하늘 아버지가 정해 놓으셨다. 알파요 오메가이신 하나님 아버지께서 이 세상에서 몸으로 삶을 시작하는 나의 처음을 정하시고 이 땅에서 몸으로 사는 삶이 끝나야 하는 내 삶의 마지막 순간을 정하셨다. 이렇게 하나님 아버지가 정해 놓으신 시작점과 끝점 사이에서 나는 오직 하늘 아버지의 이름과 나라와 뜻을 위하여 산다. 엄밀하게 말하자면 예수님을 제대로 믿기 시작한 시점부터 여생의 마지막 순간까지 아버지의 이름과 나라와 뜻만을 위하여 산다.

　우리의 몸이 불사신이라는 의미는 이런 삶을 진행하는 동안 우리는 몸의 죽음을 전혀 신경 쓸 필요가 없다는 뜻이다. 우리는 오직 죽으나 사나 십자가를 생활화함을 통하여 하늘 아버지의 이름과 나라와 뜻을 위하여서만 살면 된다. 왜냐면 우리 몸은 내가 태어나기 전에 창조주이신 하늘 아버지가 주권적으로 내 생애의 마지막 순간을 미리 정하셨고, 그렇게 주권적으로 정해진 끝점까지는 이 피조물의 세상에서 무슨 일이 벌어져도 죽을 수가 없기 때문이다.

만약에 지금 내가 말기 암 진단을 받았다고 치자. 그런데 아버지가 정하신 내 생애의 마지막은 아직 10년이 남았다고 하면 이제 어떻게 되나? 그러면 지금 앓고 있는 암이 전이되어서 또 다른 암이 겹겹이 생겨도 나는 그렇게 하늘 아버지가 정하신 마지막 때까지는 절대로 죽지 않는다. 창조주요 주권자로서 아버지는 당신이 스스로 정하신 내 생애의 마지막 때까지는 내 몸의 목숨을 무조건 지탱하여 끌고 가신다. 그까짓 일이 아버지께 무슨 문제이겠는가? 그래서 아버지가 주권적으로 정하신 마지막 때까지 내 몸은 아무리 당장 죽을 것처럼 보여도 불사신이다. 그러나 반대로 지금 내 건강 상태가 최고조에 이르렀다고 하자. 그래도 하늘 아버지가 정하신 때가 내일이면 나는 내일 죽는다. 이 세상 아무도 하늘 아버지가 정하신 그때를 넘겨서 단 1초라도 더 살 사람도 없고 단 1초라도 못 미쳐 죽을 사람도 없다.

세상은 양식을 먹어야만 생존할 수 있는 몸이 죽게 된 이유를 다양하게 말한다. 늙어서 죽었다, 병들어 죽었다, 돌연히 심장마비로 죽었다, 교통사고로 죽었다, 자연재해로 죽었다, 강도에게 살인을 당했다, 스트레스가 심해서 죽었다 등등. 그러나 다 잘못 알고 있는 셈이다. 그런 다양한 사건들이 하늘 아버지 모르는 세상 사람들 눈에는 죽음의 이유로 보이는 것은 당연하다. 그러나 실제로 그렇게 눈에 보이는 이유 때문에 죽는 사람은 온 세상에 단 한 사람도 없다. 하나님이 정하신 각 사람의 죽음이 바로 그때이기 때문에 죽는 것이다. 모든 사람은 그렇게 하늘 아버지에 의해 정해진 끝에 죽는다. 다만 만인과 만물과 만사의 주권자이신 우리 아버지는 당신이 정하여 놓으신 각 사람의 죽음의 때를 그렇게 다양한 방법을 통해서 이루시는 것일 뿐이다.

암에 걸려서 죽은 것이 아니라 하나님 우리 아버지가 주권자로서 정하신 죽음의 때를 암으로 이루신 것이다. 어떤 사람이 교통사고의 현장에서 죽었다면 교통사고 때문에 죽은 것이 아니다. 하나님 아버지는 당신이 정하신 그 사람의 마지막 때를 교통사고라는 방법으로 이루신 것이다. 살인조차 마찬가지이다. 아버지가 정하신 죽음의 때를 살인자의 악함을 통하여 이루시는 것이다. 하나님이 주권적으로 정하신 끝점에 이르지 않은 사람을 그 어떤 살인자의 칼도, 그 어떤 원수의 교활한 계략도, 그 어떤 전쟁터의 총알도, 그 어떤 참혹한 교통사고도 죽일 수 없다.

예수님이 십자가에서 죽임을 당하신 일도 마찬가지이다. 아버지께서 예수님의 상황을 예의 주시하시며 내려다보고 계시다가 가룟 유다가 예수님을 팔아넘기자 그 기회를 놓칠세라 부랴부랴 예수님을 십자가에서 못 박히도록 하신 것은 아니다. 그런 일은 주권자 하늘 아버지가 내려다보고 계시는 이 세상 안에서 있을 수가 없다. 아버지가 정하신 예수님의 십자가 죽음의 때를 가룟 유다의 악함을 통해 역으로 이루신 것이다.

이런 이야기가 "오늘날 우리에게 일용할 양식을 주시옵소서!"라는 간구와 무슨 상관이 있는가? 몸이 살아 있는 한 우리는 하늘 아버지의 이름과 나라와 뜻을 위하여 살면 된다는 의미이다. 예를 들어서 내가 지금 암에 걸렸다고 하자. 그러면 암이 몸에 발생한 상태에서 내가 할 수 있는 일이 무엇인가? 마음과 뜻과 힘을 온통 암을 극복하는 일에 다 쏟아

붓는 일은 하나님의 아들들이 할 일이 아니다. 하늘 아버지가 내가 암 걸린 상황을 살아서 보고 계시고 알고 계시고 사랑하시면서 미리 다 생각하신다. 그러므로 이럴 때도 우리는 하늘 아버지의 이름과 나라와 뜻을 위해서 살면 된다는 뜻이다. 암이 생겼다고 해서 아버지가 정하신 때 이전에 죽는 법은 없다. 내가 죽는다면 암 때문이 아니다. 아버지가 그때로 내 마지막을 정하셨기 때문이다. 어차피 몸이 병약해도 건강해도 아버지가 정하신 마지막까지는 산다. 그러므로 아버지가 정하신 마지막까지 우리는 허락되는 상황 안에서 아버지의 이름과 나라와 뜻을 위해서 살면 된다.

아버지의 이름과 나라와 뜻을 위해서 살아야만 하는 나에게 암을 허락하신 이유는 암에 걸린 상태에서 당신의 이름과 나라와 뜻을 위해 살기를 바라시기 때문이다. 암은 죽을 이유가 아니다. 죽음은 아버지가 정하신 때에 온다. 다만 암에 걸린 상태에서 이름과 나라와 뜻을 위하기를 원하시기 때문이다. 내가 암에 걸린 상태에서 아버지의 이름과 나라와 뜻을 위하여 삶으로써 나 자신을 통해 내가 관계하는 모든 대상과 이 세상에 대해서 이루시려는 뜻과 계획이 있기 때문이다.

꼭 암뿐만 아니라 그 어떤 다양한 상황이 내 삶에 주어졌어도 마찬가지이다. 다양한 삶의 조건이나 상황이나 문제를 붙잡고 해결하기 위하여 씨름하라는 뜻이 아니다. 그 상황 그 문제 앞에서 나는 하늘에 계시는 아버지의 이름과 나라와 뜻을 위하여 살면 된다. 그런 상황과 문제 자체는 하나님 아버지의 주권과 사랑이 떠맡으시면 되는 것 아닌가?

예를 들어서 지금 재정적으로 너무 심각할 정도로 어려운가? 그러나 양식을 먹어야만 생존할 수 있는 내 몸이 아직 살아 있다면 이유는 명백하다. 그 몸을 움직여서 주어진 가난을 극복하라는 뜻이 아니다. 그 재정 문제 자체는 주권자이신 우리 하늘 아버지의 책임이다. 우리는 그렇게 재정적인 어려움 속에서도 예수님의 십자가를 생활화하는 가운데 하늘에 계시는 하나님 아버지의 이름과 나라와 뜻만을 위하여 살면 된다. 그것이 재정 문제를 주권적으로 내게 허락하신 이유이다.

지금 자녀들이 너무 심각하게 문제를 일으키는가? 그런 가운데 아직도 내 몸이 살아 있다면 그 이유는 자녀들의 문제를 해결하여 형통을 이루어야 하기 때문이 아니다. 자녀들의 문제가 있는 상황에서 하늘에 계시는 하나님 아버지의 이름과 나라와 뜻을 위하여 살라고 그러시는 것이다. 문제를 일으키는 자녀 대신에 마음이 예수님과 함께 하늘로 올라감으로써 하나님의 이름이 거룩히 여김을 받아야만 하고, 그 자녀의 문제에 내가 책임을 지고 개입하는 대신 내 마음은 하늘로 올라가고 아버지의 주권적 다스리심이 자녀의 문제 위에 임하여야 한다. 그리고 자녀 문제와 관련하여 내 몸이 직접 말하고 행동해야 한다면 내 판단과 생각과 바람을 따르는 대신에 오직 하늘에서 이루어진 뜻대로만 따라야 한다.

이 세상에서 내 몸으로 사는 삶은 근본적으로 어쨌든지 하늘 아버지께서 책임지시는 일이다. 내 몸이 살아 있는 동안 내가 책임지고 할 일은 첫째로 아버지의 이름이 내 마음에서 거룩히 여김을 받는 일, 둘째로 아버지의 주권적 다스리심이 이방인 같은 나의 책임적인 주체성에 의해서 방해받음 없이 내려오는 일, 셋째로 하늘에서 이루어진 아버지의 점선의 뜻을 이 땅에서 내 몸이 성령의 장갑이 됨으로써 실선으로 바꾸는 일, 바로 이 세 가지다. 이 일을 위하여 내 몸은 아버지가 정하신 때까지 살아 있다. 일용할 양식을 구하라. 그리고 힘을 얻는 대로 아버지가 정하신 그 마지막 생의 순간까지 아버지의 이름과 나라와 뜻을 위하여 구하고 실행하면서 살자.

많은 이 세상 가치 중에서
오직 일용할 양식만을 구하는 이유

일용할 양식은 주의 기도 전체에서 이 세상의 가치와 관계하여 구하는 유일한 내용이다. 세상적인 가치 중에서는 건강도, 재정적 넉넉함도, 권력도 형통도 성공도 승진도 명예도 인기도 지식도 그리고 각종 명품도 구하지 않는다. 오직 일용할 양식만을 구한다. 왜냐면 일용할 양식만 있으면 충분하기 때문이며 다른 것들을 구하는 것은 그 자체로 불신앙이기 때문이다. 주기도의 앞선 세 가지 간구가 실제로 늘 유지되는 마음 안에서는 다른 이 세상 가치를 구한다는 일 자체가 원천적으로 불가능하다. 이 세상 가치들을 열망하여 간구하려면 반드시 이 세 가지 간구는 중단하여야 한다.

하늘 아버지의 이름이 내 마음에서 유일한 존재감의 대상과 유일한 좋음의 대상을 가리키는 유일한 이름으로 의식되는 상태가 유지되어야 한다. 그러기 위해서는 세상 가치를 좋아하여 바라는 내가 예수님의 십자가에서 죽는 일을 반복하며 살아야 한다. 그런데 이렇게 아버지의 이름이 거룩히 여김을 받게 하려고 십자가를 생활화하면서 사는 일상의 삶을 위해서는 이 세상의 가치 중에서 절대적으로 필요한 것이라고는 오직 단 한 가지 몸이 살기 위한 일용할 양식뿐이다. 수많은 다른 모든 세상 가치들은 하나님 아버지의 이름과 나라와 뜻만을 위하여 사는 일에 실제 절대적으로 불가결한 요소도 아니고 또한 아무런 직접적인 도움이 되는 것도 아니다.

그리고 내 몸이 있어서 이루어진 모든 관계 위에 하늘 아버지의 주권적 다스리심이 임하는 일을 위해서는 내가 이 세상 삶을 판단하고 생각하며 책임지려는 태도를 예수님의 십자가에서 못 박아 죽여야 한다. 그런데 이 일을 삶의 현장에서 반복하며 살기 위해서도 몸을 생존하게 하는 일용할 양식 이외에 내게 필요한 것이 달리 없다. 아버지가 정하신 죽음의 때까지 내가 맺은 모든 관계 위로 아버지의 주권적인 다스리심의 나라가 임하시는 데 필요한 이 세상 가치는 일용할 양식 외에는 없다.

또한 하늘에서 점선으로 이루어진 아버지의 뜻을 이 땅에서 내가 몸을 움직여 실선으로 바꾸는 일을 위해서도 나는 내 뜻대로 움직이려는 나를 십자가에서 죽은 자로 확인하고 시인하여야 한다. 그렇게 함으로써 아버지의 이름이 거룩히 여김을 받고 아버지의 주권적 다스리심이 임하는 가운데 성령께서 내 몸을 장갑으로 끼시기를 바라며 또한 장갑이 되어 움직이셔야 한다. 그런데 이런 일을 위해서는 세상 가치 중에서 일용할 양식 이외에는 필요한 것이 없다.

이런 아버지의 이름과 나라와 뜻, 이 세 가지 일이 내 생애의 사명이다. 그런데 이런 평생의 사명을 위해서 내가 하나님 아버지가 정하신 죽음의 때까지 살아가는 동안 세상에서 내게 필요한 것은 단지 일용할 양식뿐이다.

나머지 세상 가치들은 그것이 무엇이든지 간에 아버지가 내 삶을 계획하시고 그림 그리신 모습에 따라서 필요하신 대로 하늘 아버지 자신이 주장하시고 관리하실 것이다. 두 번째의 간구에서처럼 아버지의 주권적인 다스리심의 나라가 실제로 내 삶에 임하게 되면 필요하다고 여기시는 대로 세상 것을 내게 끌어오기도 하시고 끌어내기도 하실 것이다.

그러므로 하나님이 정하신 죽음의 때까지 내 마음은 이 세상 모든 가치로부터 자유로우면 된다. 내 인생의 목적과 사명을 위해서 나는 기본적으로 몸 하나 살아 있으면 되고 그러려면 일용할 양식만 있으면 된다. 그렇기만 하면 몸이 살아서 얼마든지 하나님의 이름과 나라와 뜻을 위해 살 수 있다. 잊지 말자. 그 외의 모든 세상의 가치들은 아버지의 주권적 다스리심이 실제로 이루어질 때 아버지가 알아서 끌어오기도 하시고, 사용하기도, 버리기도 하시면서 주관하실 것이다.

지금 우리 각자의 형편을 보자면 이런저런 세상적인 가치가 다른 사람과 비교하여 상대적으로 너무 빈곤한가? 괜찮다. 나를 향한 아버지의 주권적인 계획 안에서 그런 것들이 지금 당장에는 필요 없기 때문이다. 세상의 다양한 가치들이 내게 있건 없건, 일용할 양식만 허락되었다면 내 생애를 위하여 있어야 할 것이 다 있는 셈이다. 아버지의 이름과 나라와 뜻을 위하여 간구하고 또한 그 간구가 이루어지는 삶을 살기에는 일용할 양식이 있어서 몸이 살아 있기만 하면 되기 때문이다.

심지어 몸이 심각한 병이 들어도 아버지의 이름과 나라와 뜻을 위해서는 얼마든지 살 수 있다. 이 세상과 관련하여 몸 하나 살 수 있도록 일용할 양식이 허락된다면 나머지는 마음으로 쳐다보지도 말자. 그 모든 세상적인 필요들 위로는 나를 보고 계시고, 알고 계시고, 사랑하셔서 나와 관련된 모든 것을 생각하시는 하늘 아버지의 주권적 다스리심이 임함을 믿고 그냥 예수님 십자가 붙잡고 주의 기도의 세 가지 간구를 앞세우면서 앞만 보고 나가면 된다.

인생의 정해진 마지막 지점까지 하늘 아버지의 이름과 나라와 뜻만 구하여야 하는 삶이 하나님의 아들들에게는 운명적이고 팔자로(?) 정해진 삶이다. 그런데 이런 삶을 위하여 필요한 것은 생존하는 몸 하나 있으면 된다. 그리고 그 몸조차 건강이나 외모나 체격 조건 등은 하늘 아버지의 이름과 나라와 뜻을 위하여 사는 일에 아무런 영향을 줄 수 없다. 그래서 다만 그 몸의 생존을 위하여 일용할 양식만 있으면 된다. 그래서 하나님의 아들들은 세상 가치 중에서는 오직 하나 일용할 양식을 구하면서 나머지 모든 세상적인 가치들을 간구의 대상에서 제외한다.

그래서 이 "오늘날 우리에게 일용할 양식을 주옵소서!"라는 간구를 또 다르게 써 보자면 이렇다.

'하늘에 계시는 아버지, 이 세상에서 제가 아버지의 이름과 나라와 뜻을 위하여 살기 위해서는 생존하는 몸만 있으면 됩니다. 그래서 몸의 생존을 위하여 오직 일용할 양식 한 가지만 구하옵나이다. 일용할 양식 먹고 살아 있는 힘을 다해서 아버지의 이름과 나라와 뜻만을 위하여 살게 하여 주시옵소서!'

내게 주신 것과 두신 것

내가 죽는 시간은 내가 태어나기도 전에 하늘 아버지가 정하셨다. 아무리 건강해도 그리고 건강을 위해서 아무리 힘을 써도 그렇게 아버지가 정하신 시간을 넘어서 단 1초도 더 살 수 없고, 아무리 힘들고 병약해도 그리고 아무리 건강에 무관심해도 그렇게 아버지가 정하신 시간에 도달하지 못한 채 단 1초 전에 죽을 수도 없다. 그러니 살고 죽는 문제는 우리의 관심에서 완전히 잊어버려도 된다.

어차피 정해진 기간을 사는 동안 우리는 하늘 아버지의 이름이 거룩히 여김을 받음과 아버지의 주권적인 다스리심의 나라가 임하는 일과 내 몸이 성령님의 장갑이 되어 하늘에서 이루어진 뜻의 점선을 땅에서 실선으로 바꾸는 일에만 관심을 총집결하면 된다. 인생은 하늘 아버지 없는 영적 고아인 세상 사람들이 생각하듯이 출세와 성공과 형통과 번영과 건강 장수와 안정된 삶을 이 땅에서 이루라고 주어지지 않았다.

세상 사람 그 누가 알아주든 알아주지 않든 내 인생은 정해진 죽음의 때까지 이 세 가지, 아버지의 이름과 아버지의 나라와 아버지의 뜻을 위해서 주어진 것이다. 그리고 정해진 죽음의 때까지 살면서 이렇게 아버지의 이름과 나라와 뜻을 위해 사는 삶을 위해서는 일용할 양식 이외엔 정말로 이 세상 가치 중에서 내게 더 필요한 것이 전혀 없다. 가난해도, 병약해도, 배운 것이 없어도, 이력과 경력이 모자라고 외모가 못생겨도, 가족이 있거나 없어도 아무 상관 없다. 오직 일용할 양식을 허락하셔서 내 몸이 살아 있을 수만 있다면 할 수 있고 하면 되는 일이 바로 마음에서 아버지의 이름이 거룩히 여김을 받으시는 일과 모든 관계 위로 아버지의 나라가 임하는 일을 위해 간구하는 일과 몸이 성령님의 장갑이 되어 점선의 뜻을 실선으로 바꾸는 일이다.

그런데 혹시 이 세상 가치 중에서 일용할 양식 이외에 더 많이 주어진 것들이 있나? 그러면 그 모든 것은 내게 '주신 것'이 아니다. 아버지는 아버지 자신을 내게 주셨다. 그래서 그리스도 연쇄 과정 속 예수님과 함께 십자가에서 죽어 세상을 탈출하여 하늘로 올라와 당신을 가지라고 하신다. 그러니까 하늘 아버지는 사실 자신뿐 아니라 독생자까지도 내게 주신 셈이다. 그러나 이 세상 안에서는 사정이 다르다.

 아버지께서 이 세상 안에서 실제로 내게 '주신 것'은 내 몸의 입으로 먹을 일용할 양식뿐이다. 그런데 만약에 다양한 세상 가치 중에서 일용할 양식 이외에 더 내게 주어진 것들이 있다면 그것들은 아버지가 내게 '주신 것'이 아니다. 대신에 '두신 것'이다. 아버지께서 내가 맺고 있는 관계들을 주권적으로 다스리실 때 필요에 따라서 재료들로 쓰시려고 내게 '두신 것'이다. 그리고 일용할 양식 이외에 더 주어진 세상 가치들은 이렇게 아버지의 나라가 임할 때 주권적 다스리심을 위해서만 '두신 것'은 아니다. 내 몸이 하늘의 뜻을 땅에서 이루기 위하여 성령님의 장갑이 되어 움직일 때 소용되는 재료들을 위해서 '두신 것'이기도 하다.

 이처럼 일용할 양식 이외에 지금 내게 더 주어져 있는 모든 세상 가치는 내게 '주신 것'이 아니라 필요할 때를 위하여 '두신 것'임을 잊지 말자. 하늘 아버지의 나라가 이 땅에 임하는 일을 위해서 그리고 아버지의 뜻이 하늘에서처럼 땅에서도 이루어질 때 적절한 용도로 쓰시기 위해서 임시로 내게 '두신 것'들이다.

 그래서 일용할 양식을 구하는 기도를 드리면서 우리는 내게 '두신 것들의 재고'를 정리하여야 한다. 그래서 꼭 알아야 할 계산법이 있다.

 내게 '두신 것들'의 재고를 계산하고 정리하는 방식을 소개한다. 내 현재 상황에서 내 본전을 빼면 된다. 내 본전이라면 무엇을 말하는 것일까? 모든 생활 현장에서 십자가를 생활화하는 사람이라면 당연히 십자가에서 못 박혀 죽은 자라는 자아의식을 가지게 된다. 하나님 아버지가 보실 때 죄와 저주에 찌든 나는 이 세상 안에서는 십자가 자리에만 합당한 존재이다. 이 세상 안에서는 십자가에 내 마음이 예수님과 함께 못 박혀 있을 때만 죄와 저주의 효력은 정지된다. 내 마음이 십자가에서 내려온 모든 순간 나는 그 즉시 죄와 저주의 노예이다.

그러므로 이 세상 안에서는 예수님과 함께 십자가에 못 박혀 죽은 상태가 내 본전이다. 이제 모든 사람은 현재의 자기 형편에서 십자가에서 자기가 죽은 상태를 빼면 무엇이 되었든지 남는 부분이 있게 마련이다. 왜냐면 아무리 이 세상적인 형편이 안 좋아도 십자가에 못 박혀 매달려서 죽은 상태보다 더 안 좋은 상태는 실제로 불가능하기 때문이다. 그러면 몸의 생존을 위하여 필요한 일용할 양식 외에 십자가에서 못 박힌 본전 상태보다 더 주어진 것들은 모두 다 내게 '주신' 것들이 아니라는 뜻이다. 내 재량권을 따라 내 멋대로 사용해도 되는 것들이 아니다. 하늘 아버지의 주권적 다스리심을 위하여 그리고 하늘에서 이루어진 아버지의 뜻을 땅에서 이루는 일을 위하여 용도를 따라 합당하게 쓰시려고 아버지가 내게 준비하여 '두신' 재료들이다.

그래서 "오늘날 우리에게 일용할 양식을 주시옵소서!" 이 간구의 의미는 '아버지께서 정하신 죽음의 때까지 오직 아버지의 이름과 나라와 뜻을 위하여서만 양식을 먹으며 살게 하여 주시옵소서!'라는 간구이면서 동시에 '아버지의 이름과 나라와 뜻을 위하여 살아야 하는 저 자신에게는 이 세상 가치 중에서 일용할 양식 이외에 필요한 것이 아무것도 없습니다'라는 고백이기도 하다.

그러니까 "오늘날 우리에게 일용할 양식을 주시옵소서!" 이 간구를 통해서 일용할 양식 이외에는 이 세상 가치를 향하여 내 속에서 일어나는 바람과 소원과 열망에 분명하게 선을 긋는 것이다. 하나님의 이름과 나라와 뜻을 위하여 몸이 생존하여야 하겠기에 필요한 일용할 양식 외에는 이 세상 안에서는 가지고 싶어 구하는 대상이 전혀 없다는 점을 스스로 명백히 선언하는 것이다.

그리고 마지막으로 "오늘날 우리에게 일용할 양식을 주시옵소서!" 이 간구는 다음과 같은 의미가 된다.

'저는 예수님과 함께 십자가에서 이 세상에 대해 못 박혀 죽은 사람입니다. 그러므로 정해진 때까지 몸이 살기 위하여 필요한 일용할 양식 이외의 제게 주어져 있는 모든 세상 것은 제게 주신 것이 아니라 두신 것들임을 알고 고백합니다. 그러니 이렇게 제게 두신 모든 것을 아버지의 나라와 뜻을 위하여 필요하신 대로 사용하시옵소서!'

하나님의 이름과 나라와 뜻을 위해 몸으로 사는 공생애

몸의 생존을 위하여 필요한 일용할 양식만 있으면 다른 이 세상적인 어떤 가치도 원하지 않는 채 오직 하늘 아버지의 이름과 나라와 뜻만을 위해 사는 삶이 이 세상 안에서 갖는 의미는 무엇일까? 왜 하나님은 당신의 아들들이 이 땅에 남아서 당신의 이름과 나라와 뜻만을 위하여 여생을 살기를 바라시는 것일까?

하늘이 이 땅으로 내려오는 거점이 되기를 바라시기 때문이다. 예수님은 영원한 하나님이시면서 동시에 온전한 인간으로서 이 땅에 내려오신 하늘이셨다. 하늘에 계시는 하나님이 땅에 지점을 설립하신 셈이었다. 이러한 인격적인 지점을 통해서 하나님은 당신의 이름을 땅에 두신다. 그럼으로써 보이지도 들리지도 만질 수도 없는 하나님이 하늘에 엄연히 살아 계심의 사실을 땅으로 전달하려 하신다. 즉 하나님이라는 이름이 가리키는 실제 존재가 지금 당장 하늘에서 살아 계신 분으로서 땅을 내려다보고 계신다는 사실을 이 땅에 설립된 인격적인 지점을 통해서 사람들에게 일깨우려 하신 것이다. 그래서 공생애 예수님의 삶을 보면 하늘에 살아 계시는 하나님 아버지와 실시간 연결되신 상태에서 그 하나님 아버지의 있음과 좋음과 주체성에 대한 실감이 모든 말과 행동에 충만하게 배어 있었다.

그리고 또한 예수님의 몸은 하나님의 이 땅을 향하시는 자발적이고 창조적이고 주권적인 다스리심의 거점이 되어 주셨다. 즉 예수님의 몸을 통해서 맺게 되는 모든 관계 위로 하나님은 당신의 주권적 다스리심을 방해받음 없이 수행하실 수가 있게 된 것이다.

또한 예수님의 몸은 하늘에서 이루신 점선의 뜻을 땅에서 실선으로 이루시는 도구가 되셨다. 그래서 이루신 것이 바로 공생애 동안의 그 많은 가르침과 기적과 이사와 표적들이었다. 모든 말과 행동이 모두 다 하늘에서 아버지가 미리 정하신 점선의 뜻을 실선으로 바꾸셨던 것들이었다.

이제 내가 예수님을 믿어 하나님의 아들이 된 사람으로서 당장 하늘로 올라가는 대신에 여전히 이 땅에서 일용할 양식이 필요한 몸으로 살고 있다는 것도 근본적으로는 그 의미가 같다.

즉 내가 몸으로 이 땅을 산다는 것은 예수님의 공생애 때 몸을 대신하여 내 삶의 영역 안에서 공생애를 이어 가는 일이 되어야 한다는 말씀이다. 다시 말하면 내 몸을 내어 드려 공생애 때 예수님의 몸을 대신함으로써 예수님의 공생애가 내 삶의 영역에서 계속 이어지게 해야 한다는 뜻이다.

예수님은 공생애 기간에 당신 자신을 위하여서는 머리 둘 곳도 없이 사셨다. 지위도 신분도 권력도 재물도 명예도 인기도 추구하지 않으셨고 취하지도 않으셨다. 이 세상에 있는 것 중에서 예수님에게 있었던 것이라고는 오직 출신도 신분도 지위도 낮은 계층에 속하였던 몸 하나뿐이었다. 그래서 예수님이 실제로 필요하다고 느끼신 것도 일용할 양식밖에 없었다. 일용할 양식으로 생존을 유지하면서 하나 있는 몸으로 하늘 아버지의 이름과 나라와 뜻을 위하여서 사셨고, 그 최후의 완성을 십자가에서 못 박혀 죽음으로써 다 이루셨다. 아무것도 없어도 몸 하나 있으면 그래서 일용할 양식만 있으면 예수님의 경우에서 보듯이 죄와 저주로 뒤덮인 세상을 통째로 뒤집을 수도 있다.

그래서 예수님 이렇게 말씀하셨나 보다.

"내가 진실로 진실로 너희에게 이르노니 나를 믿는 자는 내가 하는 일을 그도 할 것이요 또한 그보다 큰 일도 하리니 이는 내가 아버지께로 감이라"(요 14:12)

십자가에서 죽고 부활 승천 하여 보좌 우편에 이르심으로써 아버지께 가셨다. 그러시면서 땅에서 하늘로 가는 길을 내셨다. 이제 예수님을 믿는 모든 사람이 예수님의 공생애 때처럼 실시간으로 마음이 하늘에 계시는 하나님과 연결이 될 수 있게 되었다.

그러므로 이제 몸만 있으면 된다. 많이 못 배웠어도 된다. 많이 못 가졌어도 된다. 멋지거나 예쁘지 않아도 상관없다. 집안이 대단히 훌륭하지 않아도 된다. 사람들이 잘 몰라줘도 된다. 몸 하나 있으면 된다. 그런데 혹시 그 몸조차 깊은 병에 걸렸는가? 괜찮다. 하나님이 정해 놓으신 마지막 지점에 이를 때까지는 어쨌든 누구나 불사신이다. 그 마지막 지점에서는 어차피 아무리 건강한 사람도 반드시 죽는다. 그러니 관심을 건강이나 아픈 몸에 쏟아붓지 마라. 관심을 온통 하나님의 이름과 나라와 뜻을 향해 돌려라. 일용할 양식을 먹어야 생존하는 몸 하나 가지고 예수님처럼 하나님의 이름과 나라와 뜻만을 위하여 사는 공생애를 지금 시작하는 것이다.

모든 이 세상적인 가치나, 조건, 배경, 신분, 능력, 경력 등은 몸으로 이 땅에서 하늘 아버지의 이름과 나라와 뜻만을 위하는 공생애를 사는 일에 조금이라도 더 유리한 상황을 허락하지 못한다. 오히려 이 세상적인 가치들을 누리는 일이 많으면 많을수록 하나님의 이름과 나라와 뜻만을 위하여 살기는 더욱 어려워진다고 하는 말이 더 맞다. 이런 세상적인 가치들이 없다고 주저하지도 말고, 세상 형편이 어렵다고 미루지도 말라. 세상 형편이 어려우면 어려울수록 더욱 당장 주의 기도를 시작하라. 주의 기도를 십자가를 통해 드림으로써 세상 것에 관한 관심을 끄고 하나님 아버지의 이름과 나라와 뜻만을 위하여 살기를 시작하라. 지금 지구 위에서 오직 나만 알고 있고 나만 처하여 있는 이 독특한 내 삶의 처지에서 예수님의 공생애를 이어 나가는 것이다.

이렇게 몸 하나 있으면 누구라도 공생애를 살 수 있다는 예수님의 생각이 바로 "오늘날 우리에게 일용할 양식을 주옵소서!"라는 간구로 표현된 것이다.

그리스도 연쇄 과정 속 예수님과 십자가에서 연합하는 마음, 그리고 일용할 양식만 있으면 생존할 수 있는 몸. 이런 마음과 몸, 두 가지가 있는가? 도대체 그렇다면 더 무엇을 바라고 기다리고 있는가? 꼭 있어야 할 것들 중에서 빠진 것이 없는 상태다. 꼭 더 있어야 할 것이 아무것도 필요 없는 상태다. 그 마음과 그 몸으로 십자가 붙잡고 주기도 드림을 시작으로 하나님의 이름과 나라와 뜻만을 위하여 사는 공생애를 지금 당장 시작하자. 가정이든 직장이든 우선 십자가 생활화를 하면서 주의 기도를 드려 보라. 힘이 생기고 길이 열리고 열매가 맺힌다.

일단 공생애를 시작하면 실제로 일용할 양식이 필요한 몸 하나가 아직 멀쩡히 오늘 하루 살아 있는 한, 나머지 모든 이 세상 것들은 내가 스스로 나서서 달리 더 구할 것이 아무것도 없다. 우리 하늘 아버지가 실제로 살아서 보고 계시고 알고 계시고 사랑하시면서 모든 것을 생각하고 계신다. 이 엄연한 사실을 제발 믿자. 오직 하나님 아버지의 이름과 나라와 뜻만 구하면서 사노라면 필요한 이 세상 것들은 모두 다 하나님 아버지가 주권적으로 관할하신다. 가정에서, 직장에서, 시장에서, 학교에서, 모든 생활 현장에서 그리스도 연쇄 과정 속 예수님과 연합한 마음으로 몸 하나 준비되었다면 이 세상에서 예수님처럼 공생애를 살 수 있는 모든 준비가 완비된 셈이다.

"하늘에 계시는 우리 아버지! 일용할 양식을 먹고 생존하는 이 몸 하나 있습니다. 이 몸으로 아버지께서 정해 놓으신 마지막 그날까지, 오직 아버지의 이름과 나라와 뜻만을 위하시던 예수님의 공생애를 나만의 처지 속에서 계속 이어 가게 하여 주시옵소서!"

주기도 내에서 이 간구가 갖는 구조적 의미

"오늘날 우리에게 일용할 양식을 주옵소서!"라는 구절은 주기도 전체의 구조를 볼 때 특별한 의미를 지닌다. 앞에서 나온 세 가지 간구와 뒤에 나오는 세 가지 간구가 이 일용할 양식을 구하는 간구를 사이에 두고 대칭을 이루고 있다.

"하늘에 계신 우리 아버지여 이름이 거룩히 여김을 받으시오며"라는 간구는 "우리가 우리에게 죄 지은 자를 사하여 준 것 같이 우리 죄를 사하여 주시옵고"라는 간구에 상응한다.

그리고 그다음에 뒤따르는 "나라가 임하시오며"라는 간구는 "우리를 시험에 들게 하지 마시옵고"라는 구절에 상응한다.

마지막으로 "뜻이 하늘에서 이루어진 것 같이 땅에서도 이루어지이다"라는 간구는 "다만 악에서 구하시옵소서"라는 간구에 상응한다.

일용할 양식을 구하는 간구 뒤에 따라오는 세 가지 간구들은 모두 몸으로 살아 있는 동안 하나님의 이름과 나라와 뜻을 사명으로 알고 살아야 하는 삶에서 혹시라도 일어나서는 안 될 일들에 대해서 드리는 간구들이다. 즉 하나님의 이름이 내게서 거룩히 여김을 못 받게 되는 경우, 하나님의 나라가 내 모든 관계 위로 내려옴을 내가 방해하게 되는 경우, 뜻이 하늘에서처럼 땅에서도 이루어지는 대신에 내 뜻을 따라 행동하는 경우를 대비하여 드리는 간구이다.

흔히들 주기도의 내용상의 구조를 언급할 때면 앞의 세 가지 간구는 하나님의 나라와 의를 위한 간구이고 나머지 일용할 양식을 구하는 간구부터는 이 땅에서 삶을 사는 인간 자신의 현실적인 관심사를 위한 간구라고 구분한다. 아니다. 그렇지 않다.

주의 기도는 전체가 오직 하나님의 이름과 나라와 뜻을 위한 간구로

만 이루어져 있다. 이 땅을 사는 인간 자신의 현실적인 관심사는 이방인처럼 기도하지 말라고 경고하실 때 예수님이 하셨던 말씀처럼, 하늘 아버지가 이미 생각해 두시지 않은 일이 없다.

"구하기 전에 너희에게 있어야 할 것을 하나님 너희 아버지께서 아시느니라"(마 6:8)

그러므로 삶에서 만나는 소위 '현실적인 관심사'를 기도 중에 구하는 일은 어쩔 수 없이 하늘 아버지가 이미 다 생각하고 계시는 내용에 대한 "중언부언"이 될 수밖에 없고 이런 중언부언은 오직 이방인의 마음 즉 하늘에 계시는 하나님을 진심으로 아버지라 믿지 않는 마음으로만 할 수 있는 간구이다. 아니면 입으로는 하나님의 이름을 부르기는 하지만 그 하나님이 실제로 살아 계시고 보고 계시고 알고 계시고 사랑하셔서 모든 것을 앞서서 생각하신다는 엄연한 사실을 전혀 믿지 않아서 아예 고려조차 되지 않고 있기에 하는 간구이다.

일용할 양식을 위한 간구로 몸이 살아 있는 한 하나님의 이름과 나라와 뜻, 이 세 가지를 위하여 사는 것을 일생의 사명으로 확인한다. 그리고 나머지 뒤따르는 세 간구는 이렇게 하나님의 이름과 나라와 뜻을 위함을 사명으로 알고서 실제로 삶의 현장을 살아갈 때 벌어질 수도 있을 잘못을 염두에 둔 기도이다. 즉 하나님의 이름과 나라와 뜻을 위한 사명의 삶에서 추호라도 잘못이 벌어지지를 않기 위하여 드리는 간구들이다.

하나님의 이름이 내 마음에서 실제로 거룩히 여김을 받지 못하면 그 증거가 나타난다. 앞으로 보겠지만 나는 절대로 이 세상에서 내게 잘못한 사람을 용서할 수 없게 된다. 또한 하늘 아버지의 나라가 내가 몸이 있어 맺은 모든 관계로 임하기를 진심으로 바라면서 그 주권을 사사건건 인정하지 않고 있는 상태에서도 역시 그 증거가 나타난다. 나는 반드시 내 삶에서 벌어지는 수많은 변수나 문제들로 인해 불평과 원망에 사로잡히면서 시험에 들게 된다. 그리고 하나님이 하늘에서 점선으로 이루어 놓으신 뜻을 이 땅에서 실선으로 바꾸지 않으면 어떻게 되는가? 내가 스스로 판단하고 생각하여 말과 행동을 수행하게 된다. 그러면 이런 모든 말과 행위는 하나님이 생각하시는 점선의 뜻과는 전혀 다른 것이 되고 그런 내 말과 행동이 바로 '악'인 것이다.

"오늘날 우리에게 일용할 양식을 주옵소서!"
이 간구로 우리는 양식을 먹어야만 목숨이 유지되는 내 몸으로 사는 인생의 사명을 다짐한다. 이때 앞에 나오는 세 간구는 그 사명 수행의 구체적인 내용을 가리키고 뒤에 나오는 세 간구는 그 사명 수행의 온전한 실천으로 향한다.

이제 우리의 사명 수행의 온전함을 위하여 나머지 세 간구의 내용이 무엇인지를 살펴본다.

하나님의 이름이 내게서 거룩히 여김을 받지 못하면 어떤 일이 일어날까? 하나님의 나라가 내가 몸으로 맺은 모든 관계로 임하는 일에 가장 큰 걸림돌이 무엇일까? 그리고 하늘에서 이루어진 점선의 뜻을 실선으로 바꾸는 대신에 내 뜻을 이루려 하는 것은 무엇을 의미하는 것일까?

X. 우리가 우리에게 죄지은 자를 사하여 준 것같이 우리의 죄를 사하여 주옵소서

내가 먼저 사람을 용서해야 하나님도 나를 용서하시나?

마태의 기록을 헬라어 문자대로 따르면 다음과 같다.

"우리가 우리에게 빚진 자를 사하여 준 것같이 우리의 빚을 사하여 주옵소서"(마 6:12)

누가의 기록을 헬라어 문자대로 따르면 다음과 같다.

"우리가 우리에게 빚진 자를 사하여 준 것같이 우리의 죄를 사하여 주옵소서"(눅 11:4)

마태가 우리의 '빚'이라고 한 것은 헬라어로 '오페이레마타'라는 단어인데 경제적인 용어로 '빚'이나 '부채'라는 뜻이다. 반면 누가가 기록한 우리의 '죄'는 헬라어로 '하마르티아'라는 단어로서 '빗나감'의 의미를 담고 있으며 하나님에 대한 인간의 죄를 가리키는 가장 전형적인 단어이다.

마태는 하나님에 대한 우리 인간의 죄를 '빚'이라고 비유하신 예수님의 표현을 그대로 받아서 기록하였다. 반면에 누가는 이 표현에서 비유적인 표현을 벗겨 내고 더 즉각적이고 직접적인 이해를 위해서 직설적인 표현인 '죄'로 바꾼 셈이다. 그러나 우리가 주의 기도를 드림에는 '빚'이라고 이해하든 '죄'라고 이해하든 큰 차이가 없다. 예수님 스스로 '용서받게 되는 죄'를 '탕감받는 빚'으로 비유하시기도 하셨음을 우리는 안다(마 18:21-35).

왜 예수님은 죄를 빚으로 비유하셨을까? 빚은 의무감을 가지고 반드시 갚아서 없애야만 하는 무거운 짐이기 때문이다. 갚지 못할 경우는 반드시 그 빚에 해당하는 다른 가치를 대신 지급하거나 대가를 치러야만 한다. 하나님께 짓는 죄 역시도, 혹시 우리는 세상 사는 일에 정신이 팔려서 무심코 넘기거나 잊거나 할지 몰라도 이렇게 '반드시 갚아야만 끝이 난다는 사실'을 강조하시려고 빚이라고 비유하신 것이다. 갚지 않으면 반드시 그 값을 치러야만 하는 것이다.

그러므로 여기서는 '빚'이든지 '죄'든지 큰 차이를 두지 않고 이 구절의 의미를 생각한다.

정작 주기도에서 이 구절을 따라 간구할 때면 정말 문제가 되는 점은 다른 데 있다. 우리는 주의 기도를 드리다가 이 부분에만 오면 늘 마음에 걸림을 느낀다. 용서의 순서 문제이다. 즉 내가 먼저 생활 현장에서 나에게 죄지은 자를 용서하여야만 비로소 내 죄도 하나님께 용서해 달라고 간구할 수 있게 된다는 용서의 순서가 주의 기도를 따라 기도할 때마다 마음에 걸린다.

정말로 하나님이 나를 용서하심이 내가 나에게 잘못한 사람을 내가 먼저 용서하여야만 주어지는 것인가? 내가 다른 사람을 용서한 만큼만 하나님도 나를 용서하신다는 뜻인가? 이 구절의 문자적인 의미대로라면 그렇다. 따라서 내가 나에게 잘못한 사람을 용서할 수 없으면 하나님도 내 죄를 용서하지 않으신다는 말씀이 분명하다.

그러면 문제는 무엇인가? 실천적인 측면에서 내가 내게 잘못한 사람을 모두 다 용서할 수 없음이 실제 상황이다. 또한 더 근본적인 문제는 오직 믿음으로 인해서 전적으로 은혜 안에서 죄 사함과 구원이 주어진다는 가르침과 확신에도 정면으로 위배가 된다.

하지만 이런 질문과 의구심에는 깊은 오해가 들어 있다. 이렇게 질문할 때 우리가 놓치는 부분이 있다. 주의 기도를 예수님이 어떤 사람에게 가르치셨는가를 간과하면서 갖게 되는 의구심이고 질문이다.

주의 기도는 예수님과 내가 한편이 되어 이미 '우리'로 연합한 자들에게 가르쳐 주신 기도이다. 그래서 우리가 주의 기도로 기도할 때면 우리의 마음은 마치 죄인처럼 십자가에 못 박히신 예수님과 함께 연합함으로써 부활 승천의 길을 따라가 보좌 우편에 앉으신 독생자 안에서 창조주 하나님을 '하늘에 계시는 우리 아버지!'로 부르며 관계한다. 그러니까 내가 독생자처럼 사랑받는 하늘 아버지의 자녀가 된 상태에서 하나님을 친아버지로 부르며 관계하는 동안 드리는 기도가 주기도라는 말씀이다.

이렇게 죄와 저주에 찌들어 더러움의 장아찌 같던 내가 하늘 아버지의 아들이 되어서 부자 관계를 맺고 이어 가는 일은 전적으로 예수님께서 그리스도로서 이루신 보혈의 공로와 하늘 아버지의 자비로운 은혜로만 이루어지는 일이 맞다. 아무런 앞선 조건 없이 무상으로 주어진 은혜이다. 정말로 순전히 십자가에서 죽은 예수님과 나를 동일시하는 믿음에 대해서 주어진 은혜로서 죄 사함을 허락하시고 의롭다고 여겨 주셨으므로 하늘 아버지의 아들로 이 세상을 살게 되었다.

그러므로 주의 기도에서처럼 우리가 우리에게 죄지은 자를 용서하듯이 우리의 죄를 용서하여 주시라는 간구는 이미 예수님의 십자가 보혈로 죄 사함을 받아서 하나님과 부자간의 관계 안에 들어와 있는 사람이 하는 간구임을 잊지 말자. 그러니까 이 간구의 내막을 살펴보면 다음과 같다.

　내가 먼저 하나님의 아들로서 하늘 아버지에게 하면 안 되는 죄를 저질렀다. 그러면 그 잘못은 반드시 뉘우치고 회개해야 한다. 그리고 아들로서 하지 말았어야 할 죄를 저지른 것에 대해서 아버지께 용서를 구하여야 한다. 이때 이 뉘우침과 회개가 하늘 아버지의 나를 꿰뚫어 보시는 시선 앞에서 진정으로 이루어지는 것이어야 한다.

　그러면 의문이 들지 않는가? 우리가 하나님의 아들로서 하늘 아버지를 향해서 저지르지 말았어야 할 죄를 저지른 다음에 반드시 그 잘못에 대한 뉘우침과 회개가 따라야 한다. 그런데 이럴 때 우리는 그런 우리의 뉘우침과 회개가 진정한 것임을 어떻게 증명할 것인가? 내가 뉘우치고 있음이 진실이라는 사실을 어떻게 드러내 보일 수가 있는가?

　바로 나에게 잘못한 사람들을 내가 용서하는 일이다. 이것만이 내가 아버지를 향하여 행하는 회개가 진정으로 이루어진 것임을 증명하는 길이라는 말씀이다. 내가 내게 잘못한 사람을 용서할 수 없다면, 도저히 그런 마음이 안 생긴다면 아직 나는 하늘의 아들로서 하늘 아버지께 저지른 내 죄를 진심으로 뉘우치며 회개하고 있지 않다는 사실에 대한 방증이 된다는 말씀이다. 그래서 기어코 다른 사람이 용서가 안 된다면 그것은 근본적으로 문제가 있는 것이다. 즉 처음부터 아예 실제로 예수님과 함께 연합함이 없어서 하나님의 아들이 되어 본 적도 없기 때문이라고밖에 볼 수 없다.

　진짜 예수님 덕에 하나님의 아들이 된 사람은 얼마든지 이 땅에서 자기에게 잘못한 사람을 용서할 수밖에 없기에 하신 말씀임을 잊지 말자. 하나님의 아들 되었음의 증거는 바로 내게 잘못한 다른 사람에 대한 용서다.

이제 이런 의미가 담긴 이 간구를 좀 더 깊이 들여다보자.

하나님의 아들들이 이 땅에서 저지르는 잘못이란?

이렇게 예수님 안에서 맺어진 하나님과 우리의 부자(父子) 관계를 전제하면 이제 이 간구의 의미가 명확해진다.

"우리가 우리에게 죄 지은 자를 사하여 준 것 같이 우리의 죄를 사하여 주시옵고"

이 간구는 날마다 일상의 현장에서 이 땅을 사는 천국의 아들로서 하늘 아버지에게 절대로 해선 안 되는 잘못을 저지른 것을 염두에 두시고 가르치신 기도이다. 그리고 죄를 짓는 일 자체를 나무라시려고 가르치신 말씀이 아니다. 이 간구는 일상적인 생활 현장에서 우리가 하늘 아버지께 죄를 짓는 일은 어쩔 수 없이 일어날 일임을 전제하시고 그에 대한 대책으로 가르쳐 주신 내용이다. 절대로 그런 죄를 가볍게 여기거나 간과하면 안 되겠기에 스스로 그 잘못을 분명하게 느끼며 짚어 내라고 가르쳐 주신 기도이다.

예수님은 아마도 십자가에서 죽고 부활 승천 하여 보좌 우편에 이르신 덕분에 당신처럼 하나님의 아들들이 된 사람들을 잘 아셨을 것이다. 비록 하나님의 아들들이라는 신분이 주어지기는 했지만, 태어날 때부터 체질이 된 죄악과 저주받음의 속성을 일시에 말끔히 청산하지 못한 채 반드시 일상의 현장에서 하늘 아버지께 못 할 짓들을 하면서 살게 되는 일들이 발생할 수밖에 없을 것이라는 사실을 미리 아셨음이 분명하다. 그렇기에 이러한 내용의 간구를 주의 기도 안에 넣으셨을 것이다.

그러면 궁금하다.
예수님을 믿음 안에서 하늘에 계시는 하나님의 아들이 된 사람들이 이 땅을 살아가는 동안 일상의 현장에서 하늘 아버지께 죄를 짓는 일이 도대체 무엇일까? 더구나 이 잘못을 예수님은 '빚'이라고 비유하셨다. 하나님의 아들로서 아버지께 빚지는 일이 무엇일까? 나 같은 미물이 도대체 무엇을 어떻게 한들 땅도 아니고 하늘에 계시며 또한 무한한 우주를 창조하신 주권자 하나님 아버지께 손해를 끼치는 잘못을 수행할 수 있다는 말인가?

그것은 바로 이 땅에 있는 일상의 생활 현장에서 삶을 사는 내 마음 안에서 아버지의 이름이 거룩히 여김을 받지 못하게 되는 상황이다. 아버지의 이름이 거룩히 여김을 받지 못하는 마음 상태에서 하게 되는 모든 생각과 말과 행동이 다 아들이 된 자들이 하늘 아버지께 짓는 빚이고 죄다.
하늘에 계시는 우리 아버지의 이름은 마땅히 하늘 아버지의 아들이 된 내 안에서 무조건 거룩히 여김을 받으셔야 한다. 즉 내 마음에서 하늘 아버지의 이름 하나만 존재감을 불러일으키는 유일한 이름이어야 한다. 내 몸으로 사는 삶의 현장에서 만나는 그 어떤 다른 대상의 존재감이 아버지의 존재감보다 더 먼저 더 무겁게 의식이 되면 안 된다. 그러면 마음이 예수님 안에서 머물게 됨으로써 최측근의 자리에서 하나님을 아버지로 부를 수 있는 자격이 주어진 아들다움을 포기하고 버린 것이다. 그렇게 하늘 아버지보다 눈에 보이는 다른 대상의 존재감을 더 우선하여 더 크게 느끼는 상태로 생각하고 말하고 행동하면 다 거짓이고 빚이며 죄다.

창조주요 주권자인 하나님이 내 아버지로서 실제로 살아 계신다. 정말 하나님은 내 아버지로서 모든 순간 여전히 나를 보시고 아시고 내 몸의 사지와 오장육부와 세포 하나까지 주관하고 계신다. 그렇다면 이런 하나님 아버지 관련 사실을 까마득하게 잊어도 될 수 있는 그 어떤 일이 우리의 삶의 현장에서 일어날 수 있다는 말인가? 내가 어떤 사람을 만나거나 무슨 일이 일어나면 나는 하늘 아버지가 있다는 존재감을 뒤로 제쳐 두고 더 먼저 다른 존재감을 더 크게 느껴도 괜찮을 수 있을까?

만약 실제로 이렇게 엄연히 살아 계시는 하늘 아버지를 제쳐 두고, 있음의 존재감을 다른 대상에서 더 먼저 실감한다면 이는 아들로서 정말 아버지께 못 할 짓을 하는 셈이다. 하늘 아버지의 있음을 깡그리 무시하는 것이기 때문이다. 창조주이신 하늘 아버지의 존재감을 이 세상 피조물의 존재감보다 더 뒤로 미루거나 더 아래로 떨어뜨리며 가볍게 여기고 무시하는 일이 그 누구도 아닌 하나님의 아들에게서 일어나서는 절대로 안 되지 않겠는가?

그리고 아버지의 이름이 거룩히 여김을 받으려면 아버지의 있음과 마찬가지로 아버지의 좋음 역시 유일한 좋음으로 인정되어야 한다. 단 한 순간도 그 어떤 다른 세상에 있는 가치의 좋음이 하나님 아버지 자신의 좋음보다 더 우선적인 욕구와 바람의 대상이 되어서는 안 된다는 뜻이다.

하나님 크기의 공백이 있는 마음이기에 채움의 만족을 위하여 무엇인가를 욕구하고 바랄 수밖에 없다. 그러나 그 욕구와 바람으로 하나님 말고 다른 대상을 바라고 소원하는 자체가 죄고 빚이다. 왜냐면 이런 일은 예수님 안에 마음이 머무름으로써 하나님을 마주하여 아버지로 모실 수 있도록 독생자의 자리를 허락받은 자에게는 절대로 일어나선 안 되는 정말 못된 짓이기 때문이다. 자기 마음의 채움을 위하여 창조주 하나님보다 피조물을 더 좋아하면서 소원하는 중에 생각하고 말하고 행동함이 모조리 다 죄며 아버지에 대한 빚이다. 세상에 대해 소원이 생겨도 또한 그런 소원의 상태에서 생각하고 말하고 행동하여도 예외는 없다. 모두 다 하늘 아버지가 보시는 앞에서 절대로 일어나서는 안 되는 죄다. 이런 상태가 바로 여전히 우리 속에 남아서 유지되고 있는 죄악과 저주에 찌든 체질이 활성화되어 드러나는 가장 전형적인 현상이다.

이런 모든 순간이 아버지의 이름이 가리키는 실제 하늘의 아버지에게 마땅하고 합당한 태도를 놓침으로써 아버지께 잘못하여 빚을 지는 것이다. 누가복음은 이 빚을 과녁을 빗나가는 '하마르티아'의 죄라고 하였음을 앞에서 보았다. 즉 유일한 있음이시고 유일한 좋음이신 하늘 아버지만을 과녁 삼아서 발생해야만 하는 존재감의 느낌과 채움을 향한 욕구가 그 유일한 과녁을 빗나가 버리고 마는 것이다.

한마디로 하늘에 계시는 하나님을 예수님 안에서 아버지로 관계하게 된 하늘의 아들들이 이 세상을 사는 동안 하늘 아버지에게 짓는 빚과 같은 잘못은 언제나 이렇게 동일하다. 즉 눈에 보이는 이 세상 것들의 존재감과 좋음을 눈에 보이지 않는 하늘 아버지의 존재감과 좋음보다 더 우선적인 것으로 간주하면서 말하고 행동함이다. 이렇게 되는 이유는 무엇인가? 그렇다. 하늘 아버지의 이름이 우리의 마음에서 거룩히 여김을 받지 못하고 계시기 때문이다. 하늘 아버지가 내게는 모든 생활 현장에서 언제나 살아 계신 유일한 VIP이시고 유일하신 좋음이요 보물이라는 사실을 의식에서 놓친 채로 생각하고 말하고 행동하는 것이 바로 하나님의 아들들이 아버지께 짓는 죄고 아버지께 지는 빚이다.

생활 현장에서 내 죄를 즉각적으로 포착하기

이제 이런 잘못은 일단 발생하면 우선 스스로 알아채는 일이 제일 중요하다. 그리고 얼른 돌이켜야 한다. 일상의 생활 현장에서 내가 아버지께 저지르는 죄를 늘 즉각적으로 알아채기 위해서는 죄의 기준을 절대로 잊어서는 안 된다. 죄를 알면서도 그에 찌든 습성과 체질을 벗지 못해 죄를 반복하는 상황이 너무 속상하고 안타깝지만, 그래도 백 번, 천 번, 만 번이라도 반드시 돌이켜 회개하면 된다. 그런데 정말 문제가 무엇인가? 이렇듯 일상적으로 수없이 반복되는 하늘 아버지를 빗나감의 죄를 죄로 인식하지 못함이다. 나의 일상적인 생활 현장에서 끊임없이 반복되는 하늘 아버지를 향한 '빚'이자 '죄'에 대한 인식 기준이 없고 양심이 없어서이다. 그러면 하나님의 아들로서 가져야 할 양심은 어떤 것인가?

우리가 일상의 생활 현장에서 잊지 말아야 할 죄의 인식 기준은 바로 하늘 아버지 이름이 거룩히 여김을 받으심이다. 우리가 진정으로 하늘 아버지의 아들이라면 그 이름이 내 마음에서 거룩히 여김을 받아야 한다. 그래서 내가 언제 어디서든지 하늘 아버지의 존재감만을 느끼고 하나님 아버지 자신만을 좋음으로 욕구하고 소망함이 분명하게 유지되어야만 한다.

이렇게 내 마음에서 실제로 하나님 아버지의 이름이 거룩히 여김을 받으면 내게서는 이 세상에 있는 대상들을 향하여 '~ 이 있다', '~ 이 계신다', '어떤 문제가 앞에 있다' 등등의 존재감이 하나님의 존재감보다 더 먼저 생길 수가 없다. 그리고 또한 '~ 하고 싶다', '~ 갖고 싶다' 등 모든 욕구 자체가 생기지 않는다. 대신에 모든 세상 대상을 향하여 아버지의 있음과 좋음을 먼저 의식하는 중에 '아버지가 지금 있게 하신다', '아버지만이 내가 바랄 유일한 좋음이시다'라는 의식이 끊이질 않는다. 바로 이러한 상태에 대한 기억이 우리가 일상의 현장에서 죄를 인식할 수 있는 기준이고 양심이다.

그러므로 이런 기준이 양심이 되어서 유지됨으로써 이 세상을 향하여 내 마음에서 어떤 식으로든 존재감이 발동하고 크고 작은 바람이 생긴다면 스스로 깜짝 놀라야 한다. 무조건 지금 내 안에서 하나님 아버지의 이름이 거룩히 여김을 받지 못하는 중이고, 이런 모든 순간에 나라는 인격은 죄가 버젓이 벌어지고 있는 현장이다. 나는 현행범인 셈이다. 그래서 창조주요 주권자이신 하늘 아버지의 존재감과 좋음이 그분의 아들인 내 안에서 무시되고 아예 없는 것처럼 취급되는 '빗나감의 죄'가 벌어지는 중이다. 이렇게 정확히 실제 삶의 현장에서 실시간으로 벌어지는 빗나감의 죄에 대한 진단이 없으면 진정한 회개도 없고 용서받음도 없다.

예수님 덕분에 하나님의 아들이 되었으면 죄는 짓지 않음이 당연하고 최선이다. 그러나 죄를 지을 수밖에 없다면 차선은 일상의 현장에서 내게서 나타나는 죄를 정확하고 신속하게 진단할 수 있어야 한다. 그래서 반드시 진심 어린 회개와 용서받음이 있어야만 한다. 하나님의 아들로서 하나님 아버지에게 하지 말아야 할 죄는 계속 짓는데, 이 죄를 파악하지도 못하고 회개도 없고 용서받음도 없이 죄가 누적되기만 한다면 어떨까? 결국 하나님 아버지와 아들 된 관계를 스스로 끊어 버리는 셈이다. 하늘 아버지의 유일한 있음과 유일한 좋음을 아예 없는 것처럼 여기면서 피조물의 있음과 좋음보다 아래로 떨어뜨려 밀쳐놓은 채로 생각하고 말하고 행동하는 일이 끊김이 없이 이어지는데 어떻게 그 아버지와의 부자(父子) 관계가 살아 있는 관계로 유지될 수가 있겠는가?

아니 더 정확히 말하자면 그런 상황을 죄로 인식할 수 없는 사람은 아예 처음부터 제대로 하늘 아버지와 아들의 관계를 시작조차 하지 않았음이 틀림없다. 그렇다면 이유는 분명하다. 한 번도 그리스도 연쇄 과정 속 예수님을 따라 하늘로 가서 실제로 하나님을 아버지로 만나 직면하는 상태에서 부자의 관계를 시작해 본 적이 없기 때문이다. 한 번도 아버지의 이름이 그 사람의 마음에서 거룩히 여김을 받아 보신 적이 없기 때문이다. 이런 상태의 마음에서는 하나님 아버지의 있음과 좋음이 무시된 채로 세상을 향하여 끊임없이 갖게 되는 존재감과 다양한 소원과 바람이 죄라는 사실을 느끼며 알아챌 수 있는 양심 자체가 생겨날 수가 없는 것이다.

모든 기독교 종교인은 이런 면에서 무한한 착각 속에 빠져 있다. 즉 마음에 이 세상의 다양한 종류의 있음과 좋음을 가득 담은 채, 그런 자신이 날마다 통째로 십자가에서 죽어야 한다는 생각은 꿈에도 하지 못하면서 마음 안에 담고 있는 세상 것들의 형통과 번영을 하나님의 이름을 부르면서 원하고 추구하는 사람들이다. 이런 상태에서는 단 한 순간도 실제로 하늘의 아버지와 아들의 관계를 시작할 수 없다는 사실을 그들은 모른다.

그래서 회개는 반드시 죄가 무엇인지를 정확히 아는 상태에서 일어나야 한다. 회개는 그냥 말로 '아버지! 잘못했어요. 다음에는 안 그럴게요!'라고 하면 되는 것이 아니다. 이렇게 말할 때의 심정이 거짓은 아닐지 몰라도 이런 식으로 하는 말뿐인 회개는 실제로 진정한 돌이킴이 일어나기에는 부족하다. 왜냐면 이런 회개에는 하늘 아버지를 거스르는 죄가 반복하여 나타나는 원인인 나 자신의 인격적인 뿌리에 대한 이해가 전혀 반영되지 않고 있기 때문이다.

결국 죄란 내 마음에서 아버지의 이름이 거룩히 여김을 받지 못한 상태에서 나타난다. 즉 죄는 하늘 아버지 말고 다른 피조물의 이름이 내 마음 안에서 거룩히 여김을 받는 중에만 나타난다. 내 의식과 욕구에 대해서 존재감과 좋음의 대상이 하나님이 아니라 다른 대상일 때 나타난다. 그런데 이렇게 죄가 발생할 정도로 다른 피조물의 이름이 내 인격의 가장 깊은 곳인 마음 안으로 깊이 들어오게 되면 어떤 파장이 일어나나? 가장 깊은 곳으로부터 내 인격 전체가 오염되어 더러워진다.

하나님의 이름만이 들어와 있어야만 하는 내 마음은 마치 구약 성전의 지성소(至聖所, The Most Holy Place)와 같다. 그러므로 내 마음이 하나님 아버지의 이름이 아닌 다른 이름을 붙잡고 존재감을 느끼고 좋음을 추구하는 것은 마치 구약 성전의 언약궤가 들어와 있는 지성소에 돼지를 잡아 돼지 시체를 넣어 두고는 그 피로 지성소 사방 벽에 칠갑하는 것과 같다.

그래서 회개는 그렇게 아버지의 이름이 거룩히 여김을 받지 못하고 있는 자기 자신, 다른 피조물의 이름이 거룩히 여김을 받음으로써 통째로 더러워진 내 인격 전체가 예수님의 십자가에서 못 박혀 죽은 자임을 시인하고 고백하여야 진정으로 이루어진다. 그렇게 아버지의 이름이 거룩히 여김을 받지 못하고 다른 피조물의 이름이 거룩히 여김을 받아 한 없이 더러워진 나 때문에 예수님이 십자가에서 죽을 수밖에 없었음을 인정하고 시인하는 것이다.

하루에 열 번, 백 번, 천 번이라도 잘못이 벌어지면 이 회개의 기도를 드려야만 한다. 다른 대상에 대해서 존재감을 느끼고 다른 좋음의 대상을 소원함으로써 하늘 아버지의 존재감과 유일한 좋음이신 하나님 아버지를 잊어버리고 말하고 행동한 모든 죄에 대해서는 이렇게 십자가를 통하여서만 회개하여야 한다. 즉 십자가에 못 박히신 예수님의 죽음을 통째로 더러워진 나의 죽음으로 동일시함으로써만 진정한 회개가 이루어진다. 날마다 마음 안에 세상 담은 내가 통째로 죽는 것이고 날마다 열 번이고 백 번이라도 거듭 반복하여 통째로 죽는 것이다. 십자가에서 예수님과 함께 이 세상에 대하여 즉, 이 세상에서 내게 존재감을 느끼게 하고 좋아서 욕구하게 한 모든 대상에 대하여 철저히 죽은 자의 자아의식을 회복함으로써만 진정한 회개가 이루어지는 것이다.

진정한 회개의 증거, '손해의식, 피해의식 불감증'

그러면 이렇게 진정으로 회개가 일어났다는 증거가 무엇일까? 증거가 드러남이 없는 회개는 가식이고 위선이다. 회개의 증거가 필요한 것은 하나님에게 보이기 위함이 아니다. 하나님 아버지는 내 회개가 진심인지 아니면 시늉만 내는 것인지 이미 꿰뚫어 보신다. 참회개의 증거가 필요한 당사자는 바로 회개하는 우리 자신이다. 증거로 그 참됨을 확인하지 않는 한 우리들의 모든 회개는 우리 자신을 기만하는 것이거나 아니면 최대한 좋게 봐준다 해도 자기 착각의 행위로 전락한다. 실제로 돌이킴이 이루어졌다는 증거가 없으면 사실 전혀 회개가 이루어지지 않은 상황이다. 하늘 아버지는 진즉에 그 거짓됨을 다 아신다. 그런데 우리는 스스로 회개했다고 철석같이 믿어 버리고 만족하며 끝내고 버리고 말게 된다. 그래서 이러한 자기기만에 빠지는 일을 막고 회개가 참된 돌이킴이 될 수 있기 위해서 반드시 증거가 필요하다.

내가 하나님 이외의 피조물인 대상에 대하여 더 먼저 존재감을 느끼고 더 먼저 좋음을 욕구하는 일이 죄며 빗이고 빗나감이다. 이런 죄를 회개하여 예수님의 십자가에서 그런 내가 죽었다는 자아의식을 회복하여야 한다. 그랬다면 반드시 나타나는 증거가 있다는 말씀이다. 우리는 우리 자신에게서 그런 참된 회개가 이루어졌다는 바로 그 증거를 찾아내야 한다.

이런 진정한 회개의 증거가 바로 이 땅에서 만나는 다른 사람과의 관계에서 나타나야 한다는 말씀이다. 그렇다. 하늘 아버지와의 관계에서 잘못한 일에 대한 참회개의 증거는 이 땅에서 만나는 다른 사람과의 관계에서 나타나야 한다. 그리고 그런 진정한 회개의 증거가 바로 내게 죄를 지은 사람을 내가 마주할 때 나타난다.

내게 죄를 지었다는 말씀은 죄를 '빗'이라 하셨음에서도 나타나는 바대로 내게 손해를 입혔다는 뜻이다. 어떤 사람의 잘못으로 인해서 내가 전혀 이유 없이 손해와 피해를 보게 되었음을 말한다. 내가 타인으로 인해서 억울한 처지에 놓이게 되는 상황이 벌어졌다. 바로 이런 상황에서 참회개의 증거가 나타난다.

하나님의 이름이 내게서 거룩히 여김을 받지 못한 채 생각하고 말하고 행동한 죄를 내가 진정으로 회개하였다면 그 진정한 회개의 증거는 내게 이유 없이 손해를 끼치고 피해를 가져다준 사람을 내가 용서함으로 나타나야 함을 예수님은 아셨다.

그리고 사람이 내게 끼치는 이런 피해나 손해는 물질적이고 재정적인 것부터 시작해서 정신적인 것과, 그 외에도 명예나 이름과 관련해 이유 없이 하는 비난이나 모함, 그리고 심지어는 자존심을 상하게 하거나 괜히 내 마음에 아주 싫거나 거부감이 들게 말하고 행동하는 등등 지극히 사소하고 주관적인 느낌의 손해나 피해까지도 다 포함한다.

그러면 사람에 의해서 이렇게 다양한 유형무형의 피해나 손해를 입게 되었을 때 내가 그를 용서하는 것이 왜 내가 하늘 아버지에게 아들로서 해선 안 될 짓을 한 것에 대한 진정한 뉘우침과 회개의 증거가 된다는 것일까?

우리는 앞에서 밝혔다. 결국 우리가 예수님과 연합한 하늘의 아들로서 하늘 아버지께 하지 말아야 할 죄는 아버지의 이름이 내 마음에서 거룩히 여김을 받지 못하고 있는 상태에서 내가 생각하고 말하고 행동함이었다. 그런데 아버지의 이름이 내 마음에서 거룩히 여김을 받는다는 것은 쉽게 말해 내게 아버지만이 유일한 있음으로써 유일한 존재감의 대상이시고, 유일한 좋음으로써 유일한 소망의 대상이심이 깊이 인정된다는 것이다. 절대로 타협이 될 수 없는 단 하나의 존재감의 대상이시며 단 하나의 소망의 대상이시다. 이 말은 하늘에 계신 하나님 아버지만이 내 마음에서 내 몫의 기업 전부이고 내 참된 보물이라는 뜻이다. 그래서 아버지께 짓는 죄란 이렇게 삶의 현장에서 생각하고 말하고 행동하면서 살 때 내 마음이 하늘 아버지 한 분만이 내 몫의 기업 전부이고 내 참보물이라는 사실을 의식에서 까마득하게 잊는 것이다. 그래서 하나님 대신에 이 세상 피조물의 존재감과 좋음에 사로잡혀 사는 상태이다. 그런데 이제 이러한 죄를 뉘우치고 회개했다. 그러면 이제 하늘에 계시는 하나님 아버지가 다시금 내게서 내 몫의 기업 전부이고 내 참보물로 회복되셨음을 뜻한다.

그렇다면 이제 우리 스스로 물어보자. 진정으로 내 마음에서 아버지의 이름이 거룩히 여김을 받으심으로써 하늘에 계시는 아버지 한 분만이 내 몫의 기업 전부이고 내 참보물이라면 대체 내가 육신을 입고 사는 삶의 현장에서 어떤 사람이 내게 손해나 피해를 가져다줄 수 있겠는가?

만약에 누군가가 이 땅에서 사는 동안 내게 어떤 피해나 손해를 끼치게 되었을 때 하나님의 아들인 내 마음에 피해의식이나 손해의식이나 상실감이 생기는 것이 마땅한가? 하늘 아버지 자신이 자기 몫의 기업이 아니고 또한 자기 보물도 아닌 이 세상 사람들의 경우는 그런 피해의식과 손해의식이 당연하다.

그러나 하나님의 아들인 나도 세상 사람들처럼 똑같은 경우를 당했을 때 피해의식이나 손해의식을 느끼고 있는가? 그렇다면 하늘에 계시는 아버지는 진정으로 내게 내 몫의 기업 전부도 아니고 나의 참보물도 아닌 상태가 아닌가? 다른 사람들에 의해 이 세상 것에서 발생한 손해나 피해에 대하여 내 마음이 손해의식이나 피해의식을 가지는 상황이 뜻하는 바가 무엇인가? 그런 것들이 여전히 소중한 내 몫의 기업이고 내 보물들이라는 뜻이다. 사정이 아직 그렇다면 내 마음에서는 하늘에 계신 아버지가 전혀 유일한 있음의 유일한 존재감의 대상도 아니시고 유일한 좋음의 유일한 소망의 대상도 아닌 상태임이 증명된다. 하늘 아버지는 내 마음이 실감할 만큼 실제 내 기업도 아니고 내 보물도 아니라는 것이다. 그러면 결국 하늘에 계시는 하나님 아버지의 이름이 여전히 내 마음 안에서 거룩히 여김을 받지 못한 상태이다. 즉 여전히 빗나감의 죄악에 정복된 상태 그대로를 유지하고 있는 셈이다.

하늘에 계시는 아버지의 이름이 거룩히 여김을 받아서 하나님만이 진정으로 내 유일한 기업이고 보물로 여겨진다면 이 땅에서 내가 다른 사람으로 인해 입게 되는 그 어떤 손해나 피해도 절대로 손해의식이나 피해의식으로 발전할 수가 없다.

스데반 집사님은 어떻게 아무런 잘못 없이 당신을 돌로 쳐 죽이는 사람들을 향하여 용서의 기도를 드릴 수 있었을까?

"그들이 돌로 스데반을 치니 스데반이 부르짖어 이르되 주 예수여 내 영혼을 받으시옵소서 하고 무릎을 꿇고 크게 불러 이르되 주여 이 죄를 그들에게 돌리지 마옵소서 이 말을 하고 자니라"(행 7:59-60)

하늘이 열려서 보좌의 하나님과 그 우편에 계신 예수님을 보셨다. 하늘에 계시는 아버지가 예수님을 믿는 스데반 집사님에게 당신 몫의 기업 전부였고 참보물이셨다. 스데반 집사님은 당신의 몸이 돌에 맞아 죽은 상황에서도 진짜 당신에게 있어서 소중한 자신의 몫인 소유와 보물을 단 한 가지도 그리고 조금도 잃지 않고 있었던 상황이다. 왜냐면 예수님 안에서 마음이 머물고 있었고 그 안에서 만나는 하늘에 계시는 아버지가 스데반 집사님 자신의 참소유이고 참보물 전부였기 때문이다. 비록 하나뿐인 육체의 목숨을 잃는 상황이었지만 스데반 집사님에게는 자기 몸을 돌로 쳐 죽이고 있는 사람들에 의해서 그 어떤 식으로도 피해의식이나 손해의식이 생겨나지 않았음이 사실이다. 땅에 있는 자기의 하나뿐인 몸은 스데반 집사님의 마음이 예수님 안에서 실감하는 한 자신의 소유도 보물도 아니었다. 그 대신에 오직 하늘에 계시는 하늘 아버지만이 자기의 유일한 참소유이고 보물이었다. 그렇기에 자기 몸을 돌로 쳐 죽이는 사람들을 마음이 예수님 안에 들어 있던 스데반 집사님으로서는 특별히 용서하지 못할 이유가 달리 없었다.

우리가 하나님 아들로서 아버지께 짓는 죄는 명확하다. 아버지의 이름이 내게서 거룩히 여김을 받지 못하고 있는 상태이다. 좀 더 풀어서 말하자면 아버지가 유일하게 내게 참소유이고 참보물이라 여겨지지 않고 있는 상태에서 여전히 이 세상 것들이 아깝고 소중하고 대단해 보이는 가치이고 보물이라고 여기는 것이다. 그러므로 이 죄를 진정으로 뉘우치고 회개했다는 의미는 오직 몸으로 사는 이 땅에서는 내 소유와 보물이라고 할 것이 없고 오직 하늘에 계신 하나님 아버지만이 내 참소유이고 참보물이라 여기게 되었음을 뜻한다. 그리고 그 증거는 어떤 사람이 어떤 세상적인 손해나 피해를 내게 끼쳤더라도 나는 전혀 피해의식이나 손해의식 없이 그를 용서함이다.

정말 그렇다. 이 세상 그 누구도 내 참소유이고 참보물인 하나님 아버지를 내게서 빼앗아 가거나 허물거나 상하게 할 수 없다. 그렇다면 이제 예수님 안에서 하늘에 계신 창조주 하나님을 아버지로 관계하게 된 아들들에게는 이상한 일이 벌어지는 셈이다. 즉 이 세상 그 누구도 하나님의 아들들에게 손해의식이나 피해의식을 생기게 할 만큼 진정한 의미에서의 피해나 손해를 끼칠 수가 없다.

스데반 집사님의 경우나 많은 순교의 선조들처럼 사람들이 혹시 하나뿐인 몸을 돌로 쳐 죽이는 일이 벌어져도 그것으로는 나에게서 하늘의 아버지를 빼앗아 갈 수 없다. 그렇기에 이 땅에서는 하나뿐인 육체의 목숨을 빼앗기는 상황이 벌어지더라도 하나님 아버지를 진정으로 참보물이요 유일한 기업으로 여기는 하나님의 아들들에게는 그 어떤 손해의식이나 피해의식이 생겨날 수 없다. 바로 이렇게 타인으로 인해서 발생하는 이 세상 차원의 손해와 피해에 대하여 보이는 '손해의식과 피해의식 불감증'이 바로 예수님 안에서 하늘 아버지의 아들이 된 자들의 특성이다.

내게 죄를 지은 자들, 내게 빚이 있는 자들을 용서하라 하심은 '그런 이 땅에서의 손해나 피해가 어떻게 하늘에 계시는 하나님 아버지를 유일한 소유와 유일한 보물로 가지는 네 마음에 손해의식이나 피해의식을 일으킬 수가 있겠는가? 너는 하늘 아버지의 아들로서 자존심도 없느냐?'라는 예수님의 질문을 포함한다.

예수님은 말씀하신다. "우리가 우리에게 죄 지은 자를 사하여 준 것같이 우리의 죄를 사하여 주시옵고"라고 기도하라고.
이 말씀의 의미를 깊이 들여다보면서 하는 우리의 기도는 이렇게 될 수 있다.
'하늘에 계시는 우리 아버지! 이 세상에서 사람들에 의해서 이러저러한 피해와 손해를 입었습니다. 그래서 그들로 인해 내 안에서 피해의식과 손해의식이 생겨납니다. 억울합니다. 그들이 괘씸합니다.
그러나 이런 피해의식과 손해의식이 제 안에 생긴 것을 지금 아버지 앞에 회개합니다. 스데반 집사님에게서처럼 진정으로 오직 하나님 아버지만이 제게 유일한 참소유이고 참보물임이 깊이깊이 느껴졌다면 어떻게 제가 이런 상황에서 이토록 강렬하게 피해의식이나 손해의식을 가질 수가 있겠습니까? 제 마음 안에서 아버지의 이름이 거룩히 여김을 받지 못하고 있었음을 용서하여 주시옵소서.

아버지의 이름이 생활 현장 언제 어디서나 내 안에서 거룩히 여김을 받으심이 중단되지 않게 하여 주시옵소서. 그리하여 아버지 있음의 존재감과 좋음에 대한 소망이 날로 더 깊고 무겁고 커지게 하여 주시옵소서! 그리하여 어떤 사람을 대하여서도 어떤 경우에도 이 세상 것으로 인해서 피해의식이나 손해의식이 생기지 않게 하여 주시옵소서!

내게 어떤 식으로든 잘못하는 모든 사람을 무조건 용서하게 하여 주시옵소서! 왜냐면 그들은 절대로 나의 참소유이시고 참보물이신 아버지 당신을 내게서 빼앗아 갈 수 없는 사람들이기 때문입니다. 그들이 아무리 강하고 악하여도 내게서 빼앗아 갈 수 있는 것은 오직 내 참소유도 아니고 내 참보물도 아닌 것들뿐임을 내가 깊이깊이 깨닫고 또한 잊지 않게 하여 주시옵소서! 모든 삶의 현장에서 벌어지는 그 어떤 상황에서도 사람을 향하여 억울함을 느끼지 않게 하여 주시옵소서. 하늘 아버지의 아들로서 아버지 자신을 보물로 가진 제게 세상 사람들이 무슨 수로 손해를 끼칠 수가 있겠습니까? 아버지 나의 보물 되어 주시고 나의 기업 되어 주심을 진심으로 감사드립니다.'

XI. 우리를 시험에 들게 하지 마옵소서

시험은 영적인 의식 체계가 흔들림이다

예수님을 향해서 '우리'라고 부를 수 있을 만큼 하늘에 계시는 하나님의 아들이 된 사람들이 시험에 든다는 것은 대체 어떤 상태일까? 영적인 의식 체계에 이상이 생김이다. 예수님을 믿음으로써 새로운 영적 환경이 우리 안에 주어지면 우리 마음에는 그에 상응하는 의식 체계가 형성된다. 시험에 든다는 것은 이렇게 예수님을 믿음으로부터 연쇄적으로 이어지는 단계를 따라 이루어지는 영적인 의식 체계가 뿌리째 흔들림이고 무너져 내림이다.

"우리를 시험에 들게 하옵시고"라는 간구의 의미를 올바로 알기 위하여 이 영적인 의식 체계를 다시 한번 그려 보자면 이렇다.

예수님을 그리스도로 믿음은 십자가에 못 박혀 죽은 예수님에게 나를 오버랩하는 동일시이다. 그럼으로써 내 마음은 이 세상에 대해서 죽은 자가 되어서 예수님의 몸을 입고 부활 승천의 단계를 거쳐 천국 보좌 우편까지 올라간다. 이러한 예수님과의 연합을 통해 내 마음은 날마다 죽음과 부활을 통한 '세상 탈출'과 부활과 승천을 통한 '천국 진입'을 생활화한다. 날마다 마음 둘 데를 천국 보좌 우편으로 정하여 실행하는 것이다.

이렇게 십자가에 못 박히신 그리스도와 연합함으로써 예수님의 몸으로 옷 입고 하늘로 올라간 내 마음은 이제 보좌의 하나님을 직면한다.

그러면 내 마음은 하나님의 세 가지 속성에 반응하게 된다. 하나님의 유일하신 있음과 하나님의 유일하신 좋음과 하나님의 유일하신 세상을 향한 주체성이다. 이렇게 내 마음이 예수님 안에서 천국 보좌 우편에 머물며 하나님의 있음과 좋음과 주체성에 반응하고 있다는 증거가 무엇인가? 이 땅에서 내가 몸으로 거하는 모든 생활 현장에서 언제 어디에서든, 눈에 누가 보이든, 귀에 무엇이 들리든 하나님 있음의 존재감과 하나님 좋음을 향한 열망과 이 세상을 향하는 하나님의 주체성을 실감하면서 인정함이 사그라지지 않고 유지되는 것이다.

이렇게 하나님의 있음과 좋음과 주체성에 대한 실감이 사그라지지 않게 되면 반드시 이 땅에 남아 있는 몸은 하늘에서 이루어진 점선의 뜻을 실선으로 바꾸는 말과 행동으로 삶을 살게 된다.

예수님을 믿음은 이렇게 연쇄적으로 이어지는 영적인 의식 체계를 우리 안에 형성한다. 마치 잘 지어진 건축물 같은 이런 의식 체계 안에 마음이 머물러 있으면 하나님 있음에 대한 존재감과 하나님 좋음에 대한 열망과 하나님의 주권자로서의 주체성이 어떤 상황에서도 일등으로 의식되고 실감된다.

시험에 드는 상태는 바로 이렇게 십자가에 못 박혀 죽은 예수님을 그리스도로 믿음으로써 연쇄적으로 이루어지는 전체 영적 의식 체계가 흔들리거나 무너져 버리는 상태이다. 그 결과 하나님이 창조주이시고 주권자이시며 사랑하셔서 자기 자신을 선택하셨다는 사실을 믿는다고 하는 사람에게서 이상 현상이 나타나는 것이다. 즉 이 세상 모든 생활 현장에서 하늘 아버지의 있음에 대한 실감도 사라지고, 아버지의 좋음에 대한 열망도 없어지며, 아버지의 이 세상을 향한 주체성도 인정할 수 없게 돼 버린다.

마음에서 세상 있음의 존재감이 하나님 있음의 존재감보다 월등하게 커지는 상태이다. 또한 이 세상 것의 좋음이 하늘 아버지의 좋음보다 훨씬 더 크게 실감되는 상태이다. 그리고 세상을 향하여 아버지의 주체성만을 인정하기에는 삶을 내가 책임지려는 내 주체성이 너무 강렬하게 활성화된 상태이다. 한 마디로 예수님 믿음으로써 이루어지는 영적 의식 체계 자체가 뿌리부터 흔들거리거나 완전히 허물어져 버리는 상태이다.

하나님의 선민이 이처럼 시험에 빠지는 전형적인 상황을 우리는 구약 성경 속 이스라엘 백성에게서 쉽게 찾아 볼 수 있다.

"바로가 가까이 올 때에 이스라엘 자손이 눈을 들어 본즉 애굽 사람들이 자기들 뒤에 이른지라 이스라엘 자손이 심히 두려워하여 여호와께 부르짖고 그들이 또 모세에게 이르되 애굽에 매장지가 없어서 당신이 우리를 이끌어 내어 이 광야에서 죽게 하느냐 어찌하여 당신이 우리를 애굽에서 이끌어 내어 우리에게 이같이 하느냐 우리가 애굽에서 당신에게 이른 말이 이것이 아니냐 이르기를 우리를 내버려 두라 우리가 애굽 사람을 섬길 것이라 하지 아니하더냐 애굽 사람을 섬기는 것이 광야에서 죽는 것보다 낫겠노라"(출 14:10-12)

앞으로는 홍해가 진로를 막고 있고, 뒤로는 분노에 휩싸인 바로가 애굽 군대를 이끌고 진멸할 기세로 추격해 옴으로써 퇴로가 차단되어 버렸다. 본문은 이런 상황에서 보인 이스라엘 백성들의 반응을 기록하신 말씀이다. 출애굽을 있는 힘을 다해 후회하면서 모세를 원망하고 따라서 하나님을 원망한다. 이스라엘 백성들의 마음이 홍해와 애굽 군대의 존재감에 샌드위치가 되어 버린 상태에서 창조주요 주권자인 하나님 있음의 존재감은 완전히 상실해 버린 것이다.

　이스라엘 백성의 출애굽은 그냥 이루어진 사건이 아니었다. 애굽 땅은 430년 동안이나 노예로 지내던 곳이다. 그런데 이렇게 운명이고 팔자처럼 여겨졌던 노예살이의 애굽으로부터 탈출하여 광야로 나가기 위해서는 이스라엘 사람들의 마음을 완전히 사로잡을 수 있는 강력한 담보가 있어야만 했다. 바로 하나님 있음에 대해서 이스라엘 백성들 각자가 마음에서 가지는 존재감이었다. 조상들이 믿던 하나님의 있음이 실제 존재감으로 실감이 나야만 하였다. 그 하나님의 있음이 강력하게 실감되지 않는다면 어떻게 그분만을 경배하겠다고 무려 430년 동안 굳어진 노예로 살던 습관적인 체질을 떨치고 애굽 땅을 떠나 미지의 광야로 발길을 들여놓을 수가 있었겠는가?

　그래서였을까? 모세가 이스라엘 백성에게 자기를 보내신 조상들의 하나님을 무슨 이름으로 알릴 것인지를 물었을 때, 이 질문에 대해 하나님은 당신의 이름을 "스스로 있는 자"라고 소개하라 명하셨다. 하나님만 스스로 '있는 자'이시고 인간을 포함한 다른 모든 삼라만상은 그 하나님에 의해 '있게 된 자'라는 의미를 포함하는 이름이다. 그러므로 하나님만이 '유일한 있음'이고 사람을 포함하여 모든 피조물은 그 하나님에 의해서 '있게 됨'이다.

　그러나 문제가 무엇인가? 무려 430년을 노예로 살던 이스라엘 사람들에게 '바로 있음'과 '애굽 있음'의 존재감이 얼마나 크고 강력했겠는가? 그런데 이스라엘 백성은 이제 이렇게 강력한 존재감을 뿜어내는 바로의 권세와 통치를 등지고 430년 동안 살던 애굽 땅을 떠나 광야로 나가야만 한다. 그러기 위해서는 이스라엘 백성들의 마음에서 하나님 있음에 대해 가지는 존재감의 크기가 애굽 나라의 존재감과 바로의 존재감을 능가하는 것이어야만 했다. 당시 애굽의 위상이 지금으로 말하면 미국과 같은 초강대국이었음을 생각하면 정말 이러한 존재감 크기의 뒤집기는 불가능한 것이 아니었겠는가?

그래서 열 가지 재앙이 동원된 것이다. 이 전대미문의 기적 시리즈를 통해서 하나님은 당신의 선민들에게 당신 '있음'을 실감하도록 하신 것이다. 하나님은 이러한 열 가지 재앙의 기적을 통하여 이스라엘 백성들의 마음에 당신의 존재감을 강력하게 심으려고 하셨다. 이 불가능한 존재감 뒤집기를 하나님은 지팡이 하나 든 80세 노인이었던 모세를 앞세워 열 가지 재앙을 내리심으로써 이루어 내신 것이다.

출애굽은 이렇게 이스라엘 백성들의 마음속에 430년 노예 생활 기간에는 전혀 없었던 조상들의 하나님 여호와 '있음'에 대한 실감이 바로나 애굽 '있음'에 대한 실감보다 더 강렬하게 된 상태에서 이루어진 탈출 사건이었다. 하나님 여호와께서 열 가지 재앙을 통해서 애굽의 바로를 굴복시키신 결과였다. 이런 상황에서 '하나님 있음'에 대한 실감과 하나님의 존재감이 이스라엘 백성들에게 얼마나 강렬하게 생성되었겠는가를 우리는 얼마든지 상상할 수 있다.

그런데 이렇게 하나님 있음에 대한 실감이 최고조에 달한 의식 상태에서 출애굽을 이룬 뒤에 이스라엘 백성들은 곧바로 또다시 절체절명의 위기 상황을 만난다. 바로 홍해 앞에서였다. 이스라엘은 추격해 오는 애굽 군대와 앞을 가로막는 홍해 사이에서 진퇴양난의 상황에 빠지게 되어 버렸다. 바로 이런 상황에서 이스라엘 백성들의 마음에서는 선민에게만 특징적인 반응이 나타난다.

즉 앞을 가로막는 '홍해 있음'과 뒤를 추격하는 '애굽 군대 있음' 사이에 끼어서 출애굽 때 열 가지 재앙으로 인해 강력하게 생성되었던 '하나님 있음'에 대하여 그토록 강력하게 실감하던 의식 상태가 어디론가 흔적도 없이 사라져 버리고 만 것이다. 바로 이런 상태를 일컬어 선민이 '시험에 들었다'라고 하는 것이다.

그리고 이런 절체절명의 위기 상황을 하나님은 또 한 번 열 가지 재앙을 능가하는 기적을 통해서 당신 있음의 존재감을 이스라엘 선민들에게 깊이 심어 주신다. 바닷물이 갈라져 벽처럼 세워진 사이를 마른 땅으로 건너는 홍해 도하 사건이다. 그리고 이스라엘이 빠져나간 뒤를 추격하여 홍해 안으로 돌진한 바로와 그 군대 위로 다시 쏟아진 바닷물은 강력한 애굽 군대를 지상에서 흔적도 없이 사라지게 만들어 버렸다. 이런 사건을 직접 목격한 이스라엘 백성들의 마음에서 눈에 보이지 않으시는 하나님의 존재감이 어느 정도로 강력하게 생성되었겠는가?

하나님이 선민에게 원하시는 것이 바로 이것이다. 선민들이 육체를 입고 이 땅을 사는 동안 눈에 보이지도 귀에 들리지도 손으로 만질 수도 없는 하나님 있음을, 눈에 보이고 귀에 들리고 손으로 만질 수 있는 그 어떤 것보다도 더 강력하게 실감하는 일을 하나님은 원하신다. 그 옛날 이스라엘 백성들에게서 이루신 전대미문의 기적들을 성경에 기록하셔서 우리 손에 들려주신 이유가 무엇인가? 다른 이유가 아니다. 지금을 사는 우리도 각자의 삶의 현장에서 홍해 바다나 바로나 애굽 군대와 같은 이 세상의 그 어떤 대단한 있음의 존재감보다, 하나님 있음의 존재감을 더욱 강력하게 실감하기를 원하셨기 때문이다.

그런데 너무나도 안타깝게도 이렇게 홍해 바다가 갈라지고 애굽 군대가 멸절하는 현장에서 가졌던 하나님 있음의 존재감은 그 후로도 끊임없이 이스라엘 백성들의 마음 안에서 위기를 맞는다. 마라에서 마실 물이 없다고, 신 광야에서 먹을 고기가 없다고, 다시 르비딤에서 마실 물이 없다고 불평하는 이스라엘 백성들의 마음에서 하나님 있음의 실감은 매번 극도로 약화되거나 아예 사라지고 만다. 심지어 실감은커녕 아예 하나님 있음 그 자체에 대해서 의심하기를 주저치 않는다.

"그가 그곳 이름을 맛사 또는 므리바라 불렀으니 이는 이스라엘 자손이 다투었음이요 또는 그들이 여호와를 시험하여 이르기를 여호와께서 우리 중에 계신가 안 계신가 하였음이더라"(출 17:7)

하나님의 있음이 이스라엘 백성들의 마음에서 전혀 실감되지 않는 상황이다. 지구상의 그 어느 민족도 경험하지 못한 초유의 기적들이었다. 그러한 놀라운 기적들인 열 가지 재앙과 홍해 도하의 현장에 있던 사람들이 어떻게 이럴 수가 있나?

목마름이나, 고기를 먹고 싶거나, 다른 육체적인 어려움이 조금이라도 생기면 항상 똑같은 반응의 상태로 돌아가 버리고 만다. 아예 출애굽 하지 말고 차라리 애굽에서 노예로 살다가 죽었더라면 더 나았을 것이라는 거듭되는 후회와 원망이다.

이렇게 삶의 현장에서 조금이라도 변수들이 불거지면 그때마다 이런 변수들의 있음이 내뿜는 존재감에 의해서 하나님의 있음과 좋음에 대한 실감은 이스라엘 선민들의 의식에서 흔적도 없이 사라져 버리게 된다.

한마디로 광야 기간은 이스라엘 선민들에게서 끊임없이 하나님의 있음과 좋음에 대한 실감이 사라지는 '시험에 들기'로 점철된 참담한 과정이었다고 보아도 무리가 없을 정도다. 광야가 가져다주는 환경과 조건이 열악함의 있음에 대한 실감이 보이지 않으시는 하나님 자신의 있음에 대한 실감을 언제나 압도하여 버린 것이었다.

결국 이러한 선민 이스라엘의 '시험에 들기'의 연속 과정은 돌이킬 수 없는 참사로 끝나고 만다. 가데스 바네아에서 가나안 땅을 정탐하고 돌아온 10명의 정탐꾼에 의해 이스라엘 선민 전체는 거대한 늪과 같은 시험 속으로 빠져들어 간다. 국가 체제를 완비한 가나안 거주민들과 아낙 자손 등 거인족을 보면서 자신들을 메뚜기처럼 느꼈다는 소감을 고스란히 접하게 된다. 그러자 모든 이스라엘은 이 정탐 보고에 휘말려 들게 된 것이다.

즉 가나안 거주민들의 있음에 대한 실감 앞에서 열 가지 재앙으로 초강대국 애굽을 초토화하시고, 홍해를 가르시며, 바로의 군대를 일시에 수장하시고, 만나를 먹이시고, 바위에서 물을 내시던 여호와 하나님의 있음에 대한 실감이 완전히 종적을 감추고 만다. 그리고 이렇게 끊임없이 시험에 빠지는 이스라엘 백성들에 대한 하나님의 인내도 여기서 끝이 난다. 결국 출애굽 한 장정 60만 명 중에 하나님 있음과 좋음에 대한 실감을 끝까지 유지한 여호수아와 갈렙 두 사람을 제외하고는 모두가 다 가나안 입성을 이루지 못한 채 광야에서 시체가 되고 만다.

믿음의 실감과 오감의 실감

선민이 시험에 든다는 것은 이처럼 마음에서 믿음의 실감이 오감의 실감에 밀려 버리는 상황을 가리킨다. 하나님은 스스로 있는 자로서 유일한 '있음'이다. 사람과 사건과 사물은 제아무리 대단해 보이는 경우라도 예외 없이 '있게 됨'이다. 하나님은 보이지도 들리지도 만질 수도 없이 오감(五感)을 초월하여 계신다. 그러므로 하나님의 있음을 느끼는 감각은 오감이 아니라 제육감(第六感)인 '믿음'이다. '믿음'이라는 제6의 감각으로만 우리는 하나님의 있음과 좋음을 실감할 수 있다. 예를 들어 오감 중 시각에 장애가 생기면 아무것도 볼 수 없는 경우와 같다. 시험에 듦은 제육감인 믿음의 감각에 장애가 온 것이다. 그래서 하나님으로부터 시작해서 모든 영적인 사실들에 대해서 믿음이라는 감각 신경이 죽어 버리는 것이다. 그래서 오감의 실감 앞에서 믿음의 실감은 종적을 감추어 버리고 만 상태이다. 믿음의 실감이 오감의 실감에 밀리고 뭉개져 버리는 것이다. 믿음의 감각이 죽어 버리면 모든 영적인 사실은 엄연한 사실임에도 불구하고 기껏해야 단지 교리로만 기억될 수 있을 뿐 실감의 세계에서 완전히 사라지고 만다.

열 가지 재앙과 홍해 도하 그리고 죽음의 땅인 광야에서 물과 고기와 만나를 공급하심 등등의 모든 사건은 오감에는 보이지 않고 들리지 않고 만질 수도 없지만 하나님 있음이 사실임을 드러내 보여 주시는 사건들이었다. 그런데 이런 모든 체험에도 불구하고 이스라엘 백성들의 마음 안에서는 눈에 보이는 가나안 거주민들을 보자마자 그리고 그들에 대한 보고를 듣자마자 곧바로 그 거주민들의 있음에 대한 실감이 하나님 있음에 대한 실감을 압도하고 뭉개 버린 것이다.

선민의 시험에 들기는 예외 없이 바로 이런 패턴을 반복하면서 일어난다. 믿음의 실감이 오감의 실감에 짓눌려 버리는 것이다.

그러면 정말 궁금하지 아니한가? 어떻게 열 가지 재앙과 홍해 도하와 만나와 같은 전대미문의 기적들을 체험하던 현장에서 하나님의 있음을 정말 강력하게 실감하고서도 이런 시험에 빠질 수가 있을까? 어떻게 조금만 시간이 지나면서 보이고 들리고 만질 수 있게 약간의 변수만 발생하면 그 즉시 보이지 않으시는 하나님에 대한 믿음의 실감이 이렇게 속절없이 오감의 실감에 밀려 버리고 마는 것일까?

이유는 의외로 간단하다. 마음에도 눈이 있다. 그런데 그 마음으로 바라보는 대상이 우선적으로 하나님이 아니기 때문이다. 마음의 시선이 언제나 육체로 만나는 이 세상에 있는 대상을 향하고 있기 때문이다. 즉 공백의 마음이 채움을 위하여 좋아하는 것이 하나님이 아니기 때문이다.

열 가지 재앙과 홍해가 갈라지는 기적의 현장에서 이스라엘 백성의 마음은 기적의 현상에 마음을 두었다. 이런 기적의 현상에 마음을 둠으로써 그런 기적들을 일으키시는 하나님 자신은 언제나 관심의 순번상 그다음이었다. 그래서 이스라엘은 언제나 삶의 현장에서 자기들이 원하는 바람과 소원을 위하여 필요할 때마다 일어날 기적을 기대하였다. 마음으로 하나님을 바라본 것이 아니었다. 기적이 일어날 때마다 하나님을 찬양하였지만, 찬양의 실질적인 대상은 기적이었지 하나님 자신이 아니었다. 선민인 이스라엘 사람들은 언제나 기적이 좋았을 뿐 하나님 자신이 좋았던 적은 한 번도 없었던 셈이다.

여호수아와 갈렙 두 사람이 다른 열 명의 정탐꾼과 다른 점이 무엇이었는가? 이들은 눈으로 보며 정탐하는 가나안 땅을 마음으로는 보고 있지 않았다. 가나안 땅에 대한 약속을 하나님께 들을 때도 이들은 약속하시는 가나안 땅에 마음을 빼앗기는 대신에 그런 약속을 해 주시는 하나님 자신을 먼저 보았다. 그러므로 가나안 거주민들을 눈으로 보고 있을 때도 마음은 하나님을 보고 있었다. 열 명의 정탐꾼은 이 두 사람처럼 자기들의 마음으로 하나님을 바라보지 않고 오직 약속하신 가나안 땅만 바라보고 있었다. 이런 마음의 시선이 하나님을 빗나감. 바로 이 마음의 시선이 빗나감이 하나님의 있음과 좋음을 계시받은 선민이 시험에 드는 유일한 이유이다.

마음으로 이 세상 것을 바라본다는 것은 그 의미가 분명하다. 바라보는 그 대상을 좋아한다는 것이다. 그래서 가지고 싶어서 바라며 소원한다는 뜻이다. 그런데 하나님의 유일한 있음과 좋음의 속성을 계시로 알게 된 선민이 이 세상을 향하여 자기 스스로 좋다고 여기는 것을 마음으로 바라보며 소원하고 있으면 이제 반드시 시험에 들게 되어 있다. 즉 자기가 바라는 것을 자기가 원하는 방식으로 손에 넣을 수 없게 되면 예외 없이 하나님의 있음에 대한 실감이 죽어 버린다. 이렇게 이 세상 대상을 마음으로 지속하여 바라보면서 그것을 가지고 싶어서 소원하는 선민이 하나님의 있음과 좋음에 대한 실감을 계속하여 유지할 수 있는 조건은 무엇인가? 하나님이 선민 자신이 원하는 이 세상 것을 원하는 방식으로 원하는 때에 원하는 만큼 안겨 주셔야 한다.

그러나 그런 일은 절대로 일어날 수 없다. 하나님은 이 세상에서 이루어지는 선민의 삶에 대해 유일한 책임자이시고 주권자이시기 때문이다. 하나님의 주권적인 뜻과 계획이 미리 앞서서 준비되지 않고 있는 선민 인생의 시간도, 영역도, 문제도 없다. 참새 한 마리가 땅에 떨어짐도 주장하시고 머리털까지도 다 세신 바 되는 상황에서 이 세상 삶의 영역 그 어디도 바늘 끝만큼도 빈틈없이 하나님의 주권적인 생각과 뜻과 계획은 준비되어 내려오고 있다.

이런 상황에서 선민이 무엇인가 세상을 향하여 자기 스스로 판단하여 좋음을 결정하고 그것을 마음으로 바라보면서 소원하는 일은 일종의 망동이며 대적함이다. 마음이 하나님을 바라보지 않고 다른 대상을 좋아하여 바라보고 있으면 반드시 뒤따르는 결과가 있다. 하나님이 살아 계셔서 삶의 모든 순간과 영역을 주권적으로 다스리신다는 사실을 전혀 실감하지 못하는 것이다.

그 대신에 자기 스스로 자기 삶을 책임지려는 자리에 서고 만다. 그리고 스스로 판단하고 생각하고 바라면서 자기 인생에 대해 주체성을 발휘하게 된다. 즉 자기 스스로 지금 자기가 좋아하는 것을 기준으로 삼아서 자기 삶에서 필요한 것이 무엇인지를 판단하여 추구한다. 그러면 이런 상황에서는 하나님조차도 그들의 판단에 따른 부족함과 필요를 그때그때 채워 주시는 분이 되셔야만 한다. 이런 삶의 방식에는 정말 매번 예외가 없다.

이처럼 선민이 하나님 자신 대신에 이 세상 것을 좋아하여 마음으로 바라보며 바라는 것이 있으면 어쩔 수 없이 그것을 얻고 싶은 마음으로 자기가 주체가 될 수밖에 없다. 그렇지만 안타깝게도 실제 삶은 그런 자의적인 바람대로는 절대로 진행될 수가 없다. 왜냐면 하나님이 당신의 주권적인 생각과 뜻을 포기하지 않으시는 한 충돌을 피할 수가 없기 때문이다. 이럴 때마다 반드시 선민은 시험에 드는 것이다.

세상에 대해서 하나님 말고 좋아하는 것이 따로 있으면 반드시 스스로 삶에 대해서 주체가 되지만 그렇게 주체적으로 바라는 대로는 절대로 삶이 이루어지지 않고, 그럴 때마다 하나님 있음과 좋음의 실감이 사라진다. 믿음이라는 제육감(第六感)으로 포착할 수 있는 하나님 자신의 있음과 좋음의 실감은 진즉에 사라진 지 오래다. 그러면 당연히 하나님의 이 세상 삶에 대하여 가지시는 주체성에 대한 실감 역시도 흔적도 없이 사라진다. 이제 오감(五感)으로 포착되는 이 세상에 대한 실감에 하나님에 대한 실감은 전체적으로 짓눌려 버리고 만다. 그래서 하는 말이 무엇인가?

'여호와께서 우리 중에 계신가 안 계신가?' 즉 전혀 하나님 있음 그 자체가 실감이 나지 않는다는 말이다. 이런 시험에 든 마음은 다양하게 표현된다. '하나님이 정말 있기나 한 것인가?', '하나님이 살아 계신다는 말이 과연 맞는가?', '하나님이 살아 계셔서 나를 보고 계시고 사랑하신다면 어떻게 이런 일이 일어날 수 있는가?' 등등 끊임없이 하나님 있음과 좋음과 주체성에 대한 의심을 뿜어낸다. '하나님이 어떻게 이러실 수 있어?', '하나님이 어떻게 저러실 수 있어?' 그러다가 점점 이런 질문조차 무의미한 것들이 되어 버리고 만다. 그리고 결국에는 정말 아무 미련 없이 살아 계신 하나님을 아주 등지고 떠난다. 자기의 제6 감각인 믿음의 감각이 죽어 버렸기 때문이라는 사실은 전혀 자각하지 못한 채 말이다.

선민들 즉 하나님을 아버지라 부르는 사람들이 시험에 드는 과정은 이처럼 두 단계를 거친다. 첫째, 하나님의 이름이 거룩히 여김을 받아 하나님만이 유일한 있음과 유일한 좋음의 대상이라는 사실이 실감 나지 않는 상태에서부터 시작한다. 그래서 이 세상 것을 하나님 대신 있다고 느끼고 좋다고 여기면서 바라고 소원하게 된다. 그러면 둘째, 세상에 대해서 스스로 책임지는 주체가 되어 자기 삶에서 그렇게 좋아하는 것을 얻기 위하여 스스로 생각하고 계획하고 추진하려 하는데 여기서 결정적으로 문제가 발생한다. 즉 하루 24시간 일 년 365일 삶의 전반에 걸쳐 실시간으로 물샐틈없이 내려오는 하나님의 주권과 내 주체성이 충돌한다. 이렇게 충돌할 때 자기의 입장을 스스로 철회하여 하나님의 있음과 좋음과 주체성을 먼저 인정하는 편으로 돌이키면 정말 잘하는 것이다. 그러나 그렇지 않고 세상 것의 있음과 좋음을 향한 자기의 입장을 광야의 이스라엘 백성처럼 목을 곧게 하여 끝내 유지하면 드디어 선민의 시험에 들기는 완결 단계에 접어들게 되는 셈이다.

시험에 들기는 나라가 임하기를 방해하는 상태

하늘 아버지가 수많은 관계로 이루어진 내 삶을 주권적으로 이끌어 가시는 일이 구체적으로 이루어질 때 절대로 내가 가져서는 안 되는 것이 바로 이 세상 삶에 대한 나의 소원이다. 그러면 하늘에서는 하나님을 잃어버리고 땅에서는 반드시 아버지의 주권 수행과 충돌이 일어난다. 하나님이 주권적으로 내 삶을 이끌어 가시는 나라가 임할 때 이 세상 사람들의 기준으로 보자면 도저히 성공이나, 번영이나, 형통으로 여길 수 없는 상황이나 결과가 얼마든지 주어질 수 있다.

그러나 아무리 세상 기준으로 형편없어 보이고 내 마음에서 역시 전혀 달갑게 여겨지지 않아도, 겉으로 볼 때 시시하고 바람직해 보이지 않는 모든 상황에도 사랑하심과 전지전능하심이 개입되지 않는 법은 없다. 하나님은 내 삶을 주권적으로 이끌어 가실 때, 나도 다 모르는 나의 사정과 나의 죄와 저주받은 특성과 내가 관계하는 사람들과 그들의 인격적이고 환경적인 사정과 낱낱의 문제점을 다 고려하신다. 그리고 이런 모든 사람과 관계 안에서 내 미래에 있을 일들 하나하나를 천 수 만 수 내다보시면서 최적이라고 여기셔서 지금 이런 상황을 내게서 이루어 가시는 중이시다.

그런데 내가 스스로 체질이 되어 버린 빗나감의 죄 속에서 나도 모르는 사이에 어느덧 하나님 대신에 이 세상 것을 마음으로 좋아하게 되었다고 하자. 이제 내 안에 무엇이 내게 좋고 나쁨인지를 판단하는 기준이 생긴 셈이다. 마음이 좋아하는 것을 얻는 일에 유리하면 좋은 것이고 불리하면 나쁜 것이 되어 버린다. 이제부터 이러한 판단 기준을 따라서 좋고 나쁨을 분별하여 무엇인가를 바라고 소원하게 되는데 그러면 이제 어떤 일이 벌어지겠는가? 정면충돌이다. 하나님 아버지가 당신의 전지전능하심으로 주도면밀하게 계산하셔서 주권적으로 이끄시는 내 인생에 대해서 나 스스로 선무당이 칼춤 추듯 내 주체성의 난동을 부려 대는 것이나 다름없다. 즉 절대로 내가 생각하고 소원하는 대로 내 인생은 흘러가지 않는다는 것이다.

그리고 이러한 충돌에 이어서 반드시 따라오는 일이 바로 시험에 듦이다. 내가 좋아하는 세상 것을 기준으로 삼아 판단하여 꼭 이루어지기를 소원하는 세상일이 일어나지 않으면 반드시 하나님 아버지의 살아 있음과 절대로 좋음과 하나님의 세상을 향한 주권자 되심에 대한 믿음의 실감이 내 안에서 뿌리째 흔들린다. 믿음의 회의가 샘물처럼 솟아나지 않을 수가 없다.

그리고 이렇게 스스로 세상일에 대해서 소원을 가지는 이방인의 모습을 십자가에서 중단하지 않아서 이런 시험에 들기가 반복되고 지속하다 보면 반드시 '믿음 무용론'으로 기울어지게 된다.

그러면 두 가지 중 하나를 택한다. 그냥 평생의 습관대로 기존 삶의 틀을 버릴 수 없어 종교인으로서 죽을 때까지 예배당을 들락거리든지,

아니면 좀 더 과감하고 용감하게(?) 하나님이라는 이름과 예배당 생활을 완전히 버리는 것이다. 전자의 경우가 영적으로 무기력한 채 매너리즘에 빠져 무늬만 남은 믿음 무효의 상태라면 후자는 좋아하는 이 세상 삶에 대해서 하나님이라는 이름을 부르는 일이 아무런 실제적인 소용이 없다고 확신하는 믿음 무용론자의 상태가 된다.

하나님의 이름을 부르는 사람으로서 시험에 들지 않으려면 절대로 이 세상을 향해서 스스로 소원하지 마라. 하나님의 전지전능하시고 주도면밀하신 주권적 이끄심과 반드시 충돌을 일으킨다. 즉 '하나님의 나라'와 '내 나라'가 충돌을 일으키는 상황이다. 하나님의 주권적인 뜻과 계획이 놓치고 있는 내 인생의 삶의 영역이나 문제는 티끌만큼도 있을 수가 없음을 믿고 실감하여야 한다. 그리고 이 세상을 향한 소원을 근본적으로 끊어 내려면 반드시 그리스도 연쇄 과정 속 예수님과 함께 '세상 탈출' '천국 진입'의 과정을 날마다 반복하면서 하나님의 있음과 좋음의 실감을 날마다 조금씩이라도 더 강화해 가야만 한다.

내가 스스로 이 땅에서의 내 삶을 향하여 소원과 바람을 가짐으로써 이 땅에서의 나의 삶을 향한 하나님의 주권을 방해하지 말라, 그 주권에 도전하지 말라. 그러면 반드시 시험에 든다.

내 삶을 향하시는 하나님의 주권 인정이 어려운 이유

하나님을 믿는다는 사람들이 실제로 시험에 드는 때는 결국 주체성의 충돌 상황이다. 내 삶에 대한 나의 주체성과 내 삶에 대한 하나님의 주체성이 충돌을 일으킬 때 선민은 시험에 든다. 달리 말하자면 하나님을 믿는 사람이라고 확신하는 중에 내가 이 세상에 대해서 지속하여 바라는 것이 있는데 그런 바람이 내 뜻대로 이루어지지 않을 때 나는 시험에 든다. 하나님이 원망스럽고 하나님 있음이 의심스럽게 된다.

그러므로 스스로 아무것도 바라지 말고 내 삶은 그냥 창조주이신 하늘 아버지의 주권자 되심에 넘겨드리면 된다. 내 몸이 있어 맺게 된 모든 관계 위로 아버지의 나라가 임하면 된다. 그런데 이 일이 삶의 현장에서 왜 그렇게 안 될까? 왜 나는 정말 끊임없이 나 스스로 이 세상 삶을 책임지려고 할까? 그러니까 내 판단에 좋다고 여기는 것을 은근히든 노골적으로든 바라고 소원하기를 중단하지 않는 것이 아닌가?

그런데 좀 면밀하게 따지고 보면 문제는 나에게만 있지 않아 보인다. 아버지의 주권 행사에도 문제가 있어 보인다는 뜻이다. 좀 자세히 관심을 가지고 보면 아버지가 주권적으로 나를 이끌어 가시도록 그냥 넋 놓고 맡겨 두기가 겁난다.

아버지는 유일한 좋음의 당사자이시고 그토록 좋은 천국의 주인이시다. 그곳에 영원 전부터 그 좋은 아버지와 함께 계시다가 땅에 오신 예수님은 그 천국이 얼마나 좋았던지 이 세상에서는 삶의 조건으로서 왕궁 상황이나 머리 둘 곳도 없는 상황 사이에서 별 차이를 느끼지 못하실 정도였다. 왕궁의 좋음이나 머리 둘 곳 없음의 나쁨이 천국 좋음을 알고 계시던 예수님에게는 정말 아무런 차이를 느끼지 못할 정도였다는 의미이다.

그리고 말씀하신다.

"지금 내가 아버지께로 가오니 내가 세상에서 이 말을 하옵는 것은 그들로 내 기쁨을 그들 안에 충만히 가지게 하려 함이니이다"(요 17:13)

즉 이제 예수님은 십자가 죽음과 부활과 승천을 거쳐 아버지께로 돌아가심으로써 하늘 길을 만드신다. 그런데 이런 길을 만드시는 이유가 예수님을 믿는 사람들의 마음도 날마다 하늘로 올라다님으로써 천국에서 예수님 자신이 아버지로 인해 갖게 되시는 기쁨을 똑같이 갖기를 원하시기 때문이라는 말씀이다.

그러니 하나님 아버지와 예수님에게는 '기쁨'이란 본래 하늘에서만 있는 것이다. 기쁠 만큼 만족하고 좋음은 이 땅에는 없다. 하늘 특산물인 기쁨은 하늘 아버지에게서 나오는 것이고 그런 기쁨의 원천이신 하나님 아버지 자신이 바로 예수님이 구원 사역을 통하여 믿는 자들에게 주시려는 핵심 내용이다.

사정이 이러면 이제 어떤 일이 벌어지는가? 이러한 좋음과 나쁨에 대한 감각과 기준으로 내 삶을 주권적으로 이끄시면 머리 둘 곳 없는 상황과 다를 바 없는 조건을 내 삶에서 허락하시고도 조금도 그런 상황이 모자란다고 생각하지 않으실 것이 분명하지 아니한가?

그래서였을까? 스데반 집사님의 경우는 정말 어처구니없는 상황이 집사님을 덮쳐 버린 셈이다. 사람이 가질 수 있는 한 최고조의 믿음의 상태에 이르신다. 얼마나 성령이 충만하셨든지 그런 험악한 위기 상황에서도 얼굴에서 광채가 뿜어져 나왔다. 최고로 좋은 믿음의 상황에서 스데반 집사님은 돌에 맞아 죽는다. 믿음 좋음과 세상 형편 좋음과 사이에는 마치 반비례의 법칙이라도 작용하는 듯하다. 참새 한 마리 땅에 떨어짐도 주관하시는 아버지의 주권적 다스리심이 이렇게 최고의 믿음 상태에서 돌에 맞아 죽는 스데반 집사님의 죽음의 순간에만 멈추었을 리는 없다.

그리고 앞장서서 스데반 집사님을 이토록 참혹한 죽음으로 몰아넣었던 장본인인 바리새인이었던 사울의 상황 역시 만만치 않다. 사울이 다메섹 도상에서 부활하신 예수님을 극적으로 만나서 사도 바울이 된 후에 이방 지역의 사도로 임명되고 나서 겪은 다양한 난관과 고통은 차마 듣고 있을 수가 없다.

"그들이 그리스도의 일꾼이냐 정신 없는 말을 하거니와 나는 더욱 그러하도다 내가 수고를 넘치도록 하고 옥에 갇히기도 더 많이 하고 매도 수없이 맞고 여러 번 죽을 뻔하였으니 유대인들에게 사십에서 하나 감한 매를 다섯 번 맞았으며 세 번 태장으로 맞고 한 번 돌로 맞고 세 번 파선하고 일 주야를 깊은 바다에서 지냈으며 여러 번 여행하면서 강의 위험과 강도의 위험과 동족의 위험과 이방인의 위험과 시내의 위험과 광야의 위험과 바다의 위험과 거짓 형제 중의 위험을 당하고 또 수고하며 애쓰고 여러 번 자지 못하고 주리며 목마르고 여러 번 굶고 춥고 헐벗었노라"(고후 11:23-27)

창조주이신 하나님은 동시에 그 전지전능하심을 동원하여 이 세상을 주권적으로 다스리시는 주권자가 아니신가? 그런데 창조주요 주권자이신 하나님은 어떻게 자기의 여생을 걸고 이방 땅을 돌아다니면서 그토록 열악한 환경을 마다하지 않고, 전도에 모든 것을 다 바치던 사도 바울의 인생을 이럴 정도로 참담한 여정으로 이끄실 수밖에 없었을까? 정말 환경 좋음은 믿음 좋음에 반비례하는 것일까?

이런 상황에서 이상한 것은 비단 하나님의 주권 행사만이 아니다. 스데반 집사님과 사도 바울 당사자들은 더욱 이상하다. 어떻게 이런 상황에서 하나님의 있음과 좋음과 주권자 되심을 조금도 의심하지 않을 수가 있느냐는 것이다. 이들은 이런 험악하고 고통스러운 삶의 조건들이 아무리 다가와도 그런 가운데 하나님의 있음과 좋음과 주권자 되심에 대한 확신의 체계가 전혀 흔들림이 없었고 그래서 시험에 들지 않았다.

이런 예는 비단 두 사람의 경우에만 해당하는 것도 아니다. 다른 사도들의 삶도 믿음 좋음과 세상 환경 좋음 사이에서 정말 성립이라도 되는 듯한 반비례의 법칙을 보여 준 것은 마찬가지였다. 그리고 무려 250여 년을 카타콤을 전전하면서 대를 물려 가며 믿음의 정절을 지켜 왔던 모든 신앙의 선진이 이 점에서는 다 똑같았다. 그들은 끝내 시험에 들지 않았다.

이유는 하나다. 채움의 만족과 기쁨을 느끼는 마음이 육체로 만나는 이 세상에서 훌쩍 떠나 있었기 때문이다. 그들은 아예 만족과 기쁨을 이 세상 안에서는 조금도 얻을 수 있을 것으로 기대하지 않았다. 그럴 수 있었던 이유가 바로 십자가에서 못 박혀 죽은 예수님과 이룬 철저한 연합 덕분이었다.

스데반 집사님의 빛이 뿜어져 나오던 얼굴도, 항상 기쁨과 쉬지 않는 기도와 범사에 감사를 유지할 수 있었던 사도 바울도, 카타콤의 초대 성도들이 시험에 들지 않음도 이유는 마음이 예수님 안에서 이 세상을 떠나 하늘에 가서 머물고 있었기 때문이었다. 한마디로 말해서 좋고 나쁨을 느낄 감각 자체를 이 세상 환경으로부터 베어 내서 하늘로 옮겨 심어 버린 것이다. 기쁨을 틀어막고 제거하는 금욕이 아니라 제대로 된 천국 특산품 기쁨만을 누리기 위하여 마음을 천국으로 옮겨 가 버린 것이다.

그리고 하나님은 이런 믿음의 상태를 우리에게 전달하여 알려 주기를 원하셨다. 믿음 좋음과 이 세상 환경 좋음 사이에서 진짜 작용하기라도 하는 듯한 반비례 법칙의 현상들을 의도적으로 드러내 보여 주신 이유기도 하다. 그럼으로써 믿음 좋음은 세상을 이기는 것이지 세상을 많이 가지는 것이 아니라는 사실을 보여 주려 하셨다.

세상을 가지려 하면 반드시 시험에 든다. 그러나 세상을 이기려 하면 못 이길 사람이 없다. 십자가에 못 박힌 예수님 안에서 이미 세상을 이김이 이루어졌기 때문이다.

세상을 이김이란 무엇인가? 분명하다. 이 세상에서 사람들이 침 흘리면서 열망하는 좋다고 하는 가치들이 아무리 없어도 만족과 기쁨을 더욱 온전히 누리는 상태가 세상을 이김이다. 간단히 말해 만족과 기쁨을 위해 세상이 전혀 필요 없음이 세상을 이김이다. 머리 둘 곳 없이 살아도 마음이 예수님 안에서 하늘로 올라가 천국 특산물인 참기쁨을 누리는 바람에 조금도 부족함을 느끼지 않는 상태가 바로 세상을 이김이다. 만족과 기쁨을 위해 반드시 이 세상 것이 필요한 상태가 바로 이 세상에 지는 것이고 세상의 노예가 되는 것이 아니면 무엇이겠는가.

그래서 하나님의 주권적 이끄심은 종종 내게서 이 세상적인 좋음을 철저히 제거하시는 형태로 나타난다. 이 세상 것에 대한 상실감과 고통과 난관 앞에 나를 몰아세우신다. 이런 모든 상황에서 하나님은 우리 마음이 땅에 남아 있으면서 괜히 시험에 들지 말고 하늘로 오라고 부르시는 것이다.

스데반 집사님이 외치신다.

"보라 하늘이 열리고 인자가 하나님 우편에 서신 것을 보노라"(행 7:56)

돌에 맞아 죽게 된 절체절명의 위기 앞에서 스데반 집사님의 마음은 하늘로 올라간다. 아무리 급박해도, 아무리 억울해도, 아무리 분해도, 아무리 아까워도, 아무리 아파도 이 땅의 상황을 아버지의 주권에 넘겨 드리고 마음이 하늘로 올라간 자는 이런 모진 감정의 격랑에 휩싸여 시험에 드는 대신에 다음과 같은 장면을 드러낼 수 있게 된다.

"무릎을 꿇고 크게 불러 이르되 주여 이 죄를 그들에게 돌리지 마옵소서 이 말을 하고 자니라"(행 7:60)

마음은 반드시 날마다 그리스도 연쇄 과정 속 예수님과 연합함으로써 육체의 오감을 통해 접하는 이 세상 삶의 현장을 떠나 하늘 아버지 계시는 천국으로 출석이라도 하듯이 올라가야 한다. '세상 탈출, 천국 진입'이 날마다 우리 일상의 모든 삶의 현장에서 절대불변의 좌우명(Motto)이 되어야 한다. 그래서 하나님 크기로 비어 있는 마음을 채우는 만족과 기쁨의 문제는 어쨌든지 천국 보좌에 앉으신 하나님 한 분만을 열망함으로 끝을 보고 매듭을 지어야만 한다.

그렇지 않고 마음이 육체와 더불어 이 세상에 계속 머물면 이 세상을 향하여 내가 스스로 판단과 바람과 소원을 가지지 않을 수 없다. 그리고 이 판단과 바람과 소원은 반드시 하늘 아버지의 내 삶에 대한 실시간 주권 행사와 충돌을 일으키지 않을 수 없다. 그 결과 아버지 하나님의 유일하신 있음과 유일하신 좋음과 유일하신 주체성이라는 엄연한 사실들이 내 의식 안에서 의심에 휩싸이게 된다. 세상 실감이 믿음의 실감을 약화하고 밀어내고 뭉개 버리게 된다. 결국 시험에 들고 마는 것이다.

"시험에 들지 말게 하옵소서."

이 간구는 그러므로 '우리 하늘 아버지의 주권이 물샐틈없이 실시간으로 내려오는 이 세상 삶의 현장을 내 마음이 완전히 떠나게 하여 주시옵소서. 세상에는 내 나라가 없어지고 아버지의 나라가 임하기만 하면 됩니다. 그러니 이제 내 마음은 십자가에서 예수님과 연합하여 세상에 대해 철저히 죽게 하여 주시므로 부활 승천을 따라 보좌 우편에 가서 머물게 하여 주시옵소서. 그리하여 오직 유일한 있음이시고 좋음이신 하나님 한 분만으로도 충만한 만족과 기쁨을 누리게 하여 주시옵소서. 그래서 이 땅의 삶의 현장에서 하나님이 어떻게 주권을 행사하시든지 결코 충돌과 갈등이 없게 하여 주시옵소서. 그리하여 어떤 일이 내 삶에 벌어지더라도 아버지의 유일하신 있음과 유일하신 좋음과 유일하신 사랑의 주체성을 의심하는 시험에 들지 않게 하여 주시옵소서!'라는 내용을 담고 있다.

XII. 다만 악에서 구하옵소서

생각과 말과 행동을 위한 한 가지 간구

약관의 나이에 왕위에 오른 솔로몬이 일천 번이나 번제를 드리면서 여호와 하나님께 간구한 내용은 백성들의 송사를 다룰 때 하나님의 판단을 듣는 마음을 달라는 것이었다. 왕위에 오른 20세 청년인 솔로몬의 이러한 간구를 들으시고 하나님은 정말 크게 기뻐하신다.

"솔로몬이 이것을 구하매 그 말씀이 주의 마음에 든지라 이에 하나님이 그에게 이르시되 네가 이것을 구하도다 자기를 위하여 장수하기를 구하지 아니하며 부도 구하지 아니하며 자기 원수의 생명을 멸하기도 구하지 아니하고 오직 송사를 듣고 분별하는 지혜를 구하였으니 내가 네 말대로 하여 네게 지혜롭고 총명한 마음을 주노니 네 앞에도 너와 같은 자가 없었거니와 네 뒤에도 너와 같은 자가 일어남이 없으리라 내가 또 네가 구하지 아니한 부귀와 영광도 네게 주노니 네 평생에 왕들 중에 너와 같은 자가 없을 것이라"(왕상 3:10-13)

솔로몬이 구한 '듣는 마음'은 다른 것이 아니었다. 땅에서 일어난 모든 송사에 대해서 하늘에 계신 하나님은 이미 판단과 생각과 뜻을 반드시 가지고 계실 것임을 솔로몬은 믿었다. 그러므로 하나님의 판단과 생각과 뜻을 따라서만 송사를 처리할 수 있게 해 달라고 간구한 것이다. 왕위에 오른 젊은 사람으로서 정말 아무것도 구하지 않고, 다만 하나님의 판단과 생각과 뜻만을 들을 수 있는 마음만을 구하였다.

이 솔로몬의 간구가 바로 "다만 악에서 구하옵소서!"라는 간구였다. 꼭 왕으로서 백성들의 문제를 재판하는 일이 아니라도 우리가 일상의 삶을 사는 동안 실제 삶의 현장에서 내가 직접 몸으로 말하고 행동하여야 하는 모든 상황에서 구하여야 할 단 한 가지 간구가 바로 "다만 악에서 구하옵소서!"이다. 우리의 말과 행동은 장수나 부귀나 명예나 그리고 형통과 성공과 번영을 향한 추구가 되어서는 안 된다. 우리의 말과 행동은 다만 악이 아니어야 한다. 또한 내 인생은 내가 하는 말과 행동이 다만 악이 아니기만 하면 그 나머지는 아무런 다른 걱정하지 않아도 된다. 내 삶을 이루는 모든 관계 위로 내가 직접 맞닥뜨리지 않는 모든 시간에 하나님의 주권이 내려와 아버지의 나라를 이루어 가신다. 나는 그냥 지금 당장 내 몸을 움직여서 말하고 행동해야 하는 타이밍에 악이 빠지지 않기만 하면 된다.

여기서 우리가 절대로 빠지면 안 되고 행하면 안 되는 '악'이란 대체 무엇인가? 앞에서 우리는 "뜻이 하늘에서 이루어진 것같이 땅에서도 이루어지이다"라는 간구의 내용을 살펴보았다. 이 땅에서 오늘 내가 해야 할 말과 행동은 하늘에서 이미 이루어져 있지 않은 것이라고는 단 하나도 없다. 마치 글씨본의 글자가 점선으로 쓰여 있듯이 미리 정해져 있다. 솔로몬이 구한 간구의 내용도 이처럼 송사를 진행할 때 바로 이렇게 이미 하늘에서 이루어진 하나님의 점선의 뜻을 듣는 마음을 달라는 것이었다.

그러므로 "다만 악에서 구하옵소서!"라는 간구에서 '악'이란 이 땅에서 하는 우리의 말과 행동이 바로 이 하늘의 점선을 따르는 실선이 아닌 모든 경우를 가리킨다. 즉 하늘에서 이미 이루어진 뜻을 따르지 않고 별도로 하는 모든 말과 행동이 모조리 다 '악'이다. 우리의 말과 행동은, 아니 더 근원적으로는 우리의 생각조차도 하늘에서 이미 이루어진 아버지의 뜻을 따르는 것들이 아닌 한 모두 다 악이다. 이 사실에는 예외가 없다. 그래서 인간으로 오신 예수님도 다음과 같이 정말 답답해 보이게 사셨다.

"그러므로 예수께서 그들에게 이르시되 내가 진실로 진실로 너희에게 이르노니 아들이 아버지께서 하시는 일을 보지 않고는 아무것도 스스로 할 수 없나니 아버지께서 행하시는 그것을 아들도 그와 같이 행하느니라"(요 5:19)

어떻게 근본이 하나님이신 분이 "아무것도 스스로 할 수 없나니"라고 하실까? 아버지께서 하늘에서 이루신 뜻을 등지고 땅에서 무엇이든지 스스로 하는 말과 행동은 모조리 다 악이기 때문이다. 예수님이 이렇게 말씀하신 이유가 이 땅에서 몸으로 만나는 모든 상황에서 스스로 말하고 행동하실 능력이 없기 때문이 아니었음은 말할 나위가 없다. 예수님은 스스로 얼마든지 오직 의로운 말과 행동만을 하실 수 있는 분이시다. 그러나 이처럼 영원 전부터 하나님이신 예수님의 말과 행동일지라도 이 '악'의 문제에서는 예외가 없음을 명백하게 밝히신 것이다. 즉 예수님조차 일단 이 땅에서 인간으로서 사시는 동안은 하늘에서 이루어진 뜻을 등한시하고 스스로 하신 말과 행동이라면 다 악이 된다는 사실을 우리들의 깨달음을 위하여 드러내 놓고 인정하신 셈이다.

죄와 악

죄와 악은 어떻게 다른가? 죄는 내 존재의 상태를 가리킨다. 반면에 악은 그런 죄악 된 존재의 상태에서 하는 모든 생각과 말과 행동을 가리킨다. 죄는 엄연한 사실인 창조주요 주권자이신 하늘 아버지의 유일한 있음과 유일한 좋음과 유일한 주체성에 대해서 의식이 죽은 상태이다. 즉 하늘 아버지가 하나님으로서 가지시는 이런 세 가지 속성에 대하여 내 의식이 일상적 삶의 현장에서 전혀 실감하지 못해서 반응하지 못하는 상태이다. 엄연한 사실인 하나님의 세 가지 속성과 하나님 관련 영적 사실들에 대해서 믿음의 감각이 죽은 상태가 정상으로 간주되는 상황이 바로 죄이다.

이제 이 죄에서 악이 나온다. 죄가 나무라면 악은 열매인 셈이다. 언제 어디서나 내 마음에서 가장 가까이 계시는 하나님의 있음을 실감하지 못하니까 내 의식에는 항상 이 세상에 있는 대상들의 있음을 느끼는 존재감으로 충만하다. 이 상태가 바로 죄다. 그런데 이런 상태에서 생각하고 말하고 행동한다. 이러한 모든 생각과 말과 행동이 바로 악이다.

또한 내 마음을 온전히 채울 수 있는 유일한 좋음이 하나님이라는 사실을 실감하지 못하니까 내 욕구는 언제나 이 세상에서 사람들이 합의한 좋음만을 향하며 열망한다. 이 상태가 바로 죄다. 그런데 이런 상태에서 생각하고 말하고 행동하면 이 모든 활동이 바로 악이다.

그리고 하나님의 이 세상을 향한 유일한 주권자 되심을 전혀 실감하지 못하니까 끊임없이 이 세상 삶에 대해 책임감을 느끼면서 스스로 주체가 된다. 오직 하나님을 열망하며 관계하는 일에만 다 투입되어야 할 주체성이 과녁을 빗나간 것이다. 이 상태가 바로 빗나감의 죄다. 그런데 이렇게 빗나감의 상태에서 생각하고 말하고 행동한다. 이것이 바로 악이다.

이렇게 육체의 오감으로 만나는 대상들에 대한 실감이 제육감(第六感)인 믿음으로 만나야 하는 대상이신 하나님에 대한 실감을 압도하고 짓누르고 뭉개 버린 상태가 바로 죄의 상태이다.

악은 이렇게 오감 실감이 믿음 실감을 압도하여 뭉개 버린 상태에서 발생하는 모든 생각과 말과 행동이다.

예를 들어 심각한 재정 문제가 발생했다고 해 보자. 그러면 대부분 오감으로 느끼는 재정 문제 있음의 존재감이 마음에 충만하게 된다. 그 실감의 강도는 이루 말로 다 할 수가 없는 상태가 된다. 그러면 이런 상태에서는 하나님 있음에 대한 믿음 실감은 그야말로 제로 상태가 된다. 이 상태가 바로 죄다.

이렇게 세상 실감이 막강하게 된 죄의 상태에서 신을 찾는 것이 바로 종교다. 이런 상황은 기독교 종교도 마찬가지다. 즉 하나님 있음 실감이 돈 문제 실감에 밀려 버리고 뭉개지는 죄의 상태를 고스란히 유지하면서 예배당에 오거나 기도원으로 가서 하나님을 부르며 예수님의 이름으로 기도한다. 돈 문제를 해결해 달라고 간절히 부르짖는다. 그러면 이 기도 자체가 바로 죄의 상태에서 나오는 악이다. 돈 문제 있음을 하나님 있음보다 더 강하게 느끼는 빗나감의 죄의 상태를 유지하면서 삶의 문제를 해결해 달라고 하나님의 이름을 부르면 그 자체가 악이고, 예수님의 이름으로 기도하는 그 역시도 소름 돋는 악이다.

하나님의 이름을 일단 입으로 불렀으면 그 이름이 거룩히 여김을 받아야 한다. 즉 하나님의 이름에 대해서만 내 마음이 있음의 존재감을 느끼고 좋음을 향하는 욕구가 발동해야 한다. 그리고 당면한 돈 문제를 포함하여 내 삶의 모든 영역과 문제에 대해서 오직 하나님만이 유일하게 책임지는 주체가 되심을 반드시 인정해야 한다. 하나님 이름을 불렀으면 이렇게 세 가지 속성에 대해서 반드시 실감해야 한다. 그리고 이 믿음 실감은 오감으로 만나는 그 어떤 대상이나 사건에 대한 실감보다 더 커야만 한다.

그리고 예수님의 이름도 마찬가지이다. 예수님의 이름을 불렀으면 반드시 그리스도 연쇄 과정 속 예수님과 연합하여 이 세상에 대해서 죽고 하나님에 대해서만 살기 위하여 '세상 탈출 천국 진입'을 이루어야 한다. 예수님의 십자가 죽음과 부활에 연합하여 세상 탈출함도 없고, 예수님의 승천과 보좌 우편에 앉으심에 연합하여 천국 진입함도 없이 마음은 땅에 밀착한 채로 예수님의 이름만을 부르는 일은 예수님께서 그리스도로서 이루신 사역을 자기 스스로 무효화시키는 셈이다.

반드시 그리스도 연쇄 과정 속 예수님과 연합함으로써 세상 탈출 천국 진입을 날마다 생활화하여야 우리는 죄와 저주에서 벗어날 수 있다. 또한 그래야만 죄와 저주의 상태에서 하늘 점선의 뜻과는 무관하게 생각하고 말하고 행동하는 악에 빠지지 않을 수 있다. 생각하고 말하고 행동하는 동안 악에 빠지지 않으려면 반드시 우리 마음이 먼저 죄와 저주의 상태에서 빠져나와야 한다.

죄와 저주에서 빠져나옴은 결국 늘 있음을 의식하고 좋음을 욕구하는 우리 마음이 이 세상을 빠져나가 하늘로 들어가야만 이루어질 수 있다. 마음이 이 세상 안에 머물러 있음이 바로 죄와 저주의 상태가 지속할 수밖에 없는 절대적인 조건이며, 그 상태로 이 세상에서 하는 모든 생각과 말과 행동은 모조리 다 악이다. 모든 종교적인 생각 말과 행동도 마찬가지이다. 마음이 그리스도 연쇄 과정 속 예수님과 연합하여 '세상 탈출 천국 진입'을 이루지 못하고 있는 상태에서 이 세상에 갇힌 상태로 행하는 모든 종교적인 활동은 기독교 종교를 포함해서 모조리 다 악이다.

예수님 십자가에서 날마다 일천 번씩 죽자

　우리의 생각과 말과 행동은 악에만 빠지지 않으면 된다. 솔로몬이 왕위에 올랐을 때 왕으로서의 원대한 꿈과 포부를 드러내면서 장수도 부귀도 영광도 구하지 않았음을 하나님은 너무 기뻐하셨다. 이 지구상에서 사는 사람 대부분의 생각과 말과 행동은 솔로몬의 경우와는 다르게 이 세상에서의 형통과 성공과 번영을 과녁 삼지 않는 것이라고는 거의 없다. 소위 이 세상 삶에서 자기 미래를 위해서 스스로 가지는 바람, 소원, 꿈, 비전 등이 그 자체로 악이라는 사실을 아는 사람이 드물다.
　창조주요 주권자이신 하나님 있음도 좋음도 주체성도 전혀 실감하지 못하는 죄와 저주의 상태에서만 사람은 이 세상을 향하여 스스로 바람과 소원과 꿈과 비전 따위를 가질 수 있다는 사실을 전혀 모른다. 그러고는 그런 죄와 저주의 산물인 이 세상을 향한 바람과 소원과 꿈과 비전을 이루기 위하여 생각하고 말하고 행동한다. 하나님 실감이 죽어 버린 죄와 그런 상태에서 생각하고 말하고 행동하는 악을 끊임없이 활성화하면서 중첩되게 쌓아 간다.

　더는 이렇게 살지 말자. 이 땅에서 내 몸으로 사는 삶을 위하여 필요한 모든 바람과 소원과 꿈과 비전은 내 인생에 관한 것임에도 불구하고 온전히 이 땅을 향한 유일한 주체이신 하늘 아버지의 몫이다. 그러므로 솔로몬처럼 하자. 솔로몬은 아버지 다윗왕이 이루어 놓은 전성시대를 통해 바위같이 굳건해진 무소불위의 왕좌에 올랐으나 다만 악에 빠지지 않기만을 기도하였다. 그래서 하늘에서 이루어진 뜻을 따라가지 않는 한 그 어떤 판단도 스스로 하지 않기 위하여 "듣는 마음"을 간구하였다. 그것도 그냥 입으로만 간구하지 않았다. 무려 일천 번의 번제를 드리면서 간구하였다.

'일천 번제'의 의미가 무엇인가? 구약의 대표적인 제사인 번제는 당시 이방 종교에서처럼 신께 드리는 헌물(獻物)이나 뇌물이 아니었다. 구약 성서 시대의 모든 희생 제물은 제사하는 당사자를 그 안에 담는다는 의미가 있었다. 즉 하나님 앞에서 희생 제물과 제사하는 당사자를 동일시하는 것이다. 그래서 희생 제물을 각을 떠서 제단 위에서 올려놓고 불로 살라 태우는 일은 하나님 앞에서 제사하는 당사자가 그렇게 희생 제물의 짐승처럼 제단에서 죽는 일을 의미하였다. 그러므로 솔로몬이 하나님께 일천 번의 번제를 드렸다는 의미는 그렇게 많은 헌물을 신에게 바쳤다는 뜻이거나 하나님을 자기가 원하는 대로 움직이기 위하여 뇌물을 드린 것이 아니었다. 하나님 앞에서 자기 자신을 일천 번이나 죽였다는 뜻이다.

왜 구약의 선민들은 자기를 희생 제물과 동일시하여 그렇게 각을 떠서 죽여야만 했는가? 죄와 악 때문이었다. 엄연히 하나님이 살아 계셔서 주권적으로 다스리시는 이 세상 안에서 하나님 있음보다 세상 것 있음의 존재감을 더 강하게 실감하며, 하나님 좋음보다 세상 좋음을 더 강하게 욕구하고, 하나님의 주체성보다 자신의 주체성을 앞세우기를 밥 먹듯이 하는 죄와 저주에 찌든 자신을 번제단에서 불로 살라 죽여야 했다. 그래야만 살아 계신 하나님과 실시간 소통하는 관계가 가능했으니까 말이다.

그러므로 솔로몬이 드린 일천 번제의 의미는 분명하다. 앞으로 왕의 자리에서 해결해야만 할 수많은 송사에서 스스로 판단하고 생각하고 말하고 행동하는 자기 자신을 일천 번 죽인 것이었다. 천이라는 숫자는 충만함을 의미하는 10을 세 번 곱한 숫자로서 충만함을 극단적으로 강조하는 의미가 들어 있다. 즉 솔로몬은 하나님이 보시는 앞에서 왕좌에 오른 자로서 스스로 판단하고 생각하고 말하고 행동하는 자기의 죽음을 정말 완전하고 철저히 이루고 싶었다. 그래서 오직 하늘에서 내려다보시는 하나님의 판단과 생각과 뜻만을 듣는 마음으로 이 땅의 모든 재판을 담당하기를 원했다.

이러고 보면 솔로몬의 일천 번제는 정말 공생애 때 예수님의 삶의 방식에 대한 예표였음을 알 수 있다.

"내가 아무 것도 스스로 할 수 없노라 듣는 대로 심판하노니 나는 나의 뜻대로 하려 하지 않고 나를 보내신 이의 뜻대로 하려 하므로 내 심판은 의로우니라"(요 5:30)

솔로몬이 일천 번씩이나 번제를 드리면서 바란 것도 예수님처럼 바로 하늘 아버지이신 하나님 여호와로부터 '듣는 대로 심판'하기였다. 그리고 이런 솔로몬의 간절한 바람을 하나님은 너무나도 기뻐하신 것이었다.

이 세상에서의 형통 성공 번영 따위는 우리가 직접 구하지 않아도 된다. 삶에서 만나는 변수들이나 문제들을 해결해 달라고 구하지 않아도 된다. 아니 이렇게 삶의 사안들에 관하여서는 우리의 판단과 생각을 따라 간구하면 절대로 안 된다. 나의 머리털까지 다 세시는 하나님의 세밀한 주권 행사에 충돌을 일으켜 아버지의 나라가 임하는 일을 철저히 방해할 뿐이다.

우리는 다만 악에서 구하여지기만 하면 된다. 그래서 하나님을 솔로몬처럼 기쁘시게만 하면 된다. 우리 삶에 관련된 나머지 모든 일은 다 하나님의 아버지로서 가지시는 사랑과 주권 안에 계획된 대로 이루어져 갈 것이다.

제발 믿자. 날마다 이 세상 삶의 현장에서 생각하고 말하고 행동해야 하는 우리는 다만 악에서 구하여 주시기만을 간구하면 된다. 성공 번영 형통 따위는 정말 염두에도 두지 말아야 한다. 이 세상적인 기준으로 볼 때 하나님의 주권적인 계획 이상으로 삶의 상황이 올라갈 수도 없고, 그 이하로 떨어질 수도 없다. 세상 기준으로 어떻게 보이든 우리는 그냥 주어지는 대로 감사하면 된다. 중요한 단 한 가지 일은 다만 악에 빠지지만 않는 일이다.

진정으로 다만 악에서 구하여 주시기를 바라는가? 정말 그것이 절실한 소원이라면 걱정하지 말라. 우리에게도 그렇게 간절함과 절실함을 표현할 수 있는 솔로몬의 일천 번제가 가능하다. 날마다 눈에 보이지 않으시는 하나님보다 눈에 보이는 이 세상 대상들을 더 강하게 실감하는 죄와 저주의 상태에서 스스로 판단하고 생각하고 말하고 행동하며 악으로 기울어지려는 나를 하루에도 일천 번씩 죽일 수 있다. 예수님의 십자가가 있기 때문이다. 구약의 모든 제사는 어린양 예수님이 못 박혀 죽은 십자가 사건의 예표이다. 솔로몬의 일천 번제의 원형이며 그 완성도가 궁극적으로 충만한 제사가 바로 예수님의 십자가 죽음이다.

일상적 삶의 현장에서 생각하고 말하고 행동해야 할 때 이 세상의 형통과 성공과 번영은 다 제쳐 두고, 다만 악에 빠지지 않기를 정말 원하는가? 그러면 예수님의 십자가를 바라보면서 날마다 나를 천 번씩 죽이는 일천 번제를 드리자. 제육감(第六感)인 믿음의 실감이 죽어 버리고 오감의 실감이 기세가 등등한 채로 스스로 판단하고 생각하고 말하고 행동하려는 순간을 놓치지 말자. 그래서 그렇게 악으로 빠지려는 나를 날마다 예수님의 십자가로 일천 번씩 죽이면 우리는 비로소 악에 빠지지 않을 수가 있다.

예수님의 십자가에서 매일 모든 삶의 현장에서 일천 번씩 죽으면 생각하고 말하고 행동해야 하는 모든 순간에 솔로몬에게 지혜가 임하였던 것처럼 우리에게도 지혜가 임한다. 솔로몬이 받은 지혜는 무엇인가? 다름 아닌 하늘에서 이루어진 뜻이 솔로몬의 생각과 감정과 의지의 기능 안으로 들어온 것이었다. 이 땅에서 생각하고 말하고 행동해야 하는 모든 순간 하늘에서 이루어진 뜻이 땅으로 내려오면 그것이 내 소원이 되고 내 지혜가 되고 내 생각이 되고 내 말과 행동이 되어 나타난다.

"다만 악에서 구하시옵소서!"
이 간구를 다시 쓰면 이렇다.
'하늘에 계시는 우리 아버지. 제 안에서 하나님의 있음과 좋음과 주체성에 대한 실감이 이 세상에 대한 실감으로 인해 약화 되고 죽어 버렸습니다. 이렇게 죄와 저주에 찌든 내가 예수님의 십자가에서 날마다 천 번씩이라도 죽은 자가 되겠사오니 용서하여 주시옵소서.

그리하여 그런 죄와 저주의 상태에서 생각하고 말하고 행동하는 악을 범하지 않게 하여 주시옵소서. 십자가에서 예수님과 함께 연합하여 세상에 대해서 죽고, 부활하신 예수님과 함께 하늘에 대해서만 살아 있게 하여 주시옵소서. 그래서 오직 솔로몬에게서처럼 듣는 마음을 허락하여 주시옵소서. 그리하여 저의 모든 판단과 생각과 말과 행동에서는 오직 아버지가 하늘에서 점선으로 이루신 판단과 생각과 뜻만이 나타나 실선으로 이루어지게 하여 주시옵소서!'

XIII. 나라와 권세와 영광이
아버지께 영원히 있사옵나이다

나라가 영원히 아버지의 것이다

　여기서 '나라'는 지금 지구 위에 산재하는 '국가'들을 가리키시는 것이 아니다. 수없이 많은 모든 관계를 포함하는 한 사람이다. 즉 사람은 사는 동안 몸을 통해서 수없이 많은 관계들을 맺는다. 가족들을 비롯하여 직장이나 각종 소속과 신분과 지위에 따라서 다양한 관계들을 이룬다. 그리고 한 사람이 맺는 관계의 영역과 범위는 이렇게 몸으로 만나서 직접 상대하는 일차적인 관계로 끝나지 않는다. 그 사람이 직접 상대하는 관계의 대상들은 예외 없이 각자가 또 다른 대상들과 관계를 맺는다. 이렇게 연쇄적으로 이어지는 관계들의 범위를 다 포함하면 정말 그 크기는 지구 위에 현존하는 하나의 국가보다 작지 않다. 이처럼 수없이 많고 다양한 관계들을 포함하는 한 사람은 그 자체 거대한 사건이고 나라다.

　부부가 서로 마주 보고 있어도 각자가 자기 몸을 중심으로 하여 맺어지는 수많은 관계들을 포함하는 두 개의 나라가 마주하는 중이다. 노예와 주인의 관계에서도 노예는 마음대로 할 수도 없지만 그런 형편의 자기 몸을 중심점으로 삼아 바라보며 맺는 관계들로 이루어진 나라이고, 주인 역시 이 점은 마찬가지이다. 그래서 가정에는 가족 숫자만큼의 나라가 있고, 한 국가 안에는 국민 숫자만큼의 나라가 있으며, 이 세상에는 전 세계 인구 숫자만큼의 나라가 있다.

　이 모든 나라들을 어느 한 나라도 빠짐없이 우리의 하늘 아버지이신 하나님이 주관하신다. 그리고 이렇게 주관하심에는 두 가지 방식이 있다.

첫째, 하나님의 이름이 거룩히 여김을 받는 사람일 경우는 그 사람 안으로 하나님의 주권이 방해받음 없이 내려온다. 그래서 그 사람이 몸이 있어서 맺는 모든 관계의 통로를 따라 모든 관계의 대상들에게 하나님의 창조적인 주권적 다스리심이 흘러간다. 여기서 창조적인 주권이란 하나님 아버지께서 자발적으로 이루고 싶어 하시는 뜻과 계획을 수행하시는 주권을 일컫는다. 이런 경우가 바로 그 한 사람의 모든 관계를 포함하는 나라 위로 하나님의 나라가 임하는 상태이다.

둘째, 하나님의 이름이 거룩히 여김을 받으실 수 없는 사람의 나라에서는 하나님의 주권이 그 사람 안으로 임하여 그가 맺은 관계들의 통로로 흘러가지를 못한다. 그러면 하나님의 주권은 창조적인 주권 행사가 되지 않고, 교정적인 주권 행사를 통해 다스리신다. 교정적인 주권이란 죄와 저주로 충만한 한 인격 안으로 하나님의 주권적 다스리심이 통과할 수 없을 때, 그 사람 인격 밖에서 그 사람의 생애를 주관하시는 경우를 가리킨다. 죄와 저주에 찌든 상태에서 그 사람이 뜻하고 계획하는 모든 것은 결코 그 사람이 원하는 대로 되지 않는다. 하나님은 당신의 원하시는 바 목표를 향하여 사람이 드러내는 모든 악함을 역으로 관할하시고 다스리신다.

가룟 유다가 예수님을 판 일조차도 하나님은 가룟 유다 밖에서 통제하시고 관할하셨다. 이런 상황은 예수님을 십자가에 못 박아 죽이는 일에 가담했던 대제사장이나 모든 유대인과 로마의 총독 빌라도의 상황도 마찬가지이다. 모든 관계를 오로지 죄와 악으로 맺는 그 어떤 사람의 나라도 하나님의 교정적인 주권을 벗어나지 못한다.

죄와 저주가 극복된 상태에서 임하는 창조적인 주권이든지, 죄와 저주에 찌든 상태 위에 임하는 교정적인 주권이든지 하나님의 주권 밖에 존재하는 나라는 없다. 한 사람은 수많은 관계들을 담고 있는 거대한 나라이며 그 모든 나라는 하나님 우리 하늘 아버지의 주권에 속한 것들이다.

권세가 영원히 아버지의 것이다

여기서 '권세'는 권위를 가리키지 않고 힘과 능력을 뜻한다. 그리고 이 능력은 가장 근원적인 형태가 바로 '있음'의 능력이다. 존재할 수 있음이 곧 능력이라는 의미이다. 온 피조의 세계에서 가장 강력한 힘은 무엇일까? 바로 없음의 힘이다. 만물은 없었다가 있다가 다시 없어진다. 태초의 혼돈과 공허와 흑암이 덮인 깊음은 힘이다. 무(無)의 힘이다. 아무것도 있을 수 없게 하는 힘이다. 그러므로 '있음'이란 '없음'의 힘을 극복함으로써만 나타나게 되는 것이고 그 자체로 가장 근원적인 능력이다.

우리는 부자가 능력이 있다고 한다. 그러면 그 말은 돈을 많이 벌게 된 상황을 '있음'이 되게 하였다는 뜻이다. 연기력이 뛰어난 배우를 말한다. 그러면 그 배우는 훌륭한 연기의 상황을 '있음'이 되게 하는 사람이다. 이런 예는 모든 영역 모든 분야에 다 적용된다. 능력은 있음을 이루는 힘이다. 어떤 것이 되었든지 원하는 상황을 '있음'이 되게 하는 힘이 능력이다.

우리 하늘 아버지이신 하나님은 전능하시다. 그렇게 모든 것을 이루시는 일이 가능한 전능하신 능력으로 천지를 창조하셨다. 즉 만물의 하나하나를 '없음'으로부터 불러내셔서 '있음'이 되게 하신 것이다. 그리고 이렇게 '있음'이 된 천지 만물이 유지되는 일 역시 하나님의 능력에 의해서만 가능한 일이다. 있음의 상태를 유지하시는 힘이다.

사자가 백수의 왕으로 군림하면서 '있음'도, 독수리가 하늘을 날면서 '있음'도, 고래가 바닷속을 돌아다니면서 '있음'도 모두 힘이다. 무의 힘을 누르고 이루어지는 '있음'의 힘이다. 그런데 이 모든 힘이 창조주 하나님 우리 아버지에게서 나오는 것이다.

본래 하늘 아버지이신 하나님만이 여호와로서 유일하게 "스스로 있는 자"(출 3:14)이시다. 이처럼 하나님 아버지만 홀로 '있음'이시고 나머지 만인과 만물과 만사는 다 '있게 됨'이다. 바로 이렇게 만인과 만물과 만사의 '있음'은 그 내막이 '있게 됨'이고 그래서 만물이 있는 힘은 오로지 "스스로 있는 자"이신 하나님에게서 나온다.

선인도 악인도, 큰 자도 작은 자도, 부자도 가난한 자도, 남자도 여자도, 노인도 젊은이도 모두 다 '없음'의 상태를 이기면서 '있음'을 유지함이 그들의 능력이다. 그런데 그 모든 '있음'의 능력은 그들에게서 나오는 것이 아니라 오로지 하나님 우리 하늘 아버지에게서 나오는 힘이다.

앞에서 언급하신 '나라'를 함께 생각하면 한 사람은 몸이 있어서 맺게 되는 수많은 관계의 수많은 대상으로 이루어진 한 나라이다. 이때 이 나라를 이루고 있는 셀 수도 없이 많은 관계의 모든 대상은 단 하나도 예외 없이 그 있음의 능력이 하나님에게서 비롯되고 있다. 즉 하나님에 의해서 있게 된 것들일 뿐이다.

그래서 예수님은 공중에 나는 새를 보셔도 그 새를 먹이셔서 있게 하시는 하늘 아버지를 보셨고, 들에 핀 백합화를 보셔도 그 풀을 솔로몬의 모든 영광으로 입은 것보다 더 아름답게 입히셔서 있게 하시는 하늘 아버지를 보셨고, 집어삼킬 듯이 일어나는 광풍 노도 속에서도 그 광풍 노도 자체보다는 그것을 실시간으로 있게 하시는 하늘 아버지를 보셨다. 그리고 예수님은 은 30에 스승이신 당신을 팔아넘기는 제자 가롯 유다에게서도 하나님 아버지의 뜻이 이루어져 가고 있음을 보셨고 생사여탈권을 쥐고 당신을 재판하던 총독 빌라도 위에서도 재판권이 하늘 아버지에 의해서 주어지고 있음을 보셨다. 이처럼 예수님은 모든 '있음'에서 하늘 아버지에 의해 '있게 됨'을 보신 것이다. 즉 모든 낱낱의 대상을 '있음'이 되게 하는 능력이 당신이 지금 실시간으로 밀착하고 계시는 아버지에게서 오는 '있게 됨'이라는 사실을 너무 빤히 보고 계셨다.

그러니 하늘 아버지와 밀착하셨던 예수님에게는 사람이건, 자연이건, 사건이건 그 있음이 문제 될 것들이 전혀 없었다. 모두 다 당신이 밀착하여 계신 하늘 아버지에 의해서 있게 된 것들이었으니까 말이다.

모든 만인과 만사와 만물의 있음은 유일하게 스스로 있음이신 하나님 아버지에 의해서 있게 됨이고 그러므로 아버지로부터 끊임없이 힘이 흘러 들어오면서 있게 됨이다. 우리의 하늘 아버지 한 분에게서 내가 만나고 관계하고 부딪히는 만인과 만사와 만물은, 불구대천의 원수로부터 시작해서 심지어 미세먼지 한 알갱이조차 있음의 힘을 받고 있다.

그러므로 능력이 영원히 아버지께 있다는 이 사실을 기억하기만 해도 예수님 안에서 하늘 아버지와 밀착 상태를 유지하는 하나님의 아들들에게는 예수님에게서처럼 문제 될 사람도 방해거리도 없이 오직 아버지의 뜻만 이루어지는 것을 확인하며 살게 되는 것이다.

영광이 영원히 아버지의 것이다

　영광이란 영화로운 빛이 비치는 상태를 말한다. 극장 안이 깜깜한 가운데 오직 무대 위에 있는 오페라 가수나 연극하는 배우에게만 조명이 비치는 상황과도 같다. 내 의식의 무대에서 항상 쉬지 않고 범사에 조명을 받듯이 밝히 보이는 영광의 현상이 오직 하늘 아버지에게만 해당하기를 바라는 간구이다. 대신에 몸으로 만나고 있는 모든 다른 대상들은 오감으로 포착되고 있음에도 불구하고 내 의식의 무대에서 하나님 뒤편으로 어둠 속에 묻히고 숨겨지는 일이 당연함을 시인하는 것이다.

　또한 이렇듯이 영광이 하늘 아버지에게만 적용되는 현상이 자신뿐만 아니라 자기 나라 안에서 몸이 있어 맺게 된 모든 사람에게서도 동일하게 일어나기를 바라는 간절함의 표현이기도 하다. 쉽게 말해서 내가 만나는 모든 사람의 마음속 의식의 무대에서 오직 하나님이 늘 일등으로 조명을 받으시기를 바라는 간구이다.

　주의 기도는 이처럼 나에게서도, 내 가족 하나하나에게서도, 내가 만나는 모든 직장 동료들에게서도, 이웃들에게서도, 우리 하늘 아버지가 일등으로 의식되는 존재감의 주인공이 되셔야 마땅함을 스스로 확인하고 간구하면서 끝이 난다.